러셀의 철학노트

페인버그 · 카스릴스 엮음 / 최혁순 옮김

범우사

차 례

이 책을 읽는 분에게 · *5*
머리말 · *11*
프롤로그 · *17*
1. 종교 · *23*
2. 청년과 노년 · *59*
3. 철학 · *87*
4. 갖가지 일화 · *157*
5. 행복의 길 · *203*
에필로그 · *267*
버트란드 러셀 약전(略傳) · *269*
연 보 · *281*

이 책을 읽는 분에게

　이 책은 러셀(Bertrand Russell, 1872~1970)의 저서 중 최후의 것이다. 러셀은 이 책이 발행된 지 얼마 안 되어 세상을 떠났던 것이다.
　20세기 최대의 사상가라 일컬어지는 러셀의 사상이 여기에 전면적으로 집약되었다. 더욱이 러셀은 이 책의 출판을 몹시 기뻐했다고 한다. 그리고 찬사를 아끼지 않았다. 까다로운 러셀로서는 아주 진기한 일이다. 러셀 경의 최후를 장식하기 위해 이러한 책이 기획된 데에는 큰 의의가 있다고 생각한다.
　그 의의는 각 방면의 사람들로부터 여러 입장에서 평가되리라 생각하지만 나는 특히 다음 세 가지를 지적하고자 한다.
　첫째, 이 책의 전편(全篇)을 통해서 약동하고 있는 '솔직성'이다. 주로 이 편집에 참석한 사람은 페인버그 씨이지만, 모아진 내용은 각 방면으로부터 온 편지에 대한 러셀의 회답이므로 러셀의 저서와 같다고 할 수 있다. 러셀의 저서는 수사(修辭)를 구사하지 않고 정직하게 발언하는 것으로 유명한데, 특히 이 책에서는 개인적인 편지라는 점에서 그의 다른 저서에서 찾아볼 수 없는 솔직성으로 고백하거나, 논의하거나, 비판하거나, 꾸짖거나, 생각한 바를 그대로 표현하고 있다. 러셀경만큼 고귀한 신분으로서, 더욱이 세계에 그 이름을 널리 떨친 인물로서 이처럼 허심탄회하게 자기를 드러내놓고 말한 사람이 또 있을까.

둘째, 그 교신(交信)의 범위다. 러셀경은 최고의 지도적 정치가・저명한 철학자・수학자・평론가・문학가, 저널리스트를 비롯하여 학생・청소년, 여섯 살 난 어린아이에까지 남녀노소, 지위와 직업의 고하를 가리지 않고 솔직담백하게 상담에 응하고 있다. 백인이든 흑인이든, 인종과 국적을 가리지 않는다. 권력자라고 해서 특히 정중하게 대하거나, 어린이라고 해서 소홀하게 다루지 않는다. 진정으로 심사숙고하여 성실하게 답장을 썼다. 누구보다도 바쁜 몸이면서 무명(無名)의 학생이나 어린이에 이르기까지 그토록 성심성의를 다하여 일일이 답장을 쓴 위인이 달리 또 있을까.

셋째, 그 내용의 다변화와 중요성이다. 종교・철학・정치・교육・도덕・평화의 문제를 비롯하여 노인의 관심사・청년의 고민・연애・성행위 등의 인생 상담에까지 광범위한 질문에 대답하고 있다. 신앙 문제로 방황하고 있는 사람, 시국을 걱정하는 사람, 학생과의 대화의 단절로 고민하고 있는 교수, 성교육을 어떻게 했으면 좋을까 하고 고심하는 부모, 부부의 불화로 괴로워하는 가정, 실연으로 상심하는 학생, 수음(手淫)에 빠져 있는 청년 …… 그러한 사람들에 대한 해답을, 러셀은 친절히 그리고 알기 쉽게 이 저서 속에서 제시해 주고 있다.

인류의 존망(存亡)에 미치는 세계적인 대문제에서 한 사람의 사사로운 일에 이르기까지, 또 진리에 관한 심원한 철학사상에서 신변의 사사로운 일이나 일상생활의 사소한 일에 이르기까지 이처럼 광범하게 말해준 거인도 드물 것이다.

러셀은 1872년 5월 18일에 태어나 1970년 2월 2일 생애의 막을 내릴 때까지 그 97년 동안 거의 한 세기에 걸쳐 《런던 타임스》지가 "500년 만에 나올까 말까 한 위대한 인물"이라고 평할 만큼 빛나는 업적을 남겼던 것이다. 수학자·논리학자·철학자로서의 몇몇 불후의 명저가 있다. 과학 보급의 공적으로 유네스코로부터 칼링거상(賞)을 받았다. 사회사상가로서의 논술도 수없이 많다. 또 문명비평가로서의 경세(警世)의 서(書)도 찬탄할 만하다.

케임브리지대학 교수, 미국 시카고대학·캘리포니아대학·하버드대학의 객원교수, 중국과 호주와 유럽 각국 대학에서의 초대 강의, 그 밖에 각국에 강연여행을 하거나 스스로 비콘힐 스쿨을 경영하면서 교육의 실제적인 측면에서도 큰 발자취를 남겼다.

80세 때, 열렬한 연애를 할 만큼 정열적이었던 러셀은 문학에도 조예가 깊어 저명한 소설집을 세상에 내놓았다. 70여 종에 이르는 저작집은 실로 현대 사상계의 빛나는 금자탑이기도 하다.

1949년에는 조지 6세로부터 영국 최고의 메리트 훈장을 받았고, 다시 그 이듬해 1950년에는 영예로운 노벨문학상을 수상했다.

이러한 러셀의 실적에 덧붙여 더욱 그의 이름을 떨친 것은 세계평화주의자로서의 그의 정신과 실천이었다. 제1차세계대전 때의 반전론과 투옥, 제2차세계대전 때의 핵무기 금지와 세계정부 실현을 위한 운동, 전쟁에 대한 비난, 러시아의 체코 진격에 대한 항의 등등, 그러한 러셀의 조직운동의 상세한 점과 실적에 대해서는 이 책 속의 '버트란드 러셀 약전(略傳)'에 서술되어 있다.

러셀의 사상 경향에 대해서 말하면, 러셀은 철학상의 입장을 '중립일원론(中立一元論)'에 두고 있었다. 논리실증주의라고도 할 수 있고 신(新)실재론이라고도 할 수 있는 것이었다. 경험주의와 합리주의가 지주(支柱)로 되어 있었다. 그리고 러셀은 어디까지나 회의하면서 진리를 추구하고, 보편적인 입장에서 종합적으로 판단하는 지성을 존중했으며, 편견과 미신과 광신과 독선을 배격했다.

러셀은 도그마와 형식과 인습으로 사상을 해치고, 날조한 신이나 교조(敎條)로써 신자를 매혹시키는 기존의 종교의 악한 면을 비판했다. 그러나 자신은 직업적인 종교가 이상으로 진지하게 구도(求道) 정신과 엄숙한 생활 규율에 철저했고, 영원한 것, 실재적인 것, 생명의 근원을 추구하고서는 '신에 대한 지식인의 사랑'이라고 했다. 아인슈타인이나 슈바이처와 공통되는 우주신앙이라고 할까, 자연적 종교관이라고 할까, 러셀은 이러한 신념을 지니고 있었다. 더욱이 고뇌하는 사람들과 학대받는 사람들에게 쏟은 연민의 정과 불행한 사람들의 구원을 위해서 자신의 모든 것을 다하는 사랑의 실천에 있어서는 직업적 종교가를 능가했다. 또 신념을 관철하고 정의를 위해서 감연히 맞섬으로써 어떠한 희생도 아끼지 않았다.

교육에 관해서도 러셀은 철저한 자유주의자였지만 소위 방종은 용납하지 않았다. 디시플린(discipline), 즉 규율과 단련을 교육의 기본으로 삼았다. 그저 기존신념과 사회통념에 추종해 가는 게 아니라 항상 그것에 의혹을 품으면서 진리를 구하는 비판정신과 향상심을 배양해 가야 한다고 말했다. 또 그는 창조적 의욕을 강화시키고, 세계성을 갖도록 지도해야 한다고 했다.

그 이상적 인간상으로서 빛나는 아름다움과, 놀라운 영광의 세계를 창조하는 힘을 발휘하는 자, 그리고 평화를 가져오는 힘을 발휘하는 자, 즉 성자·예언자·시인·학자·작곡가·화가 등을 들었다. 그리고 "사랑과 창조야말로 교육의 최고 원리다"라고 역설했다.

러셀은 평화론을 전개할 때에도 결코 편견된 이데올로기와 감정에 현혹되지 않았다. 항상 공정하고 일관된 원칙에 서 있었다.

러셀의 평화 추구의 원칙은 인도주의와 자유와 평등에 있었다. 모든 전쟁의 비난은 인도주의적 원칙에서였다. 그리고 아프리카와 아라비아와 동남아시아에 대한 백인들의 식민주의에 반대한 것도, 공산세력의 자국민에 대한 압박과 타국에 대한 침략을 비난한 것도 자유의 원칙에서였다. 인종차별을 비난하여 유색인종의 해방을 위해서 정력을 기울인 것도 평등의 원칙에서였다. 온갖 전쟁정책에 저항하여, 인류의 존속을 위해 생명을 바치겠다고 호소한 것도 평화의 원칙에 입각한 행동의 발로였다.

러셀은 오직 현대 젊은이들에게 그 유지(遺志)를 부탁하고 세상을 떠나갔다. 그러고 보면 러셀의 뜻과 운동을 계승해야 할 오늘의 젊은이들의 존재와 의의를 생각할 수 있을 것 같다.

그것을 생각할 때 나는 이 책이 현대의 학생이나 청소년들에게 좋은 지침을 줄 것으로 믿어 의심치 않는다.

나아가 이 책은 사상이나 교육이나 시국이나 신변의 사소한 일이나 그 밖의 여러 가지 문제에 대해서 많은 질문을 갖고 있는 보통 사람들에게도 각각 적절한 해답을 마련해주고 있다.

 이제 우리는 러셀에게 편지를 쓸 수가 없게 되었다 그러나 러셀은 그의 해답을 구하는 세계의 모든 사람들을 위해 이 책을 남겨 주었다.

 마지막으로 이 책은 러셀의 상담글이 대부분이나 행복론에 대한 러셀의 저작 《The Conquest of Happiness》에서도 발췌·번역해 실었음을 밝혀둔다.

옮긴이

머리말

 이 책에 실린 편지는 출판되리라고는 전혀 생각지 않은 상태에서 개인적으로 씌어진 것입니다. 나는 아주 가벼운 내용의 글이라도 출판할 가치는 충분히 있다고 생각하고 있었지만, 여기서는 좀 더 중요하고 진지한 질문에 대답한 것들만을 골라 실었습니다.
 20세기에 접어들면서 전화의 발달에 의해서, 그리고 전화만큼은 못하더라도 여행이 아주 용이해진 덕택으로 편지를 쓰는 기술이 분명히 상실되고 있습니다. 나의 청년시절만 해도 가령 이 세상에서 출세하려면 편지 쓰는 기술을 터득하는 일이 절대로 필요했습니다. 그리고 편지에는 일정한 양식이 있었습니다. 하지만 그런 양식은 오늘날에 와서는 실로 답답하고 어리석게 보일 것임에 틀림없습니다. 나의 할아버지(영국의 전성시대인 빅토리아왕조 시대에 수상을 두 번씩이나 지낸 존 러셀 백작)가 나의 아버지에게 편지를 쓰실 때에는 언제나 말미(末尾)에 '애정을 다하여 …… 러셀로부터'라고 쓰셨습니다. 이처럼 옛날에는 편지마다 격식을 갖춘 머리말과 맺음말이 있었습니다. 친구에게 보내는 편지까지도 다음과 같이 끝을 맺었습니다.
 '나는 진심으로 당신과 당신의 가내(家內) 제절(諸節)이 건승(健勝)하시기를, 그리고 이 세상 사건으로 인해 고통을 받지 않으시기를 빌고 싶습니다. 지금 나는 일광(日光)을 즐기고 있는데, 그것이 건강을 매우 증진시켜줍니다. 그럼 행운을 빌면서……'

수상 혹은 주요 각료로부터 자금 원조를 바라고 있는 탄광주가 서한을 보냈을 때에도 다음과 같이 썼습니다.

'각하! 저는 약간 복잡한 문제에 대하여 각하께 감히 청원을 드리고자 합니다. 그것은 다름이 아니오라, 탄광사업에 관한 일입니다. 각하께서는 반드시 신문을 통해서뿐만 아니라 개인적인 소식에 의해서도 이 지대의 석탄은, 강력한 공공자금의 원조 없이는 채굴이 불가능하다는 것을 알고 계시리라고 생각합니다. 각하께서는 또 만약 지금 적절한 조치가 강구되지 않으면, 이 절박한 재난을 방지하는 급속한 조치가 취해지지 않으면 모든 계급에 커다란 어려움이 미치리라는 것을 반드시 아시리라고 믿습니다.

각하의 변함없는 건승과, 각하께서 항상 당(黨)의 신임을 얻으리라 확신하면서.'

당시에는 돈을 요구하는 데 무례한 글을 쓰는 그런 낯두꺼운 인간은 없었습니다. 그리하여 서한의 목적은 분명히 수신인에게 통했습니다. 현대와 같은 테이프레코더, 텔렉스, 최신식 통신수단을 구사하는 시대에서 보면 격세지감이 있습니다. 하지만 나는 이러한 현상이 반드시 진보를 의미하는 것이라고는 생각지 않습니다.

물론 오늘날에도 여러 가지 청원은 그래프로도 가능하며, 점심을 함께 들면서도 가능합니다. 그러나 관료적인 번문욕례(繁文縟禮)가 증대되어 편지의 양식은 몹시 고풍스럽고, 정말로 이해하기 어렵게 만들고, 세심한 마음씀이 전혀 결여되어 있는 새로운 양식을 산출했습니다. 편지 쓰는 법에 대한 관청 용어와 관청 방식이 20세기의 사망 통지서 역할을 하고 있음에 틀림없습니다.

버트란드 러셀

러셀의 철학노트
Dear Bertrand Russell

프롤로그

나는 하루에 평균 100통의 편지를 받는다

버트란드 러셀은 그가 살아오는 동안에 일반인으로부터 여러 가지로 상상되어 왔다. 그의 생애는 영국의 빅토리아 여왕 시대로부터 오늘의 우주시대에 이르기까지, 거의 100년 동안의 기념비적인 시대를 살아왔다. 사실 버트란드 러셀 스스로 빅토리아 왕조(王朝)의 잔존(殘存)이라고 생각하고 있다. 그러나 우리는 그를 그렇게는 보고 싶지 않다.

보통 사람이 러셀에게서 느끼고 있는 매력을 설명하는 재료는 수없이 많다. 그토록 장수(長壽)를 누린 일 외에도 그의 존재를 독특하게 만들고 있는 요소가 많다. 평화의 사도이며, 인도주의의 선도자로서의 세계적 인물. 청년의 혼을 빼앗고, 노인을 분기(奮起)케 하는 90대의 러셀. 국회의 상원을 경멸하고 스스로 나아가 투옥까지도 불사하는 귀족 출신 인물. 아나키스트적 성격을 지니고 국가권력에 저항하는 의론을 좋아하는 정치가. 종교적인 독단과 인습적인 도덕과 싸우는 무신론자. 자기가 세운 방정식으로 유클리드 기하학을 타파한 수학자이자 논리학자.

더욱이 그의 철학은 전문가가 아닌 일반인도 이해하기 쉽다. 그 문체의 우아함과 아이러니와 위트의 신랄함. 회화와 편지 같은 것이 교양 있는 예술이었던 시대로 되돌아가는 노벨문학상 수상자 러셀.

오늘날 개인이 자기의 생각을 전달하는 능력이 반드시 충분하다고는 말할 수 없다. 그러나 러셀이 그들에게 준 충격이 어떠한 것이었는가는 알 수 있다. 사회 각계 각층의 사람들과 이처럼 풍부하고도 폭넓은 편지 교환을 한 위인은 아마 그를 제외하고는 한 사람도 없었으리라고 생각되며, 보통의 인식 능력으로는 도저히 접근할 수 없는 철학자 중에서도 그를 제외하고는 한 사람도 없었음은 확실하다.

이 서간집의 목적은 러셀과 서신을 통해 교류한 일반인의 관점에서 버트란드 러셀을 알리려는 데 있다. 그들은 그저 막연히 팬레터를 써보내왔다. 그것들은 러셀이 모은 문서로서는 전혀 가치가 없는 부류에 속하는 것으로서, 비서나 정리하는 사람이 통상 처리해버리는 그런 편지였다. 그러나 러셀은 이와 같은 것일지라도 결코 보잘것 없는 것이라고 무시하는 법이 없었다.

그는 하지 않으면 안 될 일이나 전문가로서 해야 할 일이 산적해 있었음에도 불구하고, 그 시간을 할애하여 받은 편지에 대한 답장을 일일이 쓰는 노고를 아끼지 않았다. 그리고 누구에게나 다정하고, 재치있게 그의 견해를 정리하여 답장했던 것이다. 이렇게 그가 정성을 다하여 대답해준다는 것은, 답장을 받는 사람들에게는 놀라운 일이며 또한 큰 기쁨이기도 했다.

종교·도덕·철학·정치에 관한 다양한 질문에 섞여 러셀을 찬양하거나 지지하는 편지도 수없이 많다. 또한 러셀의 개인적인 취미나 습관, 청년과 노인에 대한 그의 견해, 그리고 그의 개성 중 애교 있는 면을 끌어내는 아주 흔한 일에 관한 그의 태도 등에 대해서 정면으로 반대 의견을 서술한 편지도 있고, 비판적인 의견을 서술한 것도 있다.

아무리 독자의 투서에 대한 답장을 쓰고 있는 컬럼니스트일지라도, 이토록 엄청난 편지 공세를 받은 자는 모름지기 없었으리라. 더욱이 러셀에게 온 편지는 그가 세계적으로 주목받고 있다는 사실을 반영(反映)하듯, 각기 다른 나라의 많은 사람들로부터의 것이었다.

집필활동을 비롯하여 면회와 강연 등 수없이 많은 스케줄에 쫓기면서도 어떻게 일일이 답장을 쓸 수 있었을까. 그것은 그의 일과를 질문해온 1963년의 편지에 대한 답장 중에 설명되어 있다. 즉 러셀은 다음과 같이 대답하고 있다.

"오전 8시부터 11시 30분까지는 신문을 읽거나 편지를 정리합니다. 나는 하루에 평균 100통의 편지를 받고 있습니다. 11시 30분부터 오후 1시까지는 사람들과 회견을 합니다. 오후 2시부터 4시까지는 독서를 합니다. 주로 현재의 핵문제에 관한 책을 읽고 있습니다. 그리고 오후 4시부터 7시까지는 글을 쓰거나 사람을 만나고 오후 8시부터 새벽 1시까지는 책을 읽거나 글을 씁니다."

러셀은 70종에 이르는 저서를 썼고, 수천 편에 이르는 논문이나 에세이를 썼으며, 20세기 제일류의 문학가, 과학자, 정치가, 예를 들면 버나드 쇼, D.H. 로렌스, 조지프 콘래드, T.S. 엘리엇, H.G. 웰스, 루드비히 비트겐슈타인, 슈바이처, 아인슈타인, 네루, 흐루시초프 등과 교신(交信)해왔고, 더욱이 수천 명의 낮은 계층의 사람들과 서신을 교환하는 시간을 마련하였다. 그러한 노력을 할 수 있었다는 것은 참으로 경탄할 만하다.

그는 근본적인 관심을 인류 전체뿐만 아니라 개인 한 사람 한 사람에게도 쏟고 있다. 그래서 그는 공적인 일 전반에 대해서도 또 익명(匿名)의 개인이 제기하는 문제에 대해서도 무관심하지 않고 언제나 접할 수 있도록 배려하고 있다. 그는 이러한 통신을 방해하는 것들을 그때그때 타파해왔다. 우리가 여기에 발췌한 것과 같은 편지가 몇만 통이나 있다는 것은, 그가 자기의 방침을 부단히 실행한다는 훌륭한 증거임에 틀림없다.

우리는 러셀의 여러 가지 탁월한 활동 분야에 대해서 말해왔다. 이 책에 실린 편지는 그것에 응해서 분류되어 있다. 더욱이 러셀의 이념과 행동은 그가 품은 진리와 인류의 복지에 대한 갈망에 바탕을 두고 있으며, 그 상호간에 명백하고도 밀접한 관계가 있다는 것은 두말할 필요가 없다.

러셀이 보존해온 서류에서 추측할 때, 그는 평생 동안 30시간에 한 통꼴로 편지를 쓴 셈이 된다. 그러나 실제로는 러셀 자신이 지적했듯이 그보다도 훨씬 많았다.

"나는 이사를 할 때마다 다량의 서류를 소각하는 것이 버릇이었다"

고 다른 편지에서 그가 말하고 있듯이 소각해버린 것이 상당히 많았기 때문이다. 게다가 그는 그의 독특한 위트로 이렇게 말하고 있다.

"이것은 내가 상당히 양의 편지를 썼다는 것을 말하고 있지만 그렇다고 해서 나는 나의 펜이 다른 사람들의 힘보다도 위대했다고는 주장할 수 없으며, 나아가서는 좀더 바쁘게 일했다고도 말할 수 없다."

 이 서간집이 당대의 가장 탁월한 지식인 중 하나였던 러셀의 충분히 조사되고 논의된 생애를 엿보는 데 크게 도움이 되기를 우리는 진심으로 바라고 있다. 만약 버트란드 러셀에 대하여 좀더 발견해야 할 무엇이 남아 있다고 한다면, 그것은 공적인 면에서는 엿볼 수 없고 개인적인 차원에서 우리 한 사람 한 사람에게 향해져 있는 그의 일면을 서신을 통해서 명백히 알 수 있을 것이다. 우리는 감히 그렇게 주장한다. 이런 의미에서 이 서간집에는 이러한 역할이 부가되어 있다는 사실도 알 수 있다. 그리고 현대가 매스컴의 설득력이 발휘되고 유사성이 아주 밀접해져 있는 시대이기 때문에 그 의의가 한층 큰 셈이다.

 1952년의 그의 네 번째 결혼 이후 러셀 부인의 내조 덕택으로 러셀의 서신의 완전한 기록이 거의 확실하게 남아 있다. 이 기간에만도 약 2만 5000통의 일반인들과의 편지 교환이 있다. 러셀에게 편지를 쓴 거의 모든 사람들이 신속하게 답장을 받고 있다. 그의 답장은 거의 모든 경우 간결하다. 그것도 절반은 그의 바쁜 일 때문이지만 본질적으로 그는 편지의 중요한 포인트를 불과 몇 줄로 정리해버리는, 다른 누구도 대행할 수 없을 만큼의 능력을 지니고 있기 때문이다. 따라서 장문(長文)의 편지는 거의 찾아볼 수 없을 만큼 드물다. 그리고 가령 있었다 할지라도 그 이상 간결한 방법으로는 도저히 다룰 수 없는 복잡한 수학 문제라든가 아니면 철학 문제에 대한 회신일 경우가 대부분이다.

 우리는 이 책을 엮을 때 될 수 있으면 진지하고 중요한 질문을 하고 있는 서신만 싣기로 했다.

어느 의미에서는 이러한 편집방법은 문학적인 흥미와 체제를 유지하기 위해서는 어쩔 수 없는 방법이지만 답장을 쓸 때의 러셀의 분석능력을 충분히 아는 데는 어쩌면 방해가 될는지도 모른다. 그래서 우선 맨먼저 장문의 편지 중 하나를 읽고 그 편지의 포인트를 러셀은 어떻게 파악하고 있는지 살펴본 후 이 책을 읽는 것도 좋은 방법일 것이다..

　대부분의 경우 독자의 편지는 지면 관계상 묻고자 하는 핵심만을 실었으므로 문장 흐름이 매끄럽지 않으나, 러셀의 회신은 원문 그대로 실었다. 다만 가끔 어느 일부의 문장에서는 서간문 특유의 서두의 형식적인 문구의 되풀이를 피하기 위해서 그 부분만 삭제했다. 우리들의 분류법이 완벽하다고는 할 수 없다. 그러나 우리는 이와 같은 분류 방식을 취함으로써 상투적인 연차순 분류법으로 분류하는 수고를 덜 수 있었고, 무엇보다도 수많은 중요한 문제에 대한 러셀의 입장을 확실하게 알릴 수 있었다.

엮은이

1. 종교

해 설

나는 15세 때부터 크리스천이 아니었고
지금도 크리스천이 아니다.

버트란드 러셀은 일생 동안 종교에 반대하였고, 하느님과 같은 최고의 존재를 부인하였다. 이것은 분명히 말해둘 필요가 있는데, 이 사고방식은 항상 기독교의 정통파를 자극했다.
사실 자유사상가인 양친 앰버레이 경(卿) 부부의 급진적인 사고방식은 당시의 빅토리아 왕조 시대의 사회에서는 실로 언어도단의 사상이라고 간주되고 있었다. 러셀은 이와 같은 환경에서는 얻는 것이 하나도 없었다. 양친은 아주 젊어서 세상을 떠났다. 그들은 살아 있을 때 버트란드와 그의 형을 무신론자인 두 친구의 보호하에 두기를 바라고 있었지만 그 유언은 법원의 명령으로 취소되었다. 이리하여 두 사내아이는 조부모의 슬하에서 자랐다.
버트란드 러셀은 이 성장기에 해당하는 연대에 대해서 다음과 같이 서술하고 있다.
"정치가였던 할아버지는 1878년에 돌아가셨다. 그래서 우리의 교육방식을 결정한 것은 그의 미망인 즉 할머니였다. 그녀는 스코틀랜드의 프레즈비티리언(장로교회 신도)이었다. 그리고 점차 유니테어리언(삼위일체를 인정하지 않는 일신론자)이 되어갔다. 나는 일요일마다 교대로 교구(敎區)의 교회와 프레즈비티리언의 교회에 끌려다녔고, 게다가 가정에서는 유니테어리언교의 교리(敎理)를 배웠다. 성서에 있는 영겁(永劫)의 벌과, 성서가 문자 그대로 진실이라는 것은 따로 주입되지 않았다. 또 하인들에게도 일요일에는 트럼프놀이를 하지 않도록 당부하고는 있었지만, 그 이상은 그들에게 충격을 줄 것을 두려워하여 안식일 엄수주의를 강요하지는 않았다. 그러나 다른 면에서는 엄격한 도덕성을 요구했다. 그리고 신의 소리인 양심이야말로 어떠한 경우에도 절대적으로 신뢰할 수 있는 안내자라고 생각되고 있었다."(《버트란드 러셀의 기초적인 저작》속에 수록되어 있는 〈나의 종교상의 회상록〉에서의 인용)

러셀이 가령 아버지와 같은 교육법으로 유년시절을 보냈다 할지라도 아버지와 다른 형식으로 성장했을지도 모른다. 어쨌든 결과는 할머니가 희망한 대로는 되지 않았다. 15세의 나이에 러셀은 종교상의 의문을 남몰래 '그리스어 연습장'이라고 명명한 노트에 쓰고 있었다. 그리고 그는 18세 때 즉 케임브리지대학에 들어 가기 직전까지 모든 불확실한 것을 버리고 무신론자가 되어 있었다. 후에 그는 자서전 속에 다음과 같이 당시의 추억을 기록하고 있다.

"나는 오랜 기간 종교에 대해 의심하고 있었기 때문에, 점차 신앙심을 잃고 굉장한 불행에 빠져 있었다. 그러나 이 경과가 완전히 종료되었을 때 놀란 것은, 철저히 이 문제에 몰두한 일이 기쁘기 짝이 없다는 사실이었다."

그의 유소년 시절의 고독의 비애는, 그가 1890년대 케임브리지대학에서 처음으로 해방감을 맛보게 되자 종말을 고했다. 러셀이 당시 케임브리지의 분위기를 크게 즐긴 것은 확실하다. 훗날(1961년)에 그 당시의 동기생 중 한 사람에 대해 다음과 같이 추억하고 있다.

"나는 학생시절의 랄프 바우건 월리엄스를 잘 알고 있다. 그는 당시 가장 신념이 굳은 무신론자였다. 어느 날 그는 큰 소리로 '오늘날 누가 신 따위를 믿는단 말인가. 나는 그놈을 알고 싶구나' 하고 말하면서 강당에 들어왔기 때문에 모두의 이목을 끌었다."

러셀이 종교적 교리에 반대한 것은, 신앙심이 두터운 사람들에게 충격을 주기 위한 한낱 기분전환이 아니었다. 왜냐하면 그는 세계의 모든 대종교를 단지 진실이 아닌, 오히려 유해하다고 생각하고 있었기 때문이다. 그는 〈나의 종교상의 회상록〉 속에서 이렇게 쓰고 있다.

"종교는 서로 의견을 달리하여 일치하려고 하지 않기 때문에 그 중의 하나 이상은 진리가 아니라는 것은 논리상 명백하다."

그리고 다시,

"종교가 진리냐 아니냐 하는 의문은 하나의 문제며, 그것이 과연 유용하냐 어떠냐 하는 의문이 또 하나의 문제다. 나는 종교가 진리가 아니라는 것을 확신하고 있듯이 그것이 유해하다는 것도 확신하고 있다"
라고 쓰고 있다.

이와같은 러셀은 힌두교에 속하는 것이든 혹은 다른 어떠한 종류의 종교에 속하는 것이든 간에, 전통적인 종교의 관행인 '신성한 소' 따위와 같은 미신적인 것을 기꺼이 분쇄하는 것이다. 그것은 이 뒤에 이어지는 서신을 보면 분명히 알 수 있다. 더욱이 모든 서간의 근저에는 같은 인간인 사람들의 감정에 대한 그의 깊은 동정과 관심이 충만해 있음을 분명히 알 수가 있는 것이다. 즉 그들이 유해한 교의(教義)와 미신의 굴레에서 해방되기를 바라는 그의 소원과, 그들이 바라지 않는 사회적 악영향을 미치는 잘못된 신앙에 대해서 그가 단호히 반대하고 있음을 알 수 있다.

독자와의 대화

나는 크리스트교 신자가 아니다

지금 당신은 자신을 크리스트교 신자라고 여기고 계십니까? 긍정하는지 부정하는지 간단한 대답만으로 족합니다. 저는 지루하고 장구(長久)한 논쟁에 종지부를 찍고 싶을 뿐입니다. 그와 같은 논쟁은 아주 불유쾌한 감정을 유발하기 때문입니다.

존경하는 사르몬씨, 보내주신 편지 감사합니다. 나는 크리스트교 신자가 아니라는 점과 그리고 15세 때부터 줄곧 크리스트교 신자가 아니었음을 분명히 말씀드릴 수 있습니다. 내 생애를 통해서 내가 크리스트교 신자가 아니었다는 것과 그리고 왜 내가 크리스트교 신자가 아니었던가를 사람들에게 알리기 위하여 온갖 노력을 다해왔습니다. 이것으로 당신의 의논도 수습이 되리라고 생각합니다. 이것은 처음부터 아무런 논쟁의 여지가 없었던 문젭니다.

(1961년 12월 28일)

무신론자인가 아니면 불가지론자인가

저는 지금 열렬한 무신론자인 조지프 레위스라는 사람과 논쟁을 벌이고 있습니다. 무신론에 관한 당신의 견해는 명확히 어떤 것입니까. 레위스씨는, 당신은 틀림없이 무신론자일 것이라고 주장하고 있습니다. 그렇지만 저는, 회의론을 강조하거나 신앙을 한심스러운 것으로 보는 당신의 책을 읽고 당신은 오히려 불가지론자(不可知論者)라고 생각합니다.

존경하는 메자씨, 3월 9일자 당신의 편지 참으로 감사합니다. 나를 무신론자라 불러야 할지, 불가지론자라 불러야 할지에 대해 당신과 레위스씨가 논쟁하고 있다는 것은 조금도 이상할 것이 없습니다. 왜냐하면 나 자신도 때로는 무신론자라 부르고, 때로는 불가지론자라 부르고 있기 때문입니다. 철학적 견지에서 엄밀하게 말해서 물질적인 대상의 실재(實在)를 의심하거나, 세계는 5분 동안만 실재한다고 생각하거나 하는 단계에서 보면 나는 불가지론자입니다. 그러나 모든 실제상의 의미에서 말하면 나는 무신론자입니다. 나는 올림포스(마케도스니아와 텟살리아의 경계에 가까운 그리스 최고의 산. 고대에는 그리스 신화의 신들의 거처라도 생각되었음)의 신들과 발할라(북유럽 신화에 나오는, 천계에 있다고 하는 곳. 오딘이 용감하게 죽은 전사자들을 맞아 위로한다는 곳임)의 신들이 실재한다고는 좀처럼 믿지 않지만, 그와 마찬가지로 크리스트교의 신의 실재 따위도 있을 수 없다고 믿고 있습니다. 이제 한 예를 들어 말씀드리면, 지구와 화성간에 타원형의 궤도를 타고 회전하고 있는 도기(陶器)의 찻병이 없다고는 아무도 증명할 수 없지만 그렇다고 해서 이러한 것이 있다는 것이 실제로 충분히 증명되리라고 생각하는 사람도 없습니다. 나는 크리스트교의 신도 이것과 마찬가지로 있을 리가 없다고 생각합니다.

(1958년 3월 18일)

회개한 무신론자인가

저는 몇 년 전에 저와 같은 종교를 가진 신자를 중국에서 만난 적이 있습니다. 그는 선생님이 강연여행차 중국에 계실 때 마침 그곳에 있었습니다. 그때의 이야기를 회상하면 이렇습니다. 선생님은 병환이 걸리서서 중국의 크리스트교 미션 병원에 오랫동안 입원하고 계셨습니다. 선생님의 병환은 위독했습니다. 점차 차도가 있자 선생님은 크게 참회하시며 전도사이기도 한 담당 간호사와의 말씀중에, 자기가 동양 학생의 종교적 신앙심을 비난해온 것을 과연 신이 용서해줄 것인지 아니면 용서할 수 있는 건지, 어떻게 생각하느냐고 물으셨습니다.

존경하는 리핀코트씨, 보내주신 편지 고맙습니다. 나는 1921년에 시작되어 지금쯤은 이미 사라진 것으로 생각해오던 전혀 근거없는 이야기가 다시 되풀이되는 것에 흥미를 느낍니다. 1921년에 나는 북경에서 폐렴에 걸렸습니다. 그때 내가 고용할 수 있는 간호원사라고는 다만 영국인 간호사 한 사람뿐이었습니다. 그녀는 신앙심이 매우 돈독한 부인으로, 병에 차도가 있자 나를 죽이는 일이야말로 그녀의 의무라고 생각했기 때문에 양심과의 싸움에서 크게 괴로워했다고 내게 고백하였습니다. 결국은 이 신앙에 충실하려는 충동에 따르기에는 간호사로서의 그녀의 직업적 본능이 너무나도 강했다는 점이 증명되었습니다. 나는 2주일 동안 헛소리를 계속했습니다. 그리고 그 상태가 끝나자마자 지나간 2주일 동안의 일에 대해서는 아무것도 생각해낼 수 없었습니다. 그동안 밤에는 그 간호사가, 낮에는 아내가 간호해주었습니다. 나는 기침을 할 때 신을 모독하는 버릇이 있었던 모양인데, 그 간호사가 그것을 마치 크리스트교의 신에 대한 엄숙한 애원의 행위로 잘못 안 것 같습니다. 이것은 아내가 말해준 것입니다.

덧붙여 말씀드리면 그 병원은 크리스트교 미션 병원이 아니라 독일인이 경영하는 병원이었습니다. 게다가 그 간호사는 크리스트교 전도사가 아니었습니다.

어쨌든 이러한 종류의 이야기는 항상 비신앙인에 대해서 유포됩니다. 당신도 알고 계시리라고 믿습니다만 버나드 쇼가 그의 죽음 직전 의식불명이 되었을 때, 그 지방의 영국 국교 교구 목사는 쇼가 이미 그를 쫓아낼 수 없는 용태(容態)가 된 것을 알고 급히 달려왔습니다. 그리고 쇼는 신앙심이 깊고 뜻있는 교훈에 찬 최후를 마쳤다고 세계에 허위성명을 냈습니다.

(1950년 11월 24일)

사람은 왜 신을 만들어 내었는가

석가모니는 대담하게도 무신론자가 되었습니다. 그러나 다른 종교를 창시한 사람들은 그렇지 못했습니다. 우리는 그 사람들이 무신론자임을 선언할 정도의 충분한 용기를 지니고 있지 않았었다고는 말할 수 없습니다. 그들은 그 시대에 있어서의 반역적 정신의 소유자들이었습니다. 게다가 그 사람들 전부의 가르침을 가장 넓은 의미로 해석하면 그 메시지는 모두 같으며, '하나의 최고 지상(至上)의 실체를 믿으시오. 그리고 선한 행동을 하십시오' 라는 것입니다. 그와 같은 기묘한 일치가 어떻게 일어났을까요.

 나시라양, 보내주신 당신의 편지 매우 고마웠습니다. 석가모니는 자기의 사상이, 독재적인 승직(僧職)을 갖는 무미건조한 흔해빠진 종교로까지 영락(零落)하기를 바라지 않았다는 점에서 당신의 견해는 매우 타당합니다. 그러나 내가 생각하는 것은, 그는 이러한 점에서는 예외적인 존재라는 것입니다. 과거 수천 년 동안의 많은 종교 지도자들이, 자기들이 최고 지상(至上)의 실체라고 생각한 것을 추구해왔다는 점에서는 옳을지도 모릅니다. 그러나 그들 대부분은 이 실체를 하나의 인격의 형태로 표현했습니다. 그 인격은 인간이 지배하는 권력을 가진 것으로 생각한 인격입니다. 그리고 그 권력은 그들이 아주 어렸을 때 자기 부친이 분명히 가지고 있었다고 생각한 권력입니다.
 당신이 내가 해결해주기를 바라는 문제는 다음과 같이 생각할 수 있다고 봅니다. 사람들은 이 세상이 고난의 장소라는 것을 알고 있습니다. 그리고 다방면으로 두려워하고 있습니다. 그들은 자기들의 그러한 문제에 대처할 수 없다고 생각하고 있습니다. 그리고 또한 사고·병·죽음·불행이 일어날 가능성이 충만되면서 적대적인 환경 속에서 고독이라는 공포와 대면할 수 없다고 생각하고 있습니다. 그 결과 그들은 신이라 명명하는 강력한 존재를 만들어내는 것입니다.
 이것은 용기를 결여하고 있다는 지적에 나도 동감합니다. 그리고 신을 믿는 많은 종교 지도자들이 박해에 직면하여 일종의 개인적인 용기를 보여준 것은 사실이지만, 그들은 그들의 신 따위와 같은 가공의 신화의 위안이 없는 세계와 맞서는 지적인 용기를 결여하고 있었다고 나는 믿습니다. 결론적으로 분석해서 말하면, 우리가 관여하는 사건에서 중요한 것은 인간으로서의 책임입니다

만약 당신이 나의 저서 《나는 왜 크리스천이 아닌가》를 읽어 보신다면 매우 기쁘겠습니다. 그 책 속에는 〈자유인의 신앙〉이라는 에세이가 수록되어 있는데, 여기에 내 입장이 충분히 설명되어 있습니다.

당신의 흥미있는 편지에 감사를 드립니다.

(1962년 5월 13일)

종교적 편협

《나는 왜 크리스천이 아닌가》라는 표제는 저의 흥미를 끌었습니다. 왜냐하면 텔레비전에 나오는 전문 상담가(시청자의 질문에 대답하는 사람)로서의 선생님의 태도는 전면적으로 유화(柔和)·관용·유머·불편부당(不偏不黨)한 지식에 대한 갈망 그리고 진실의 표현에 있어서 완전하고 또 마음속으로부터 크리스트교도적으로 생각되었기 때문입니다. 그런데 사실 크리스트교란 무엇이냐 하는 것에 대한 우리의 개념이 아주 제멋대로인 것처럼 생각됩니다. 저 자신이 아주 어렸을 때부터 줄곧 접해온 것은 빅토리아 왕조 중기(中期)에 볼 수 있었던 그런 모범적인 영국 국교도는 결코 아니었습니다. 그리고 부게이와 브렌킨 같은 것과는 전혀 닮지 않은 종교였습니다.

제가 받은 최상의 교육을 굳이 말씀드리면, 나는 존스 칼리지의 원평의원이요 저명한 과학자였던 스코틀랜드인 학생감에게 돌리고 싶습니다. 그 선생님은 성직자가 아니라 평민이었습니다. 그리고 성서를 아주 잘 비판한 모든 견해를 받아들이고 있었습니다. 그러므로 저는 어떠한 일이든지 염두에 둘 수 있었으며, 최초

부터 근대주의의 크리스트교 신자로서 출발했습니다. 저의 최량의, 그리고 가장 친한 학우(學友)는 프레즈비티리언이었으며, 저의 교구의 사제(司祭)는 아일랜드인인 영국 국교 카톨릭파의 사람이었습니다. 그래서 저는 무슨 일을 고찰하는 데 있어 하나의 입장에 얽매이지 않는 절충주의적 경향을 가지고 있었습니다.

존경하는 보케트 박사님, 10월 7일자 귀하의 서한 감사했습니다. 크리스트교란 무엇이냐에 대한 우리의 개념이 극히 제멋대로인 것은 사실입니다. 귀하는 그것을 귀하의 벗과의 관계에서 고찰하셨고, 저는 그것이 교회를 통해서 사회생활과 어떻게 부딪히느냐 하는 점에서부터 고찰한 것입니다.

저는 1940년에 뉴욕에서 어지러운 일을 당했었는데, 그때의 얘기를 저의 졸저(拙著)《나는 왜 크리스천이 아닌가》의 말미에다 실었습니다. 만약 귀하께서 그것과 혹은 나이트 부인의 방송에 대해서 퍼부어진 야만인들의 매도성 발언(그 중의 일부가 〈리스너〉지에 발표되었다. 약간 점잖은 부분이었지만)을 읽어주신다면, 귀하께서는 서양에서 스스로를 적은 부분이 크리스트교 신자라고 부르고 있는 유력자들이 이설(異說)을 용서치 않는 편협성을 거의 독점하고 있다는 점을 인정하지 않을 수 없을 것입니다.

제가 생각하고 있는 것이지만 이혼, 산아제한, 그리고 검열 제도에 관한 카톨릭의 공식적 태도는 인류에게 있어서 극히 위험한 것입니다. 윈스턴 처칠경(卿)이 '용감한 크리스천 신사'라고 칭찬한 프랑코 장군은 간통을 다루는 일체의 소설을 금지했습니다. 그런데도 《일리아스》(호메로스가 지은, 트로이 공략을 묘사한 그리스 최고 최대의 영웅 서사시)만은 특별한 예외로 삼고 있었던 것으로 확신합니다.

당신들께서는 크리스트교 신자가 특별히 도덕적이라고 생각하겠지만, 일본에서는 불교신자가 특별히 그렇다고 생각되고 있으며, 인도에서는 힌두교도가 특히 그렇다고 생각되고 있습니다. 저는 모두가 이런 식으로 주장하는 것은 아무런 근거가 없다고 생각합니다. 크리스트교 신자든, 동양인이든, 공산주의자든 모두 같지만, 온갖 인위적으로 편성된 교조(敎條)에 대해서 제가 반대하는 것은 자비(慈悲)와 관용의 이름에서입니다. 대체로 편협한 단체 속에 동정심이 있는 개인이 있었다 할지라도 그것이 그와 같은 단체에 반대하지 않는 이유가 되리라고는 저는 생각지 않습니다.

(1957년 10월 13일)

위대한 신앙인인가 악질적인 무뢰한인가

저는 섣달 그믐날 텔레비전 프로그램을 보았는데, 그때 당신은 마치 법정에서 심문을 받고 있는 것처럼 질문자들 앞에서 비난을 받고 있었습니다. 그것은 당신에게는 심한 시련이었을 것입니다. 그러나 가령 진정 전부가 그렇지 않더라도 당신은 분명히 어떤 이상한 것을 말씀하셨다고 해도 좋을 것입니다. 예컨대 확고한 크리스트교 신앙을 가지고 있었던 사람들, 즉 크리스트교 신자들 중에서 다방면에서 온갖 친절을 다하고 관용을 보여주고 타인을 위해 공헌한 사람은 그리 많지 않다고 말한 것은 큰 잘못이 아닐까요. 게다가 예배 의식을 크리스천이 믿고 있는 '독단적'인 교의(敎義)라고 생각한 점입니다. 저는 또 당신이 종교적인 신념 속에는 진리 따위가 있을 수 없다고 아주 간단히 그 가능성을 무시해버린 점에 진정으로 놀라고 있습니다.

역사적인 조사, 연구가 밝혀주고 있는 한 이제까지의 어느 시대보다 더 철저하게 사물을 음미하는 것은 당신들의 시대가 아니었을까요. 내가 생각건대 그 결과 발견된 것을 공평하게 판단해보면 이럴 것입니다. 원래 비평가들의 결론이란 너무나 극단적이어서 오늘날에도 도저히 지지하기 어려운 것이지만, 그러나 크리스트교도 두 가지 면에서 진보가 있었습니다.

미신과 불필요한 교의가 다방면에서 뿌리째 뽑혔습니다…… 철학적으로 보더라도 크나큰 수확이 있었습니다. 부적당한 유신론자의 의론에는 무거운 형벌이 가해졌습니다. 더욱이 어떤 종류의 뚜렷한 주의ㆍ주장은 테스트를 받아 한층 강화되었습니다. 즉 성(聖) 아우구스티누스(354~430. 로마 말기의 종교가. 초기 크리스트 교회 최대의 사상가로 교부철학의 대성자. 그의 신학의 핵심은, 인간은 신의 절대적 은총에 의해서만 구제되며, 교회는 그 구제의 유일한 기관이고, 지상의 국가는 신국(神國)의 교회의 정치적 향도(嚮導)를 받아야 한다는 세 가지 점임)와 아퀴나스(1225?~74. 이탈리아의 철학자ㆍ신학자. 중세 최대의 철학자로, 아리스토텔레스 철학을 카톨릭 세계관에 도입하여 체계화시시키는 데 큰 공헌을 하였음)의 실행한 방법이며 현대의 일원론자(一元論者)들이 새로이 당면하는 문제를 해결할 수 있도록 시도하고 있는 방법입니다. 저는 당신의 악의를 비난하는 것은 아닙니다. 그러나 간과할 수 만은 없습니다.

당신은 진실한 것에 대해서는 아무런 의견도 말씀하시지 않았습니다. 즉 철학자ㆍ신학자ㆍ역사가에 의한 반세기에 걸친 업적에 관해서입니다. 제가 이렇게 쓰고 있는 것은, 당신은 일반인들에게 영향력을 가지고 있으며, 어느 점에서는 당신이 아무도 바라지 않는 오류와 독단의 방향으로 이끄는 사람처럼 생각되기 때문입니다…… 여왕이 우리 조상의 '위대한 신앙심'이라고 말씀하신 그 말이 실제로 무엇을 의미하였는지 저는 모릅니다. 그러나 그 속의 어떤 것은 우리 대부분의 공통의 신앙에 맞는 것입니다. 당신은 이 생각에 동의하지 않으십니까. 만약 당신이 선의로 쓴 이 편지를 불쾌하게 생각지 않으신다면 제발 저의 성의를 다한 이 기분을 받아 주시기 바랍니다."

존경하는 홀드워스 신부님, 보내주신 서한 감사했습니다. 제가 의론하고 있던 상대방들이 저를 초조하게 한 것을 솔직히 인정합니다. 그리고 만약 시간이 좀더 있었고, 마음에 걸리는 것이 좀더 적었더라면, 그렇게까지 조잡하고 무례한 진술을 하지 않았겠지만 어쨌든 시간이 너무 짧았기 때문에 결국 그렇게 된 것도 솔직하게 인정합니다. 극히 다수의 크리스천이 인간적 감정에 충만되어, 많은 사람들의 고뇌를 경감하려는 의도를 갖고 영웅적인 생애를 살아온 것을 부정하지 않는 것은 물론입니다. 그러나 그 반면 제가 생각하는 것은 그러한 사람들까지도 그 활동이 제도로서의 교회의 면목이나 세력에 사로잡히게 되면, 고의가 아니라 할지라도 자신도 모르는 가운데 이로움보다는 해로움을 더 가져왔다는 점입니다. 이것이 당신과 저 사이의 어쩔 수 없는 의견의 상위점임은 두 말 할 필요도 없습니다.

사람들은, 교회가 역사를 통해서 마치 자비롭거나 그 창립자의 사고방식에다 존경을 바치고 있었던 것처럼 말하기 쉽습니다. 그러나 만약 당신이 예컨대 이교도와 무녀(巫女)들을 화형시킨 것과 같은 중세의 잔혹한 행위가 어떤 과정을 거쳐 부드러워졌는가를 자문해보면, 자비를 위한 온갖 운동의 주창자는 종교계의 소위 정통파에 속하는 사람들이 아니었음을 알 것입니다. 교회는 감히 해부(解剖)에 반대하여 의학의 진보를 막았습니다. 교회는 지질학 때문에 몹시 쇼크를 받고, 파리대학의 신학부였던 소르본대학은, 오늘날의 산(山) 중에는 이 세계만큼 오래지 않은 것이 있다고 주장한 뷔퐁[1]을 비난하기도 했습니다.

최근의 교회는 영겁(永劫)의 지옥, 타락이라는 교조(敎條)를 완화해왔습니다. 그러나 그것도 완전히 정통파가 아닌 사람들로부터의 공격에 지고 있습니다. 오늘날, 산아제한에 대한 교회의 반대는 만약 그것이 성공하게 된다면 빈곤과 기아가 수소폭탄에 의해서 이루어지지 않는 한 영원히 인류의 운명이 될 것입니다.

이러한 것들이, 제가 교회가 유해하다고 생각하는 약간의 이유입니다. 그러나 교회가 제창하는 교의가 진리가 아니라고 생각하는 것은 물론 그것과는 전혀 다른 이유에서입니다. 왜냐하면 우리는 선험적(先驗的)으로는 진리가 유용한 것인지, 아니면 오류가 유해한 것인지 알 수 없기 때문입니다.

당신 서한의 후반부 내용은 지적인 의론에 관한 것입니다. 저는 신의 실재에 관한 낡은 의론을 오늘날 자꾸만 새로이 말해 보았댔자 조금도 진보를 의미하는 것이 아니라고 생각합니다. 그와 같은 낡은 의론은, 그것이 진리이기를 열심히 빌고 있는 사람에게만 설득력을 발휘할 수 있다고 생각합니다. 당신은 '철학자·신학자·역사가에 의한 반세기에 걸친 업적'이라고 말씀하셨는데, 그것이 무엇을 의미하는지는 도무지 알 수 없습니다. 철학자라 할지라도 많은 학파가 있습니다. 그리하여 콘스탄틴 1세(274?~ 337. 재위 306~337. 로마의 황제. 3세기 전반에 일어난 내란을 평정하고 후기 로마제국을 재통일하여 306년 독재 군주가 되었음. 기독교를 공인하고, 325년 니케아에서 종교회의를 열어 정통교리를 정하고, 콘스탄티노플을 건설함. 콘스탄티누스 대제임)이래 서양 철학자의 대부분이 크리스트교의 받아

---

1) 1707~1788. 프랑스의 박물학자·철학자. 후에 런던 학술원 회원에 추대되었다. 지구의 생성(生成)에 대해서 사실을 썼기 때문에 신학자로부터 비난을 받았고, 교회의 박해를 받았다.

들였습니다. 그렇게라도 하지 않으면 그들은 거의 모든 시대에, 그리고 거의 모든 크리스트교국에서 제대로 일을 할 수 없었을 것이며, 또 생활비를 벌 수도 없었을 것입니다.

역사가도 또한 많은 학파로 갈라져 있습니다. 1917년부터 줄곧 그들은 볼셰비즘을 너무나 두려운 것으로 생각하거나 혹은 그것에 몹시 마음을 빼앗기고 있기 때문에 합리적인 생각을 할 수 없게 되었습니다.

저는 이와 같은 모든 것을 독단적으로 말씀드렸습니다만, 그 까닭은 만약 그렇게 하지 않으면 말하는 데 많은 지면을 필요로 하기 때문입니다. 그러나 물론 제가 말씀드려온 것에 의론의 여지가 있음은 저도 인정합니다. 당신은 여왕이 말씀한 '위대한 신앙심'에 대해서 묻고 계십니다. 솔직히 말씀드리면 저는 그것을 황당무계한 것이라고 생각합니다. 우리 조상의 신앙이라 할지라도 그 속에는 이러한 신앙도 있는 것입니다. 즉 인간을 산 채로 화형에 처하고, 반역자는 교수형에 처하고, 그 내장을 끄집어내고, 그 사체(死體)를 네 갈래로 찢어야 하며, 범죄수사에 있어서는 고문이라는 방법을 써야 하며, 건강한데도 일하지 않고 빈둥빈둥 놀고 있는 부랑자는 낙인을 찍어야 한다는 따위의 신앙입니다. 저는 이와 같은 신앙 속에선 도저히 '위대한'이라는 말을 발견할 수 없습니다. 때로는 누군가가 품은 신앙으로, 이러한 신앙보다 훨씬 좋은 신앙이 있었던 것은 물론입니다. 우리 영국인이 죽인 앨거논 시드니(영국의 정치가·사상가. 찰스 2세의 절대군주론을 반대하여 제한군주론과 혁명권을 주장하다 사형당함)와 또 죽이려고 한 토머스 제퍼슨(미국의 제3대 대통령. 독립선언서를 기초하였으며, '미국민주주의의 아버지'라고 불림)에 대해서는 말해야 할 것이 많으리라 생각합니다. 그러나 전반적으로 말해서 과거에 일반적으로 행해지고 있었던 신앙은 잔혹했고 무지(無知)하기도 했다고 저는 생각합니다.

당신의 편지를, 가령 견해의 차이는 있을지라도, 저는 조금도 불쾌하게 생각지 않습니다.

(1953년 1월 3일)

부도덕한 것은 누구인가

저는 열여섯 살이며 고등학교의 마지막 학년에 선생님의 저서 《나는 왜 크리스천이 아닌가》를 읽었습니다. 그리고 대단히 깊은 인상을 받았습니다.

지난 주에 저는 교장 선생님과 이야기를 나누고 있었는데 교장 선생님은 종교가 사회의 도덕률을 유지하기 위한 책임을 지고 있음을 믿는다고 말씀하셨습니다. 그러나 저는 교장 선생님의 말씀에는 찬성하지 않습니다. 왜냐하면 교장 선생님의 말씀은, 무신론자와 불가지론자는 모두 부도덕한 자라는 것을 암암리에 암시하고 있기 때문입니다.

워커 군, 종교가 우리의 도덕률을 유지하기 위한 책임을 지고 있다는 점은 아마도 정당할 것입니다. 적어도 어떤 도덕률을 위해서는 말이지요. 그리고 그 도덕률은 성서를 근거로 한 것입니다. 그런데 그것은 도덕률로서 형태지어질 때, 자기들이 가장 두려워하고 있는 것은 모두 억제하고자 하는 사람들에 의해서 만들어 졌습니다. 어떤 사람들의 표준에서 보면, 서약을 하고 정식으로 종문(宗門)으로 들어간 크리스천의 눈에는 무신론자와 불가지론자는 부도덕한 자로 비칠지도 모릅니다. 그러나 크리스천이라 할지라도 오점이 없다고는 말할 수 없습니다. 그들에게는 첫째 콩고를 괴롭힌 일, 둘째 드레퓌스[2]를 유죄로 선고한 일, 셋째 핵전쟁을 지지하고 있는 일 등의 죄가 있습니다.

이와 같은 예를 들자면 나는 영원히 계속할 수 있 을 것입니다. 그러나 도덕적 견지에서 보아, 그들은 아무리 해도 좋아질 수 없다는 것을 아는 정도로 충분할 것이다.

(1966년 4월 27일)

성서의 예언

한 가지 일이 저를 당황스럽게 하고 있습니다. 즉 과학이 우리를 끌어넣고 있는 세계는 고대의 신학(神學)이 상상하고 있던 세계와 점점 닮아가고 있습니다. 소위 원시인이 터무니없는 추측으로 우주의 본질에 도달했다는 사실이 가능할까요?

존경하는 커티스씨, 보내주신 편지 감사했습니다. 저는 오늘날 성서에 있는 예언이 실현되리라고는 도저히 생각할 수 없습니다. 뭔가 그러고자 하는 마음의 경향이 존재할 때 그것

---

2) 1859~1935. 19세기말 제3공화국 프랑스의 군인. 유태인 포병 대위. 대독(對獨) 스파이 혐의로 체포되어 군법회의 결과 종신형에 처해졌다. 그 후 무죄의 확증도 뚜렷해지고 진범도 명백해졌으나, 정부는 그에게 유죄를 선고하려는 태도를 버리지 않았다. 지식인, 자유주의자는 일제히 일어나 인도주의를 위해 정부의 잘못을 규탄하였다. 1894년 10월 작가 졸라는 〈나는 탄핵한다〉라는 논문을 발표하여 대중에게 호소했다. 마침내 정부도 여론에 굴복하여 그의 무죄를 선언하고 원대복귀시켰다. 이것이 그 유명한 드레퓌스 사건이다.

이 실제로 있는 것처럼 생각되는 의미 이외의 경우에는 그런 사실을 믿을 수 없습니다.

저는 신학으로 씌어진 것은 원시인적인 종족의 약간 역사적인 공상의 세계라고 간주하고 싶습니다. 그것은 때때로 야만적이며 또 때로는 흥미있는 세계입니다.

(1962년 10월 22일)

종교상의 거짓말

'불가지론자는 성서를 어떻게 보는가' 라는 물음에 답하여 당신은 성서의 편협한 해석을 모든 크리스천의 탓으로 돌렸습니다. 당신이 '깨달음을 포교한 성직자' 라 부르는 크리스천 이외 의 크리스천 말입니다.

엘리야(기원전 9세경의 히브리의 예언자. 자연의 생산력을 상징하는 고대 셈족의 신인 발(Ball) 숭배를 공격하여 여호와의 유일함을 선언했으며, 유태인에 의해 구세주 재림의 선구자로 간주됨)를 놀리고 있는 아이들과 암곰에 대한 당신의 해설에 많은 크리스천이 찬성하지 않으리라고 생각하게 되시면 그것은 당신의 아주 잘못된 생각입니다. 영국 국교회는 그 신자들에게 성서에 관한 당신의 견해와 같은 견해를 가지라거나 또는 당신이 흔히 예로서 끌어내는 정통파 크리스트교 신자의 견해를 가지라고 요구하지는 않습니다.

존경하는 주교님! 대부분의 크리스천이 성서를 믿지 않는다는 의미의 당신의 말씀은 저는 전혀 동의할 수 없습니다. 이를테면 당신은 영국 국교회는 성서에 대한 정통파 크리스천으로서의 태도를 요구하는 것은 아니라고 말씀하고 계십니다. 당신은 디콘(교회의 집사) 임명식 예배에서 주교가 묻는 말,

그리고 그것에 대해서 신임 집사가 대답해야 하는 말을 모르시는 것 같습니다. 주교는 "당신은 구약성서와 신약성서라는, 교회가 정한 경전(經典)을 진심으로 믿습니까?"라고 질문하고, 이에 대해서 신임 집사는 "믿습니다"라고 대답해야 합니다.

엄숙한 의식에 임하여, 교구 목사가 중요한 문제에 대하여 진실을 말하리라고는 아무도 기대하지 않기 때문에 그런 것은 문제가 아니라고 당신은 말씀하실 것임에 틀림없습니다. 그러나 저는 미덕을 위해 헌신하려고 하는 사람들이 그 빛나는 경력을 의례적이고 거창한 거짓말로 시작해야 한다는 것은 실로 슬픈 일이라고 생각지 않을 수 없습니다.

게다가 당신도 말씀하시다시피 사실상 거의 모든 성직자들은 성서 속에서 자기들의 형편에 맞지 않는 부분은 믿지 않으면서, 그들의 대부분은 커다란 고통과 고난을 사람들에게 부과하는 것을 신에 의한 의(義)라고 하는 구절만은 믿습니다. 예를 들면 이혼과 산아제한을 금지하는 구절입니다. 그들의 대부분이 산상수훈에서 가르치고 있는 평화주의를 거부하고, 그리스도가 자기는 평화를 가져오기 위해서가 아니라 검(劍)을 던지기 위해 왔다고 한 구절을 기꺼이 받아들이고 있습니다.

(1960년 6월 16일)

고어 주교

저는 지금 찰스 고어[3] 주교에 대한 연구를 하고 있습니다.

그래서 1928년, 런던의 유니버시티 칼리지의 그레트 홀에서 행해진 고어 주교와 당신 사이의 공개토론에 대해 무엇이든 알려 주셨으면 고맙겠습니다.(1929년 2

월 12일에 행해진 이 토론의 주제는 '크리스트교의 주장은 옳은가' 였음)

　존경하는 카펜터씨, 당신이 말씀하시는 그 토론을 할 때 고어 주교가 제게 어떤 인상을 주었는지 매우 애석하지만 저는 전혀 생각해낼 수가 없습니다. 그때 일에 대해서 제가 기억하고 있는 것은 다만 당시 여섯 살 난 제 아들 유양돌기(乳樣突起. 귓바퀴 뒤쪽에 있는 뼈의 돌기)를 앓아 견디기 어려울 정도의 아픔으로 인해 바로 수술을 받지 않으면 안 되었다는 점과, 토론에 참가했던 고어 주교의 수행원 한 사람이 아픔이라는 것은 모두 죄에 대한 벌이라고 주장하고 있었던 것뿐입니다

(1958년 11월 13일)

스스로를 비하하다

　저는 지금 어떤 문제로 몹시 괴로워하고 있어 그것에 관해 선생님의 조언을 듣고자 이렇게 편지를 올립니다. 저는 20세 때부터 크리스트교를 믿지 않습니다. 2주일 전 저는 어떤 사람한테 C. S. 루이스라는 분이 지은 《다만 크리스트교뿐》이라는 책을 빌렸습니다. 그것에는 영원한 생명을 획득하는 오직 하나의 길은 그대의 생명을 그리스도에게 바치는 일이라고 씌어 있습니다. 저자는 다음과 같이 말합니다. '아무것도 생각지 말고 다만 그대의 생명을 내던지시오. 아무튼 그대 자신의 인간으로서의 존재는 진정 사멸되어야만 합니다. 아무리 큰 야심을 품는다

---

3) 1853~1932. 영국의 신학자. 영국 국교회에 속해 있었으며, 웨스트민스터 사원의 캐논(대성당에 딸린 목사)을 거쳐 웨스터, 버밍엄, 옥스퍼드의 주교(1894~1919)를 역임. '부활의 형제단' 이라는 성직자 단체를 창설, 크리스트교 사회주의자로 유명함.

할지라도 또 아무리 열렬한 소망을 갖는다 할지라도 이윽고 소멸되지 않을 수 없습니다'. 그것을 읽고 저는 이렇게 느꼈습니다. 만약 제가 갓난애들을 버리고, 앓고 있는 남편을 간호하러 가지 않으면 지옥에 떨어지리라고 말입니다. 저는 괴로워했습니다. 그러나 상담할 사람이 없었습니다. 제 남편은 아주 착한 사람입니다. 그러나 인생에 있어서 그의 주된 흥미는 축구와 텔레비전입니다.

　부인, 보내주신 편지 고마웠습니다. 저는 당신의 편지를 읽고 매우 흥미를 느꼈으며, 나아가 더없는 동정을 금치 못했습니다.
　제가 생각하기에는 당신은 C.S. 루이스로부터 필요 이상의 인상을 받은 것 같습니다. 그리스도에 대한 봉사라고 상상하면서, 당신의 생명을 맹목적으로 버린다는 아이디어는 마조히즘(이성에게 학대받음으로써 성적 쾌감을 얻는 변태 성욕의 하나)을 미화하고 권력 앞에 자신을 비하하는 하나의 형식에 불과합니다.
　그것은 스탈린의 단죄(斷罪)에 굴복하여 죄를 고백한 러시아인들의 유형과 같습니다. 또 그것은 본질적으로는 동양적인 태도며, 그것을 크리스트교가 계승하여 잔혹한 폭군의 도덕적 결함을 신의 탓으로 돌렸습니다.
　당신이 만약 먼 나라에서 어떤 쇼의 자기 희생을 실행하기 위해 당신의 어린아이들을 버린다면 그것은 완전히 잘못된 행동입니다. 당신은 크리스트교의 교의를 믿지 않으면 안 되는 이유는 아무것도 없다는 것을 염두에 두어야 합니다. 그리고 크리스트교가 말하는 도덕의 대부분은 자존심이 있는 사람에게는 아무런 가치가 없음을 명심해야 합니다. 이러한 내용이 나의 최근의 저서 《나는 왜 크리스천이 아닌가》 속에 좀더 길게 씌어 있습니다. 그 책을 읽으시면 알게 될 것입니다. 저는 당신이 위로를 받고, 안심을 얻도록 진심으로 빌고 있습니다.

그리고 당신이 조금이라도 그렇게 되었는지 안 되었는지를 알려주시면 대단히 기쁘게 생각하겠습니다.

(1958년 4월 26일)

섹스와 악마

저는 한 여인을 사랑하며, 그녀도 저를 사랑하고 있습니다만 그녀와 결혼하기 위해서는 저는, 그녀가 믿고 있는 카톨릭을 버리고 무신론자나 불가지론자가 되도록 그녀를 설득해야 합니다. 저는 순수하게 책략적으로 저의 애정을 주거나 주지 않거나 하는 편입니다. 1주일 동안 그녀에게 키스를 하지 않겠다고 약속하기도 합니다. 왜냐하면 그녀는 키스와 같은 죄를 지으면 성찬(聖餐)을 받을 수 없다고 주장하기 때문입니다. 그렇게 해두고서 결국 그녀가 굴복하여 밤을 함께 지냈으면 하고 저에게 애원하도록 그녀를 냉정히 대하는 것입니다. 그리고 최후에 그녀가 한 짓은 나쁘지 않았다는 것을 인정하도록 하는 것입니다.

이러한 행위가 옳은지 그른지 저는 확신을 가질 수 없습니다. 저로서는 그렇다고 말하고 싶습니다. 그러나 그런 짓을 하는 것을 싫다고 생각하는 기분은 어쩔 수 없습니다. 저는 그녀를 알고 있는 목사와 만나 의논하기로 그녀와 약속하고 말았습니다.

저는 당신이 약혼녀를 자유사상으로 전향시키고자 하는 기분에는 매우 동감합니다. 그리고 그것이 성공하기를 빌고 있습니다. 그러나 당신이 섹스를 요구해서 순결을 빼앗을 때에는 아주 신중하지 않으면 안 된다고 생각합니다. 만약 신중하지 않으면 그 목사는 그녀에게 당신이 악마의 도움을 빌려 그녀를 좋지 않은 환락의 길로 유혹하기 위해 육욕의 협력을 구하고 있다고 얘기할지도 모르기 때문입니다. 그리고 그녀가 목사의 말을 믿을 가능성은 충분히 있다고 봅니다. 제가 만약 당신의 입장에 서 있다면 가령 그것이 아무리 어렵다 할지라도 좀더 논리적이고 설득력 있는 의논을 할 것입니다.

(1960년 9월 6일)

종교에 의한 위안

사상을 마비시키는 미신적인 것으로서의 종교의 성질은 자명(自明)한 것처럼 생각됩니다. 그러나 다양한 경우에 처해서, 어느 것이 옳은 태도냐고 할 때 의문이 생기지 않을 수 없습니다. 즉 자기의 죽은 남편과 다시 만나리라고 믿고 있는 노부인의 진지한 신앙이 그녀의 만년(晩年)의 정신적 지주가 되어 있을 경우, 어둠을 두려워하는 어린아이가 예수님이 자기를 지켜주고 있다는 안도감으로 위안을 받을 경우, 굳은 종교적 신앙으로 살아나 하루하루 회복해가는 병자의 경우가 있습니다. 이와 같은 경우에는 현재 갖고 있는 신앙을 키워나가는 것이 바람직할 것입니다.

존경하는 시몬스씨, 당신의 편지 참으로 고마웠습니다. 저는 사후의 세계를 믿고 있는 노부인의 신앙을 뒤엎으려고 생각하지는 않습니다.

하지만 일반적으로 사회적 견지에서 볼 때 고려하지 않으면 안 되는 좀더 중요한 일이 있습니다. 첫째, 가령 어떤 신앙이 진리냐 아니냐에 관해서, 증거에 대해서는 아무것도 생각지 않고 옳다고 하는 일이 바람직하다고 생각한다면 그것은 사람이 상륙할 때 검열관의 직무와 온갖 죄악을 함께 몸에 지니고 상륙하는 것과 같은 것이 됩니다. 둘째, 아주 많이 잘못된 신앙이 사회에 좋지 않은 영향을 주고 있습니다. 예를 들면 카톨릭교도는 산아제한에 반대하고 영국 국교도는 이혼자의 재혼에 반대하고 있습니다. 셋째, 잘못된 신앙에 의해서 위안을 구한다는 태도는 약간 졸렬합니다. 넷째, 어린아이들의 문제는 노인의 문제보다 훨씬 어렵습니다. 왜냐하면 인간은 장래의 사회적 활동방법을 생각해야 하기 때문입니다.

일반적으로 저는 거짓말로 어린아이들을 위안하는 방법은 좋은 생각이라고는 보지 않습니다. 저는 거짓말이 없는 동정 쪽이 훨씬 좋다고 생각합니다.

(1959년 12월 3일)

바티칸 대 크렘린

40년 전에는 과학이 종교와의 50년 전쟁에서 승리하여 필연적으로 합리성이 중시되리라고 생각되었습니다. 그런데 이 희망이 크게 상실된 것이 아닐까요.

저는 이렇게 생각합니다. 문명이 고도로 발달한 극히 적은 곳을 제외하고는 독단적인 크리스트교가 패퇴했다는 사실이 사람들로 하여금 더욱 새로이 그리고 조야한 신학을 받아들이도록 한 데 불과하다고. 크리스트교는 자기 때문에 단순하기는 하지만 수세기 동안에 아주 세련되었으며 또한 관대해지고 있습니다. 만약 종교가, 인류의 대부분이 그것 없이는 살 수 없는 것이라든가 아니면 그것 없이는 살려고 하지 않는 그런 것이라면 낡고도 원숙한 종교 쪽이 새롭고 무분별한 종교보다는 좋을 것임에 틀림없습니다.

존경하는 바와이즈씨, 저는 당신의 의견에 대찬성입니다.

저는 과거 30년간, 궁극적인 싸움은 바티칸(카톨릭)과 크렘린(공산주의)의 싸움일 거라고 말해왔습니다. 그리고 이 싸움에서 저는 바티칸 편에 설 것이라고도 말해왔습니다. 제가 바티칸을 선택하는 근거는 당신과 같습니다. 즉 종교는 술과 같아 세월과 더불어 익어간다는 사실입니다. 이 이유로 저는 크리스트교보다도 불교쪽을 선호합니다. 만약 실제로 어느 쪽을 선택해야 한다면 말입니다. 그러나 주물숭배(呪物崇拜)를 뒷받침하도록 부탁받았다면 그것은 논리학을 버리는 것을 의미할 것입니다

저는 나치스라는 종교도, 공산주의라는 종교도 민중이 구하는 종교적인 요소를 갖추고 있다고는 생각하지 않습니다. 양쪽 다 한낱 정권에 관여하고자 하는 의지를 표명하고 있는 것에 불과하며 또 현대 정부의 테크닉에 반항하는 주체로서는 무능하다는 것을 나타내고 있는 데 불과합니다.

(1953년 1월 10일)

어린아이를 교육하는 불가지론자

저희 부부는 교회에는 일체 나가지 않으며 스스로 불가지론자라고 생각하고 있습니다. 그러나 우리는 자식들을 위해서는 어떤 종류의 종교적 교육이 바람직한 것처럼 느껴집니다. 종교를 취하느냐 불가지론을 취하느냐는 자식들이 성장했을 때 자기들이 결정할 수 있다고 생각하기 때문입니다.

존경하는 노퍼 부인, 저는 당신이 제게 질문해 주신 것과 같은 내용의 편지를 미국으로부터 때때로 받고 있습니다. 혼란

스러운 사회에서는 그와 같은 질문에 대답하기가 퍽 어렵습니다. 대충 말씀드린다면 저는 이렇게 생각합니다. 댁의 자녀들에 대해서는 학교에 다니고 있는 동안은 종교라는 방법으로 일반적으로 실행되고 있는 관행에 그대로 따르게 하는 편이 좋으리라고. 그렇지만 당신들의 사고방식을 자녀에게 감추어서는 안 된다고 생각합니다. 아이들은 남자아이든 여자아이든 간에 성인이 된 뒤에 양친이 종교에 대해서 거짓말을 했다는 사실이 드러나면 그것에 대해 불평할 것이기 때문입니다.

어떤 종류의 종교적 교육은 절대로 필요하다는 의견에 저는 찬성할 수 없습니다. 저는 모든 종교가 적어도 부분적으로는 아무런 증거가 없는 것을 믿는 데서 성립되었다고 생각합니다.

그리고 그와 같은 신앙에 거역하여 증거에 충실하려는 태도로 즉시 바꾸리라고 생각합니다.

당신은 어린아이에게 가정에서는 어떤 유형의 신앙이 주입되고 학교에서는 다른 유형의 신앙이 주입되어서는 안 된다고 생각하실지도 모릅니다. 그러나 저는 그와 같은 것보다도 어떤 다른 원인으로 이루어진 해악이 훨씬 크다고 생각합니다.

(1964년 12월 2일)

카톨릭교도의 출생률

저는 일찍이 미국에서 로마 카톨릭 교회가 증대되어가는 것을 보고 불안하게 느낀 적이 있습니다. 그것은 순전히 수의 힘에 의해서 라이벌을 압도하려고 전 신경을 곤두세우고 있습니다. 제 의견으로는 그것은 군비확장 경쟁을 도발하는 것과 같다고 생각합니다. 그러므로 저는 이러한 경쟁의 관점에서 서양의 비카톨릭교도가 카톨릭교도에 대항하는 것을 꼭 보고 싶습니다.

　존경하는 라스무센씨. 3월 10일자 당신의 편지에 씌어 있는 문제는 과거 50년간 제 마음을 잡았다 놓았다 한 문젭니다.
　저는 비카톨릭교도가 카톨릭교도의 흉내를 내어 극도로 그 수를 늘려야 한다는 당신의 말씀을 타당하다고는 생각하지 않습니다. 그것은 실로 서로 경쟁하는 군비를 쌓아가는 것과 같습니다. 그러한 것보다도 훨씬 좋은 방법은 카톨릭을 자유주의화하여, 그 인구를 줄이도록 하는 일입니다. 통계가 가리키는 바를 보면 사제(司祭)들의 수는 어찌 되었든 카톨릭교도의 출생률이 진정 미국에서는 줄고 있다고 믿습니다. 카톨릭교회는 가족계획에 대한 반대를 어느 정도 누그러뜨리고 있습니다. 특히 성교(性交)를 '안전기(安全期)'에만 한정할 것을 시인하게 되었습니다.
　비카톨릭의 행동방식이 나빠지게 하는 주장을 하기보다 카톨릭이 해온 관례를 개선하도록 노력하는 편이 현명하다고 저는 생각합니다.

(1958년 3월 21일)

세 례

　저희 부부는 모두 불가지론자입니다. 그래서 부모가 크리스천이 아닌데 애들을 크리스트교의 신앙으로 세례를 받게 하여 크리스천으로서 키우는 편이 좋은지 그렇게 하지 않는 편이 좋은지 선생님의 조언을 받고싶습니다.

존경하는 휴 부인, 장차 크리스트교국가에서 살지 않으면 안 되는 아이들을 불가지론자가 어떻게 키워야 좋으냐 하는 것에 대해서 당신에게 어떻게 말씀드려야 좋을지 모르겠습니다. 저의 경우는 애들에게 세례를 받게 하지 않았습니다. 그리고 종교에 대한 저의 태도를 애들에게 알려주었습니다. 하지만 제가 바란대로 되지는 않았습니다. 애들 중 둘은 열렬한 영국 국교도가 되었으니까요.

저는 신학 문제에 대한 태도를 감추어야 한다고는 생각하지 않습니다. 그러나 정통파가 아닌 입장을 고집하도록 항상 적극적 수단을 강구해야 한다고도 조금도 생각하지 않습니다. 당신에게 좀더 명확한 대답을 할 수 없음을 애석하게 생각합니다만 질문에 대한 답은 그애가 어떠한 환경에서 지내게 되느냐에 따라 달라져야 한다고 생각합니다.

(1959년 12월 10일)

주교로서의 러셀

텔레비전 인터뷰에 즈음해서 선생님은 영국 국교회의 주교 한 사람을 참고인으로 채택하고 있었습니다. 제가 이해한 바로는 선생님은, 이 주교가 선생님의 견해 중 어떤 것은 '성욕'에서 나온 것이라고 생각하고 있다고 말씀하셨습니다. 그러나 저는 그렇다고는 믿지 않습니다.

이 주교는 아주 젊은 주교이었음에 틀림없습니다. 다만 제가 부가할 수 있다면, 선생님 자신이 주교가 아니었던 사실을 수없이 애석하게 생각했는지 모른다는 것입니다.

존경하는 캐논 콜만씨, 2월 23일자 당신의 호의에 찬 편지 참으로 고마웠습니다. 문제의 주교는 젊은 분이 아니었습니 다. 영국의 로체스터의 주교였는데, 지금은 생존하고 있지 않습니다. 저는 《수학원리(Principia Mathematica)》의 어느 부분이 성욕의 증거를 제공하고 있는가를 그에게 묻는 것을 잊었습니다.

그리고 제가 주교이었으면 좋았을 거라고 말씀하신 점에 대해서는, 진실로 감사하게 생각합니다. 그러나 저는 도저히 당신이 말씀하신 바와 같이 주교가 아니었음을 몹시 애석하게 생각하지는 않습니다.

(1961년 3월 29일)

열렬한 크리스트 교도 정부

여기에《나는 왜 크리스천이 아닌가》의 번역 사본을 여기에 동봉합니다. 우리는 이 사본을 3000부 인쇄했습니다. 그리고 내용을 검열한다는 새로운 입법이 국회를 통과하기 전에 배포할 예정입니다.

존경하는 루씨, 《나는 왜 크리스천이 아닌가》의 번역본을 보내주시고 또 친절할 편지를 띄워주셔서 고맙기 그지없습니다당신이 말씀하시는 대로 이 책의 번역은 머지않아 탄압 받을 것입니다(이 책의 영어판은 1959년 4월에 금지되었고, 그 번역은 이 답신을 보낸 지 얼마 후에 금지되었음) 남아프리카 정부는 스스로를 세계에서 가장 열렬한 크리스트교 정부임을 증명함으로써, 제가 크리스트교에 반대한다고 말하지 않으면 안 되는 온갖 것을 열심히 폭로하고 있는 것처럼 생각됩니다.   (1960년 2월 21일)

마호메트(무함마드)의 초상화

 당신의 저서《서양의 지혜》에 있는 이슬람의 예언자 마호메트의 초상화가 파키스탄에서 판매되고 있는 책에서는 제거되었습니다. 마호메트의 초상을 간행하는 것은 이슬람 국가에서는 금지되어 있습니다. 성스러운 예언자 마호메트의 초상이《서양의 지혜》에 게재되어 있다면, 그 책은 대체 어느 나라에서 출판된 것일까요.
 선생님의 책에서 선생님은 마호메트가 메카에서 메디나로 이주한 것을 '패주(敗走)' 라는 말로 표현하고 있습니다. 그러나 'Hijrat(移住)' 라는 말은 신(神)의 인도하에, 계획에 따라 우호적인 토지에의 전략적인 전진을 의미하는 것이었습니다.
 선생님은 제2차세계대전 때 영국군이 당겔크에서 줄행랑친 것을 '패주' 라는 말로 표현하기를 좋아하지 않겠지요. 이슬람권의 세계에서 종교적으로 신성한 의의를 갖고 있는 사건에 대해 '패주' 라는 말을 사용하는 것은 어떤 이유에서입니까.
 선생님, 저는 선생님이 이슬람의 세계에 대해서 하신 잘못을 어떻게 보상할 수 있을는지 의심스럽습니다.

 존경하는 일르샤드씨, 당신이 보내주신 편지 대단히 고마웠습니다. 제가 왜 '패주' 라고 썼는지 다섯 가지의 예를 들어 설명하겠습니다. 첫째, 영국군은 마호메트가 메카에서 메디나로 달아난 것과 마찬가지로 달아났습니다. 둘째, 마호메트는 물론 다른 어떤 누구도 '성스러운 영감' 에 의해 인도되었다고는 저는 믿지 않습니다. 셋째, 패주를 '전략적인 전진' 이라고 말하는 것은 용납할 수 없습니다. 넷째, 예언자의 초상화 따위는 학생과 학자의 흥미의 대상으로서 많이 보여주어야 합니다. 다섯째, 맹목적인 애국심은 해롭습니다. 그리고 동시에 유머와 겸손을 매우 결여하고 있습니다.

(1963년 9월 16일)

방황하는 신비주의자와 정신병자

저는 지금 선생님의 저서 《나는 왜 크리스천이 아닌가》를 읽고 있습니다. 선생님은 그리스도에 대해서 말씀하시고, 그리스도가 살아 있었는지 어땠는지에 대해 의문을 품고 계십니다. 그러면서도 그리스도는 위대한 인간이었음을 믿는다고 말씀하시고 계십니다.

롤러양, 당신이 제 책을 좀더 주의깊게 읽어주시지 않은 것이 지극히 유감스럽습니다. 당신은 세 가지 전혀 다른 문제를 혼동하고 있습니다. 그리스도라는 인물이 실재한 것을 증명하는 역사적인 증명은 참으로 천박합니다. 그리스도를 어떻게 평가하느냐와 그에 대한 견해는 또 다른 문젭니다. 그와 같은 견해란 그것을 믿는 사람으로 하여금 한 개인을 가공의 인간으로도 실재의 인간으로도 평가하게 합니다

그리스도로부터 왔다고 일컬어지는 도덕관의 어떤 것은 확실히 찬성할 수 있습니다. 그가 신격(神格)을 갖추고 있었다는 환상적인 신념은 그 시대의 많은 방황하는 신비주의자와 광기에 찬 사람들이 품고 있었습니다. 이 문제는 주로 심리학자에게 흥미있는 일입니다.

(1963년 2월 19일)

예수 그리스도의 자필서명

오늘 저는 한 친구와 함께 점심을 먹었는데 그는 유명한 오페라 가수들의 서명이 든 사진을 약간 가지고 있다고 말했습니다. 그래서 저는 이렇게 대답해주었습니다. 예수 그리스도의 서명이 든 사진(그것은 멕시코의 델리오에서 배포하고 있는 정통파 크리스트교를 믿는 복음전도자한테 얻을 수 있음)은 별도로 하고, 제가 높이 평가하는 유일한 서명이 든 사진은 버트란드 러셀의 사진일 것이라고.

존경하는 토드씨, 당신의 대단히 유쾌한 편지 고마웠습니다. 저는 예수 그리스도가 스스로 서명하신 것을 드리지 못해서 유감스럽습니다. 다만 제 서명이 어떤 도움이 돼주었으면 하고 생각합니다. 저의 서명은 이 편지 밑부분에서 볼 수 있을 것입니다.

(1958년 10월 22일)

신의 판권(版權)

선생님의 자서전을 잘 받았습니다. 참으로 감사하기 그지없습니다.
고맙습니다. 하느님께는 이미 감사를 드렸습니다.

부슈양, 제 자서전이 마음에 드셨다니 기쁩니다. 그렇지만 당신이 그것을 하느님에게 감사했다는 것은 좀 문제군요. 왜냐하면 그렇게 되면 하느님이 나의 판권을 침해한 것이 되기 때문입니다.
그럼 안녕 …….

(1968년 5월 6일)

2. 청년과 노년

해 설

나는 노년(老年)이란 추한 꼴을 보이지 않기 위해 분투하는
시대라고 생각한다. 그 밖에 또 있기는 하지만,

　버트란드 러셀은 태어나서부터 28년 동안을 19세기에 보냈기 때문에 "나는 나를 빅토리아 여왕 시대의 인간이라고 해도 좋을 것이다. 사실은 그렇게 보지 않으면 안 된다"고 말한 적이 있는데 사실 그대로다. 1921년 중국 방문중 그는 자신의 사망기사를 읽었으며, 또 자기 스스로 1962년에 죽을 것을 예상한 사망기사를 쓰기도 했다.
　그의 다채로운 생애 중에서 가장 눈에 띄는 일면은 젊은이들과 특히 친했다는 점이다. 그가 늙을수록 그에 대한 젊은이들의 찬미는 한층 열렬해지고 있다.
　1961년, 그는 전(前)세기에 대해 강의한 적이 있는 런던대학 경제학부에서 학생들에게 강연했을 때 이것과 옛일을 회상하여 다음과 같이 발언했다. 꼭 25년 전 이것과 같은 강연회가 열렸을 때 그때의 사회자가 자기를 빅토리아 여왕 시대의 잔재라고 소개했다고.
　러셀은 항상 그의 발언이 다음 세대의 사람들에 의해서 고

려되고 판단되는 것을 의식하고 있다. 그는 다음과 같이 단언한다.

"젊은이들은 그들의 선배들이 잘못하면 자기들 모두가 떼죽음을 당할지도 모른다는 것을 어렴풋이나마 알고 있다. 젊은이들이 반항하는 것도 완전히 이해할 수 있다. 젊은이들에게는 노인들의 습관인 무책임성이 조금도 없다. 젊은이들을 비난하는 것은 늙은이에게 흔히 있는 일종의 자극제라고도 할 수 있다. 그리고 청년에 대한 늙은이들의 비난은 청년들의 그것과 같이 쉽게 납득되는 것이 아니다. 그렇게 판단해도 좋을 것이다."

청년에게 있어서 러셀은 프로메테우스(그리 신화 중의 영웅. 천계로부터 제우스를 속여 불을 훔쳐서 인류에게 준 까닭으로 제우스의 노여움을 사서 코카서스의 큰 바위에 묶여 독수리에게 간을 쪼이는 벌을 받게 되었으나 수천 년 후에 헤라클레스에 의해 구출됨) 타입의 인간이다. 그는 권위, 인습, 그리고 독단적인 교의(敎義)에 대해서 열렬하게 반대한다. 존경해야 할 사상이면서도 실은 인간의 업적에 대한 장애가 되는 사고방식, 인간의 호기심을 한낱 입맛 없는 해골로 만드는 사고방식, 편견이 없는 온순한 마음을 죽여버리는 사고방식 등에 반대하는 것이다. 그는 청년들에게 이렇게 호소한다.

"청년에게 중요한 것은, 기성관념에 의문을 품고 그것에 도전하고자 하는 불타오르는 정열을 가지는 일이다. 그것은 기성세대에게는 아주 두려운 것이지만 창조적이며 새로운 세대에게는 대단히 필요한 덕목이다. 그리고 프로메테우스가 인류를 위해 도움이 되는 일을 하면서도 신들의 노여움을 산 것처럼 바보 같은 인간들에게 반항하고 악의 있는 인간들에게 반대하는 일은 결코 쉬운 일이 아니다. 그러나 가령 고립되고 무시당하고 공격을 받고 의혹에 빠지고 위협을 당하더라도 결코 침묵해서는 안 된다."

러셀이 현대의 청년들에게 있어서 이와 같이 강력한 상징적 존재라는 사실은 의심할 여지가 없다. 그러나 또 그는 노년(老年), 은퇴, 그리고 쇠약과 같은 예로부터의 이미지에 도전하여 노인층을 분기(奮起)시키는 인간이기도 하다. 그는 그의 저서 《추억의 초상》에서 이렇게 쓰고 있다.

"사상은 장래와 그리고 뭔가 하지 않으면 안 되는 일을 지향하여야 한다. 나는 일을 계속하면서 죽기를 바란다. 내가 이미 할 수 없게 된 일을 누군가 다른 사람이 완수해줄 것을 알면서, 그리고 또 자기에게 가능했던 일은 모두 끝마친 것에 만족하면서!"

러셀은 사람들이 이기적인 사상과 행동을 버리고 사회적인 문제에 관심을 갖도록 유도하기 위해 노력해왔다. 그는 그와 같은 사상과 행동 이외에는 노소(老少) 사이의 어떤 구별도 인정하지 않는다. 그리고 그는 "필연적으로 적절한 행동을 수반하는, 개인적인 것을 초월한 주의·주장을 갖고 있는 강한 사람들에게 있어서 행복한 노인이 되는 것은 그리 힘드는 일이 아니다"고 믿고 있다.

죽음의 공포에 관해서는 그는 이렇게 말하고 있다.

"그것을 극복하는 가장 좋은 방법은 자아라는 벽이 조금씩 후퇴하고 당신들의 생명이 점점 보편적인 생명에 몰입해갈 때까지 당신들의 관심을 더욱 넓고 비개인적인 것으로 돌리는 일이다. 적어도 나는 그렇게 생각한다."

버트란드 러셀은 자기를, 죽을 나이면서도 늦게까지 살아

남아 있는 인간으로 생각했던 것이다. 그는 그와 동시대의 모든 사람들보다도 오래 살아온 사람이다. 그럼에도 불구하고 그는 아직까지 유머를 알고 있다. 그는 그의 책을 출간한 출판사에 보낸 최근의 편지에서 자기를 지나치게 성실하게 보지 않도록 단언하고 있다

"나는 자서전을 탈고함과 동시에 죽어야 하는데 죽지 못했으므로 그 후기를 여기에 동봉합니다. 만약 내가 100살까지 산다면 또 다른 후기를 보내드리겠습니다."

독자와의 대화

노년에 대하여

단지 호기심에서 물어보는 것이지만 당신은 노년에 대해서 어떻게 느끼고 계십니까. 그리고 어떤 신비소설을 읽고 계십니까?

친애하는 라르센씨, 친절하신 편지 고마웠습니다. 나는 많은 추리소설을 읽습니다. 그리고 나는 노년은 추한 꼴을 보이지 않도록 분투하는 시기라고 생각합니다. 그 밖에 또 있기는 하지만.

(1963년 2월 9일)

교도소의 동료들

《맨체스터 가디언》지(紙)에 실려 있는, 평화를 위한 새로운 운동에 대한 당신의 논문을 흥미있게 읽었습니다. 여기에 운동자금으로 소액이기는 하지만 수표를 동봉합니다. 사실 저는 1918~9년경 당신이 케임브리지에서 저와 동일한 문제에 봉착하고 계실 때, 교도소에 있었습니다. 저는 지금 88세 그리고 나이 탓으로 큰 일은 할 수 없게 되었습니다.

친애하는 그리핀씨. 저는 당신의 편지와 후의에 찬 기부금을 받고 대단히 기쁘게 생각했습니다. 제발 저의 감사하는 마음을 받아주시기 바랍니다.

저는 1918년부터 1919년에 걸쳐 반전운동에 열광하고 있던 시대를 뚜렷하게 기억하고 있습니다. 그래서 그 투쟁의 동료요 죄수였던 사람으로부터 서신을 받은 것을 정말로 기쁘게 생각합니다.

(1963년 10월 3일)

5월 18일의 여덟 살의 소년과 아흔 살의 노인

나는 러셀 할아버지의 생일과 이름의 머리글자와 같아요.
이제 나는 곧 아홉 살이 됩니다.
생일을 축하합니다!

바바라군과 나의 생일이 같다는 것을 알고 나는 무척 기쁘게 생각했어요. 그리고 우리 이름의 머릿글자가 같다는 것도 재미있게 생각해요. 나도 바바라군의 생일을 축하해요!
바바라군은 나보다 무척 젊지만, 우리는 함께 값진 나날을 보내고 있다고 생각해요. 안녕 …….

(1962년 6월 8일)

묻는 일과 의심하는 일

저는 열세 살로 9학년이 되는 미국인 학생입니다.

불안의 씨가 저희들 몸 주변에 잔뜩 차 있는, 이 어려움 많고 시끄러운 세계에서 우리는 지도받고 이상을 유지하기 위해 선생님과 같은 훌륭한 사상가들에게 큰 기대를 걸고 있습니다.

인류의 무대 위에 등장하는 가장 사악한 무기는 원자폭탄입니다. 그러나 그러한 것을 가질 필요는 없습니다. 왜냐하면 우리는 그것을 전쟁을 위해서가 아니라 평화 목적을 위해서 원자에너지를 이용할 수 있는 힘을 갖고 관리하기 때문입니다. 그러므로 저희들은 평화적이고 실질적으로 인생에 도움이 되는 교육에 의해서 우리들의 창조력을 통제해가야 한다고 생각합니다.

선생님은 교육자·철학자·수학자 게다가 사회과학자로서 반세기의 변화해가는 세계에 많은 경험을 하셨고 아주 용기 있고 창조적인 인물이시므로 무엇이 교육목적이어야 하는지 그것을 간단히 말씀해주셨으면 합니다.

친애하는 마크 워핑거군. 군의 편지 고맙고 대단히 흥미있게 읽었네. 답장이 늦어 미안하네.

나는 교육의 주된 목적은, 이제까지 당연한 것으로 생각되어 온 것에 대해서 물음을 제기하고 의심을 품고 도전하도록 젊은이들에게 용기를 불어넣는 것이어야 한다고 믿고 있네. 중요한 것은 마음의 자유네.

교육적으로 나쁜 것은, 대중이 믿어 온 것과 권력의 자리에 있는 사람들에게 학생들이 도전하는 것을 허용하지 않는 일이네. 젊은이들은 그 시대의 어리석은 일에는 근본적으로 동의하지 않는 의연한 용기를 지니고 있는 사람이라는 새로운 사고방식이 정립될 필요가 있네. 존경할 만하다고 일컬어지는 인간과 기본적인 생각이라고 일컬어지는 관념의 거의 대부분은 인간 형성에 대한 장해일 뿐이네.

많은 것을 안다는 것은 그리 중요한 것이 아니라네. 그보다도 인간은 동의하고 싶지 않은 일에 대해서는 동의하지 않는다는 권리와 새로운 사상을 개발하는 의무가 있음을 열심히 믿는 편이 훨씬 중요하다고 나는 생각하네.

군도 말했듯이 우리의 세계는 어려움으로 가득 차 있고 시끄러우며 인간의 문명 모두가 위험에 처해 있네. 만약 인간에게 어떤 희망이 있다면 우리 모두가 이 무서운 무기의 전멸을 위해 노력하지 않으면 안 되며, 어떤 것에도 사로잡히지 않고 자유로운 입장에서 모든 나라의 정부 정책을 판단하지 않으면 안 되네.

이들 정부는 대규모의 학살을 준비하고 있네. 그러므로 우리 청년과 노년들은 그들이 그것을 일으키지 못하도록 해야 할 필요가 있네.

약간의 성명서를 군에게 보내네. 군의 흥미를 끈다면 다행이겠네. 부디 건강하기를 ······.

(1962년 3월 26일)

아이디어를 생각해내다

저는 열다섯 살인데 몇 권의 철학책을 읽었습니다. 그 결과 서로 모순되는 많은 사고방식이 저의 마음속에 단단히 심어졌습니다.

제가 철학 문제에 관해서, 제 의견을 형성하려고 하거나 결론에 도달하려고 하면 언제나 편견에 사로잡혀 있음을 발견하며, 제 이성이 이들 모순투성이의 견해

사이를 요동하고 있음을 알게 됩니다. 더욱이 그것은 지금도 계속됩니다. 이러한 일이 일어나는 것은 특히 제 이론이 '한계에 다다른 것'처럼 생각될 때, 혹은 앞서의 오류를 인식한 때입니다. 어떻게 하면 이와 같은 사고방식에서 제 마음을 해방할 수 있을까요. 그것에 대해서 선생님의 조언을 듣고 싶은데 어떠실는지요. 제가 생각하기에는 그와 같은 사고방식의 어떤 것에는 고도의 불신이 포함되어 있으며, 어떠한 것에도 사로잡히지 않고 자유로이 생각할 수 있는······.

친애하는 랭킨군, 군의 흥미있는 편지 고맙네. 좀더 빨리 답장을 못 보내 미안하네.

서로 모순되는 생각을 발견했다고 해서 신경을 쓰지 않도록 하게. 상이한 관점에 의해서 요동하는 것에 저항해서는 안 되네. 가령 그것들이 모순을 시사하고 있는 것처럼 보일 지라도 말이네. 논해지고 있는 명제를 찬성하는 입장에서 이해하도록 노력하라고 격려해주고 싶네. 그렇게 하면 군은 상이한 철학상의 명제를 완전히 이해한 뒤에 자네 생각이 명료해지는 것을 발견하리라고 생각하네.

새로운 관념에 접할 때마다 모두가 정말로 설득력이 있는 것처럼 생각된 경험을 나는 갖고 있네. 그리고 무엇이 중요한지 명백해지거나 무의미한 것이 별로 흥미를 끌지 않게 되거나 한 것은 그와 같은 새로운 관념에 정통한 후의 일이었네.

마음의 독립에 있어서 위험한 것은 잘못을 저지르는 것이 아니라 모든 것에 의문을 품지 않으려고 하는 데 있네. 군이 하나의 관념에 서면 그것을 의문을 갖고 깊이 생각하게. 의심한다는 것이 중요하네. 왜냐하면 그것은 자유로운 마음을 시사하고 있기 때문이네.

나는 자유로운 마음과 무지(無知)한 마음을 혼동하지 않도록 충고하고 싶네. 나는 진리란 쉽사리 알기 어렵다는 점과 그리고 순수하게 탐구를 계속하려는 마음과 어떤 것에도 사로잡히지 않는 자유로운 마음에 있어서는 확실이라는 말은 그렇게 간단히 말할 수 있는 게 아니라는 것을 시사하려고 하는 것뿐이네.

나는 군이 신념을 갖고 분투하고 있음을 기쁘게 생각하고 있네. 그것이 창조적이며 가치 있는 마음의 자유로 군을 인도할 것이기 때문이네.

나의 저서 《서양철학사》를 읽어주면 좋으리라고 생각하네. 왜냐하면 그 책 속에 있는 재미가 군의 마음에 들 것이라고 생각하기 때문이네. 내내 건강하기를 …….

(1963년 3월 21일)

중국의 소수파

지금까지 제가 읽은 일반적인 철학서나 과학서는 얼마 되지 않습니다. 저는 얼마 전에 14세가 되었습니다. 그러나 선생님과 같이 합리적이고 두뇌가 명석한 저자를 발견하게 된 것은 참으로 즐거운 일입니다.

저는 선생님이 쓰신 많은 문제에 관심을 갖고 있습니다. 교육에 대해 말하면, 저는 선생님이 쓰신 이상적인 학교에 들어 가기를 바라고 있습니다. 그런 훌륭한 학교는 얼마 되지 않습니다. 그러나 영국에 오직 하나 A.S.닐이 경영하고 있는 학교가 서머힐에 있다는 말을 들었습니다.

지난해 교육위원회가 캐나다의 이 지방에 반동적인 '챈트 리포트'라는 성적표를 내는 시스템을 만들었는데, 이것은 시대에 역행하는 처사라고 봅니다.

선생님이 1928년에 《결혼과 도덕》을 쓰신 후에, 도덕적 면에서는 거의 향상되지 않은 것으로 생각됩니다. 저는 중 국인인데, 이 점을 유감스럽게 생각하고 있습니다.

　소수민족에 속하는 것은 아무래도 손해인 것 같습니다. 저는 지금까지 어느 정도라도 저와 비슷한 신념을 갖고 있는 사람, 즉 설사 조금이라도 지적(知的)인 사람을 찾아볼 수가 없었습니다. 선생님께서 저와 나이가 비슷하면서 지적인 사람을 알고 계셔서 그의 주소를 알려주신다면 감사하겠습니다. 그 사람에게 편지를 보내려고 생각합니다…….

　봅신군, 나에게는 자네와 의견이 맞지 않는 점이 하나 있어요.
　나는 1920년부터 1921년까지 중국에서 살았어요. 그것은 나의 생애에서 가장 빛나는 기간의 하나였어요. 그리고 나에게 대단히 중요한 것이었어요. 군이 나의 저서 《중국의 문제》를 읽으면 틀림없이 흥미를 느낄 거예요. 나는 소수민족의 존재 의의를 높이 평가해요. 군이 날마다 모욕을 느끼는 복잡한 사정을 나도 잘 알고 있어요. 그러나 그와 같은 소수파에 속하는 것이 손해라는 의견에는 동의할 수 없어요. 군처럼 마음이 활달하고 강한 성격을 가진 사람들에게는 다수파의 어리석음이 원근화법에 의한 것처럼 잘 보여요. 잘 아는 바와 같이, 유대인의 비범한 업적은 적잖은 박해를 받은 소수민족으로서의 경험에 많이 의존하고 있어요.
　사실을 말하면, 군은 지구상에서 최대의 민족 집단의 일원인 것은 분명해요. 세계 인구의 네명 중에 한 사람은 중국인인 셈이니까요. 캘리포니아주의 밴쿠버에서 얻은 군의 경험을 부정할 수는 없지만.
　군은 내게 보낸 편지에서, 군과 같은 또래로 군과 같은 지적인 관심을 갖고 있는 사람을 찾아보기 어렵다고 말했는데, 내

손녀는 바로 군과 나이가 같아요. 그래서 군이 원한다면, 그 아이는 기꺼이 군의 펜팔 친구가 되어줄 거예요……안녕!

(1962년 6월)

미숙한 증거

저는 지금 갈팡질팡하고 있습니다. 다만 운명에 맡기고 방황하고 있을 뿐입니다. 저는 많은 시간을 책을 읽거나 음악을 들으며 보내고 있습니다. 저는 이러한 생활에서 많은 순수한 기쁨을 맛보고 있지만, 마음속으로는 이런 생활이 영구히 계속되지 않는다는 것을 잘 알고 있습니다. 그러므로 저는 어디선가 일하지 않으면 안 됩니다.

저는 목사가 되고자 했습니다. 그러나 입학시험 제도가 아주 싫었습니다. 저는 관계가 없는 데이터를 도저히 생각해낼 수가 없습니다. 저는 그런 머리는 전혀 가지고 있지 않습니다. 그러나 저는 일하지 않으면 안 될 것 같습니다. 그러나 육체노동은 제게는 맞지 않습니다! 저는 다른 사람들과는 다릅니다! 저는 생각하는 것을 좋아합니다.

친애하는 그라세군, 군의 편지를 보니 전혀 군만의 사적인 세계에 지나치게 사로잡혀 오히려 제멋대로인 것처럼 생각되네. 내가 이렇게 말하는 것은, 환경 속에서 안일하게 지내는 것보다도 좀더 의의 있는 일을 하고자 하는 군의 소망을 어떤 방법으로 보다 현실적으로 표현할 수 있게 해주고 싶기 때문이네.

그렇게 하려면 현실적인 문제에 부딪힐 용기와, 그 속에 포함되는 어려움을 이해하고 성실하게 노력하는 자세가 필요하네.

만약 군이 공부하고자 한다면 많은 공부를 하게나. 그렇지만 공부하고자 하는 마음을 단지 정신없이 보아서만은 안 되네.

육체노동은 그렇게 비참한 것은 아니네. 자기 문제를 너무 신중하게 생각지 않는 것이 좋을 것 같네. 그것이 불가능한 것은 미숙한 증거네. 이것을 잘 고려해주기 바라네.

(1962년 10월 8일)

99세의 평화 플랜

저번에 나는 선생님의 헬싱키에서의 연설문을 읽었는데, 그것은 세계평화를 달성하는 수단으로서 가장 좋은 견해라고 생각했습니다.

먼저 말씀드리고 싶은 것은 내 나이입니다. 나는 올해 아흔아홉 살입니다. 1세기에 걸친 노쇠한 나이 탓으로, 반 이상은 사물에 대해 편견을 갖고 있을지도 모릅니다.

올해는 국제지구관측년(國際地球觀測年)으로, 50개국 이상의 과학자들이 교류를 하는데, 올해야말로 선생님의 제안을 실현시킬 절호의 기회라고 생각합니다. 그런데 어째서 과학자들이 지구관측년을 아직 활용하지 않는 걸까요?

폰즈 부인. 8월 17일자 편지 고맙게 읽었습니다. 그 편지가 내 손에 들어온 것은 불과 며칠 전입니다. 당신처럼 연로하신 분으로부터 이런 친밀한 편지를 받는 것이 얼마나 행복한 일인지 모를 겁니다. 나는 당신보다 아직 14세나 젊습니다. 그런데 나와 같은 나이의 친지도 이제는 몇 사람 되지 않습니다.

당신의 지구관측년이라는 아이디어는 참으로 훌륭합니다. 그러나 그 제안을 채택하기는 어려울 것 같습니다. 당신이 편지에서 하신 말씀에는 나도 동감합니다.

당신이 이제 곧 100세를 맞이하게 되는 것을 진심으로 축하하면서……

(1957년 9월 25일)

100세의 노인

나는 방금 100회 생일 축하를 받았습니다. 나의 인생에 아직 남아 있을 얼마 안 되는 시간을 세계의 평화를 위해 헌신하기로 결심했습니다.

나는 평화를 위한 세계적인 집회를 중국의 북경에서 개최할 것을 제안하고자 합니다. 그곳은 세계에서 인구가 가장 많은 나라의 수도입니다. 그리고 정치가들에게는 전혀 새로운 환경입니다. 그래서 모든 정치가들이 야심이나 이데올로기를 옆에 밀어놓고, 세계평화라는 공통된 문제를 위해 노력하기를 바랍니다.

폰즈 부인, 2월 19일에 보낸 편지 고맙게 읽었습니다. 당신이 100회 생일 축하를 받고 나서, 세계평화를 위해 노력할 에너지를 갖고 계시는 것을 알고 기쁘게 생각하는 동시에 크게 격려를 받았습니다. 당신보다 조금은 젊은 사람으로서 진심으로 축하를 올립니다. 당신이 자애로운 활동을 끝까지 계속할 수 있기를 기원합니다.

북경에서 세계적인 집회를 개최하는 구상은, 만약 실행할 수 있다면 참으로 훌륭한 제안입니다. 그러나 현재로서는, 극복할 수 없는 정부 사이의 장애가 있는 것으로 생각됩니다.

(1958년 2월 24일)

식이요법과 장수

심사를 요청한 〈내일의 약과 생물학〉이라는 제목의 논문에 대한 러셀의 단평(短評).

친애하는 짐머만 박사님, 보내주신 대단히 흥미있는 논문, 참으로 고마웠습니다. 귀하의 통계는 실로 매혹적이며 제게 있어서는 대단한 놀라움이었습니다. 저는 동맥의 병과 정신이상의 공통성에 대해서는 아무것도 모르고 있었습니다.

그러면서도 식이요법에 관한 당신의 실제적인 권고는 그다지 실용성이 없는 것 같습니다. 빈곤 때문에 과식을 허용하지 않는다는 사정이 아닌 한 거의 대부분의 사람들은 하루 겨우 한 번의 딱딱한 음식을 들기보다는 미식(美食)을 하고 요절하는 쪽을 택할 것입니다. 그런 사람들이 식이요법에 대해서 불합리하냐 하면 그렇지도 않은 것 같습니다. 완전히 이기적이고 합리적인 인간은 오래 사는 것 자체를 목표로 삼지 않고 쾌락과 고통을 저울질하여 쾌락쪽이 최대가 되도록 꾀할 것이며, 만약 그것이 여의치 않을 때에는 고통과 쾌락을 저울질하여 고통쪽이 최소가 되도록 노력할 것입니다. 고통과 쾌락은 그 양쪽을 다 경험하든 어느 쪽도 경험하지 않든, 그 어느 쪽에도 무관심한 인간에게는 매우 평등하게 생각됩니다.

저는 식이요법에는 전혀 신경을 쓰지 않고 거의 85년을 사는데 성공했습니다. 그러나 만약 제가 스무 살 때 당신의 식이요법에 따르지 않으면 70세에 죽을 것이라는 사실을 알았다 하더라도 당신의 훈계를 지켰으리라고는 도저히 생각하지 않습니다. 저는 당신이 말씀하시는 콜롬비아의 인도인처럼 167

세까지 살고자 하지는 않습니다. 더욱이 저는 이와 같은 감정을 품은 괴짜라고는 생각하지 않습니다.

마지막으로 당신의 식이요법이 적절한 효과를 발휘하려면 사람들에게 너무 불쾌감을 주지 않는 권고 방법을 발견해야 할 것입니다. (1957년 3월 25일)

원기 있는 학생들

제가 학생들로부터 가끔 받는 질문은 다음과 같습니다 '버트란드 러셀에게 있어서 고등학교 교육이 그에게 어느 정도까지 중요했는지요. 대학 교육의 경험은 창조적인 저작을 하는데 필요할까요?

지금까지 제가 학생들에게 주어온 대답은 《20세기의 저작자》에 실려 있는 선생님에 관한 설명의 인용뿐입니다. 그 이상으로 뭔가 제가 원기 있는 학생들에게 말해줄 만한 것이 있을 까요?

친애하는 하트레이씨, 당신의 학생들이 당신에게 질문한 것에 관련해서 말씀드리겠는데, 저는 학교 교육을 전혀 받은 적이 없습니다. 그리고 케임브리지대학에 들어갈 때까지 가정교사로부터 배웠습니다.

저는 대학 경험이 창조적 저작을 하는 데 필요하다고는 생각하지 않습니다. 최고의 시인의 대부분은 전혀 대학의 경험이 없었으며 그 경험을 가진 사람들까지도 그것에 의해서 아무런 도움도 얻지 못했다는 사실이 종종 있었습니다. 바이런과 셸리가 그 좋은 예입니다.

당신은 제게 뭔가 당신의 '원기 있는 학생들'에게 들려줄 말을 얘기 해달라고 말씀하셨지만 저는 이렇다할 만한 것을 생각해낼 수 없습니다. 학생들이 원기 있다는 것을 기쁘게 생각하는 것 외에는.

당신이 요구하고 있는 저에게 관한 가장 최신 정보는 사이먼 앤드 슈스터사(社)에서 출판된(뉴욕에 있는 런던의 조지 앨런 앤드 언윈사에서도 나와 있음) 앨런 우드의 《정열적인 회의론자 (The Passionate Skeptic)》입니다. 이것은 제 전기(傳記)입니다.

(1959년 5월 18일)

이룰 수 없는 사랑

간단하게 말씀드리면 저는 지금 칼로린이라는 이름을 가진 아름답고 총명한 여성을 사랑하고 있습니다. 그리고 다른 사람의 경우에도 종종 볼 수 있듯이 그녀는 저를 사랑하고 있지 않습니다. 저는 너무나 실망하여 독약을 먹고 죽을 결심까지 했었습니다. 제 신상에 대해서 분명히 말씀드릴 수 있을 것 같습니다.

저는 지금 스무 살입니다. 저는 브리언스턴에서 교육을 받았는데, 그곳에서는 아주 게을렀고, 흥미를 잃어 조금도 공부를 하지 않았습니다. 그러고는 케임브리지대학의 트리니티 칼리지에서 역사학의 장학금을 위한 시험을 볼 결심을 했습니다. 그리고 지금도 칼로린을 사랑하고 있지만 그녀는 저를 사랑하지 않습니다. 이제는 모든 것에 회의를 느낍니다.

만약 내가 스스로 그렇게 바란다면 어째서 자살해서는 안 되는가! 나는 왜 대학 따위를 가려고 하는가. 그리고 좀더 말씀을 드린다면 왜 역사 따위를 연구하려고 하는가. 그것이 어떻게 나의 구원이 된단 말인가······.

나로서는 군의 딱한 사정을 알 것 같네.

나는 이렇게 권하고 싶네. 존 던(1573~1631. 영국의 종교 시인임. 연대시·풍자시를 짓다가 국교에 귀의한 후부터 난해한 종교시를 써서 형이상학파 시인의 선구자가 됨)의 〈오, 살인한 여인이여! 그대의 모욕으로 해서 내가 죽을 때〉를 찾아 읽어보게. 그 시를 쓴 후에 이 연인에게 버림받은 시인은 살아서 성(聖) 바울사원의 사제장이 되어 죽음에 대한 많은 설교를 했고, 웅변으로 신자들을 감동시켰다네.

이룰 수 없는 사랑은 중병과 같은 것이네. 그것이 계속되고 있는 동안에는 아주 불유쾌한 것이지. 그렇지만 사람의 일생은 불쾌한 것만 있는 것은 아니라네. 나는 이 문제를 도덕의 문제로 다루지는 않겠네. 다만 군의 장래를 합리적으로 예측하는 문제로 취급하려는 것이네.

나는 군이 트리니티 칼리지에 들어가 역사를 공부하는 편이 좋으리라고 생각하네. 그 경험은 군에게 새로운 세계를 열어 줄 것이네. 게다가 나는 군이 쓴 편지로 판단해 보건대 자네가 그 기회를 충분히 살릴 수 있을 거라고 믿네.

조만간 내게 편지를 띄워주게. 그리고 군이 케임브리지 입학준비를 가정교사와 함께 어떻게 진행시키고 있는지 알려주게나. 그럼 내내 건강하기를······.

(1963년 7월 19일)

노인들이 만들어낸 것

자위행위에 대한 선생님의 의견은 어떻습니까. 그것을 꼭 들려주셨으면 합니다. 저는 과거에 자위행위를 한 적이 있다는 사실 때문에 심리적으로 괴로워하고 있습니다. 저는 자위행위를 했던 청소년 시절의 죄의식은 도저히 잊을 수 없는 것이라는 내용을 어떤 책에서 읽은 적이 있습니다. 저는 억울하기 짝이 없습니다. 그래서 바로 자살을 하려는 참입니다. 선생님은 저의 마지막 희망입니다. 제발 저를 구해 주십시오.

자위행위는 사실 모든 사람이 청춘기에 그것을 해보았네. 그것이 사악한 것이며 유해하다는 이론은 젊은이들의 규율을 유지하기 위해 노인들이 생각해낸 것이네. 군의 죄의식은 잘못 안 걸세. 왜냐하면 자위행위는 누구에게나 조금도 해가 되는 것이 아니기 때문이네.

(1964년 12월 24일)

신성한 소에게 장난을 한다

저와 여기 서명한 아이들은 사립학교의 6학년생들입니다. 우리는 편견이 없고 논쟁을 해도 당당히 의견을 말할 수 있는 인간이라고 스스로 생각하고 있습니다. 이 생각이 옳다면 좋겠습니다. 그러나 의론할 경우에 일면만 주어진다면 조금 곤란합니다.

우리는 이 편견이 없는 솔직한 것을 신앙에 적용하려고 생각합니다. 그런데 우리는, 고루한 사립학교(영국에서 주로 상류 계층의 자제를 교육하는 사립 중·고등학교로, 단체 경기를 중시하고, 신사 교육을 실시한다. 이튼·할로·럭비·맨체스터 등이 특히 유명하다.)의 태도로 하여 훼방을 받고 있습니다. 이성(理性)이 있는 무종교자의 사고방식을 분명히 밝힌 선생님의 저서 《나는 왜 크리스천이 아닌가》를 학교 도서관에 비치하려고 계속 노력했으나, 학교측의 그와 같은 완고한 태도 때문에 실패하고 말았습니다.

자유사상을 위해, 선생님이 서명하신 이 책을 우리에게 보내주실 수 없을까요? 그렇게 해주신다면 우리들의 문제가 해결될 것입니다. 왜냐하면 학교의 도서관 당국도 이런 기증은 거절할 수 없을 테니까요.

샌드백군, 그리고 친구인 제군들! 나는 군의 훌륭한 편지를 받고 큰 격려를 받았어요.

대부분의 교육이 주입식 교육에 치중하고 있다는 생각이 들어요. 만약 교육이 의의를 가지려면, 구태의연한 것을 뒤집어야 한다는 것이 나의 신념이에요. 다시 말해서 교육은, 우리가 당연하다고 생각하는 모든 것에 도전해야 하고, 당연하다고 믿고 있는 모든 가설을 검토해야 하며, 모든 신성한 소에 손을 대야 하고, 탐구하여 의문에 서서히 대답해야 하는 거예요. 이런 노력을 하지 않고, 다만 데이터를 암기하라고 가르치는 것은 전혀 무의미한 일이에요. 젊은 사람들에게 인습적인 평범한 것을 강요하려는 것은 죄악이에요.

그러므로 제군들의 자유로운 태도를 보는 것만으로도 대단히 흐뭇해요. 중요한 것은, 일반적으로 당연한 일이라고 받아들이는 것에 대해 의문을 느끼고 도전하려는 열렬한 의욕을 갖는 거예요. 그것은 기성 세대들이 두려워하는 일이지만, 어떤 창조적인 것이나 새로운 것을 위해 필요한 것이지요.

제군에게 《나는 왜 크리스천이 아닌가》를 일부 보내려고 해요. 속에 짤막한 기증의 말이 들어 있어요. 만약 제군의 학교 도서관이 이것을 받아들여 학교용으로 삼으려 하지 않는다면, 제군이 갖도록 해요. 나는 이 책을 제군들이 마음대로 사용하는 것이 좋다고 생각해요. 그것은 제군에게 맡기겠어요.

……안녕! (1963년 3월 18일)

대서양을 넘은 하나의 손

선생님의 《행복의 정복(The Conquest of Happiness)》 제9장 〈여론을 두려워함〉을 읽고 있는 중이었는데, 어느 날 다음과 같은 잡지의 사설을 우연히 발견했습니다.

학업성적이 우수한 버지니아라는 여학생이 이렇게 쓰고 있다.
'애국심이란 사람들의 마음을 협량하게하는 효과를 가지고 있다. 그것은 사랑이라는 것을 어느 특정한 지역이라든가, 어느 특정한 유형의 이상(理想)에다 한정한다. 그것은 미국인이 미국인을 사랑하는 것은 허용하지만 러시아인과 중국인을 사랑하는 것은 허용치 않는다. 애국심의 협량은 이기심과 증오심과 무분별을 조장할 뿐이다.
이 증오심과 애국심이라는 괴물은 마침내 전쟁과 죽음과 파괴를 세계를 향해서 풀어놓으며 함부로 날뛰게 한다……일찍이 애국심이 유용한 시대도 었었지만 너무 오래 계속되어서 지금에 와서는 마침내 유효성을 잃기에 이르렀다……국가에의 충성을 한층 높은 충성, 즉 세계에의 충성으로 바꿀 필요가 있다.'
이 웅변적인 젊은 여성은 분명히 우수한 성적으로 일등이 되었다
그러나 그것은 잘못된 논술이었다. 보다 높은 충성과 걸맞지 않는 것은 애국심이 아니라 맹목적인 애국심, 즉 배외적(排外的)인 국수주의다. 우리의 애국심은 우리가 러시아인과 중국인 양쪽을 사랑하는 것을 허용할 뿐만 아니라 우리의 인간으로서의 동포애에의 끊임없는 헌신 또한 그것을 요구한다.
우리가 혐오하는 것은 일반 러시아인과 중국인을 노예로 삼고 있는 독재자들이다. 버지니아가 그녀와 동시대의 다른 많은 젊은이들과 마찬가지로 세계를 지옥으로 밀어뜨리고 있는 원자의 악마에 의해서 괴로움을 당하고 있는 것은 실로 있을 수 없는 일이라고 생각된다. 그것이 그녀들을 불안하게 하고 격분시키고 있다. 그러나 열핵융합반응의 위험이 증대할수록 그만큼 세계는 법의 지배를 필요

로 한다. 그것이야말로 자유의 유일한 보증이며 그것이야말로 미국 애국자의 '보다 높은 충성'이 항상 신봉해온 것이다.

선생님! 이 젊은 여성에게 격려의 말씀을 해주십시오. 선생님의 사상과 신념과 행동은 대부분의 사람들에게 잘 알려져 있으며 또 칭찬을 받고 있습니다. 그래서 만약 선생님이 그렇게 하시려고 들면 그녀가 지금 화살 앞에 세워져 있는 저 협량한 비판을 철저하게 수포로 돌아가게 할 수가 있습니다. 선생님이라면 그녀에게 원기를 불어넣을 수 있습니다. 그녀가 자기의 진로를 유지하는 것을 도와줄 수가 있습니다. 우리는 그녀와 같은 존재를 매우 필요로 하고 있습니다!

친애하는 버지니아양, 저는 이 기회에 당신의 용기에 대해, 그리고 인간의 경험에 있어서의 우아한 모든 것을 변호해주는 데 대해서 진심으로 찬사와 감사를 드립니다.

저는 이렇게 말씀드리고 싶습니다. 어리석은 인간들에게 반항하고, 악의 있는 인간들에게 반대한다는 것은 결코 쉬운 일은 아닙니다. 그러나 계속해서 많이 외쳐주십시오. 당신의 호소가 몇 세대가 지나서 평가된다는 것을 결코 잊지 마십시오.

당신은 박해와 그리고 인간의 생사에 무감각한 사람들의 악의와 직면할 것입니다. 그러나 가령 고립되더라도, 무시되더라도, 공격받더라도, 의혹에 빠지더라도, 위협을 받더라도 침묵해서는 안 됩니다. 인간의 경험에 있어서 중요한 것은 지적 독립이며, 창조적 영지(英智)입니다. 지구상의 학살을 정당화하기 위해서 가장 고귀한 감정과, 우리 언어 중 가장 좋은 말을 사용하는 사람들은 인간의 문화를 배반하고 인간의 존엄성을 모독하는 것입니다.

제가 이렇게 당신에게 쓰고 있는 동안에도 우리의 이 지구는 일촉즉발의 로켓기지로 덮여 있습니다. 이들 기지는 자연 현상과 미사일을 분별할 수 없는 레이더에 의존하고 있습니다. 이 수소폭탄 한 개는 2000만 개의 V-2 로켓보다도 큰 폭발력을 갖고 있습니다. 미국 정부와 러시아 정부의 정책은 몇 억 명의 인간을 절멸시키는 것을 근본 원리로 삼고 있습니다. 만약 지금 하고 있는 일을 계속 추진한다면 머지않아 핵전쟁이 발발할 것은 확실합니다.

이들 두 정부는 그 어느 쪽도 당신이 보여준 지적인 성실성을 갖고 있지는 않습니다. 그 어느 쪽도 편협과 인간에 대한 권위주의의 모욕에 의해서 개인의 마음의 독립을 무시하고 있음을 이해하고 있지 않습니다. 다음과 같은 두뇌의 작용에 비하면 어떠한 정치기구라 할지라도 별로 중대한 것이 아니며 어떠한 정부의 교체라 할지라도 그리 견디기 어려운 것은 아닙니다. 즉 세 사람에 두 사람꼴로 참혹한 기아 상태의 생활수준에서 살도록 계획하고, 한 시간에 1억 달러꼴로 군비를 쓰며 모든 기회를 놓치지 않고 자랑스럽게 국민을 계획적으로 위협하면서 도벽과 인간적 책임은 자기들의 것이라고 주장하는 터무니없는 사고방식입니다.

아주 멋진 인생을 사는 당신의 비전을 꼭 간직하십시오. 대서양을 넘어 제 손을 당신에게 내밉니다. 내내 건강하시기를······.

(1962년 3월 22일)

현대의 청년

이 질문서의 의도는 전세계의 젊은 독자를 유명하고 걸출한 인물의 개인적인 의견에 더한층 접근시키는 데 있습니다. 우리는 체코슬로바키아의 잡지삽니다. 그리고 평화를 누리고 행복하게 살기를 바라고 있는 전세계 사람들이 서로 이해하고 좀더 쉽게 교유할 수 있도록 노력하고 있습니다. 또 그것이 이 질문의 목적이기도 합니다.

① 만약 군비로 할당한 자금을 사용해도 좋다고 한다면 당신은 젊은이들을 위해 어떤 특별한 일을 하도록 권고하겠습니까.
② 전세계 사람들은 서로 이해해야 하는데 그렇게 하지 않는 이유는 무엇이라고 생각하십니까.
③ 만약 당신이 다시 스무 살이 된다면 당신의 인생을 어떻게 하시렵니까. 그리고 그 이유는 무엇입니까.
④ 당신은 오늘날의 젊은이들의 문제는 이해하시고 또 그들은 그들 나름대로 당신을 이해하고 있다고 생각하십니까.

친애하는 프로차스카씨, 9월 14일자 편지와 동봉한 질문서 고마웠습니다. 또 당신이 보내주신 잡지도 매우 마음에 들었습니다. 그것은 음울한 사상에 대해서 즐거운 해독제를 갖다 주었습니다. 저는 당신들이 발간하는 잡지의 목적에 진심으로 찬성합니다. 그리고 진정으로 성공을 바랍니다.

당신의 질문서에 대한 답변을 여기에 동봉합니다

① 만약 군비가 폐지된다면 젊은이들을 위해 할 수 있는 일은 여러 가지가 있다고 생각합니다. 그 중에서도 가장 중요한 것은 교육입니다. 교육연한을, 오늘날 일반화되어 있는 것보다도 좀더 장기적으로 연장할 수 있을 것입니다. 교육의 질은 교사대우와 교사양성 전문학교를 더욱 좋게 함으로써 개선해야 합니다. 학교의 상급학년부터는 연구소로 들어갈 길을 터주어야 합니다. 또 젊은이들에 대한 의학상의 배려도 크게 개

선할 여지가 있다고 봅니다. 그 밖에 중요한 문제는 적어도 서양 여러 나라에서는 공식적인 교육과정을 마치자마자 바로 월급을 받을 수 있는 직업을 주어야 한다는 것입니다. 특출한 재능을 갖고 있는 젊은이들에게 그들의 일과 특히 관계 있는 간행물에 의해서 재능을 알릴 기회를 만들어야 합니다. 만약 해외여행과 외국에서의 연구를 허용하는 데 좀더 효율적으로 돈이 쓰여진다면 그것은 아주 좋은 일이라고 생각합니다.

② 서로 다른 나라의 사람들이 서로 친하지 않는 데에는 두 가지 이유가 있다고 봅니다. 하나는 언어의 차이이며, 다른 하나는 교육으로 국가를 강조하는 일입니다. 교육의 영향을 받기 전의 극히 어릴 적에는 다른 나라의 같은 또래의 아이들과 친하는 데에 거의 어려운 점은 없었습니다. 그들은 서로 상대방의 말을 쉽게 익힙니다. 그리고 다른 점이 그들에게 쇼크를 주기보다는 오히려 재미있다는 것을 발견합니다. 젊었을 때 다른 나라 사람들과 접촉하는 일이 국가적인 장벽을 무너뜨리는 가장 좋은 길이라고 생각합니다.

③ 만약 제가 다시 스무 살이 된다면 물리학과 화학을 배울 것입니다. 현대에서 가장 중요한 것은 과학이기 때문입니다. 특히 핵물리학은 우리가 적으로서 간주하기를 바라는 사람들의 사명(死命)을 제어하는 힘을 우리에게 줍니다. 만약 국제적인 전망을 갖는 사람들이 과학의 힘을 통제하지 않으면 인류는 오래 살 수가 없을 것입니다.

④ 젊은이들 쪽에서는 제 일을 잘 이해하고 잘 평가해주고 있습니다. 그것에 저는 가끔 놀랍니다. 이번에 제가 그들의 문제를 이해할 수 있으면 좋으리라고 생각하지만 그것이 어느 정도까지 성공하고 있는지 저는 모릅니다.   (1964년 9월 16일)

므두셀라로부터의 편지

저는 90세를 넘은 지인(知人)을 많이 가지고 있습니다.

100세와 150세 사이의 지인도 많이 있습니다. 그리고 당신보다도 연장자임에도 불구하고 당신의 사진 얼굴보다도 젊게 보이는 사람들도 알고 있습니다.

저도 90살에 가깝습니다. 더욱이 50살이었던 시절과 마찬가지로 건강하고 활동적입니다.

친애하는 카베스 박사님, 보내주신 편지 고마웠습니다. 저는 최근 어느 므두셀라*로부터 한 통의 편지를 받았습니다만 그것 또한 매우 재미있는 것이었습니다.

(1962년 6월 8일)

---

* 아주 고령자라는 의미. 므두셀라는 《구약성서》〈창세기〉 제5장 21~27절에 나오는, 969세까지 살았다는 전설적인 인물, 노아의 할머니임.

# 3. 철학

해 설

    추측하건대 철학자들은 그때그때의 형편에 따라
    연구에 소홀하거나 혹은 열심히 연구에 몰두할 것이다.
    만약 그렇게 하면 그들은 정부가 행하는 심사를
    무사히 통과할 것이지만, 그렇게 하지 않는다면
    그들의 목은, 그 신체의 나머지 부분이 어디에 있든,
    지리적 위치와 상관없이 잘려지고 말 것이다.

  버트란드 러셀은 항상 목이 잘릴 위험을 저지르고 있었다. 사실 그는 왕정복고(찰스 2세 왕정 1660~68)에 저항했다고 해서 1680년에 참수형에 처해진 윌리엄 러셀경(러셀의 선조)에 대한 일화를 즐겨 말한다. 선조와 마찬가지로 그도 또한 자기의 주의 · 주장을 견지하고, 그 사회적 책임을 포기하는 것을 거부하고, 권력의 명령에 결코 굴하려고 하지 않는다.
  러셀은 전문적인 철학자로서의 자기의 일과 사회사상가 및 행동인으로서의 그의 일 사이에 명백한 구별이 있음을 주장하고 있는데, 한편 만약 그의 핵전쟁 반대운동이 실패한다면 그의 초기의 업적은 아무도 계발하지 않으리라고 분명히 지적한다.
  러셀은 처음에 수리논리학의 개척자로서 유명하게 되었고, 그 후에는 사회철학자로서 영향력이 커졌다. 그러므로 그는 생애를 파우스트의 생애와 비유하여, 분명히 두 시대로 구분할 수 있다고 밝히고 있다. 제1기는 1914년까지의 시대로서 그 사이에 러셀은 수학에 진리가 있는지 없는지를 발견하는 일과 씨름했다.

A. N. 화이트헤드와의 공저인 그의 대저(大著) 《수학원리(Principia Mathematica)》가 1910년 처음으로 출판되었다. 그것은 대단한 분량이어서, 약간 이상한 방식이지만 구식 마차로 출판사에 운반되었다. 그 원고는 출판에 쓰여진 뒤에는 운반되었을 때와 마찬가지로 대저에는 어울리지 않는 취급법이지만 쓰레기장에 던져져 소각되고 말았다. 출판이 가능하게 된 것도 두 저자가 출판비용으로 50파운드씩 기부했기 때문이었다. 아인슈타인의 상대성이론과 마찬가지로 이 《수학원리》도 불과 두세 사람 이외에는 완전히 이해할 수 없다고 일컬어지고 있다. 러셀은 이 책을 높이 평가했다고 전해온 두 부인에게 보낸 편지에서 이렇게 단언하고 있다.

"저는 당신들이 《수학원리》를 읽으셨다고는 믿을 수 없습니다. 지금까지 저는 그것을 읽은 사람은 여섯 사람밖에 모릅니다. 세 사람은 히틀러에게 살해된 폴란드인이며, 나머지 세 사람은 일반 주민 속에 흡수되어버린 텍사스인이었습니다."

러셀은 1914년 8월 이후를 자기의 제2기 파우스트 시대라고 말하고 있다. 그리고 만약 《수학원리》가 소수의 독자층을 가지고 있었더라면 이번에야말로 그는 다수의 그것을 노려야 할 단계였다. 그는 미발표의 1946년 에세이 《내 자신의 철학》에서 이렇게 설명하고 있다.

"제1차 세계대전은 나의 사상을 더욱 긴급하고 실제적인 주요 문제로 전환시켰다. 그때부터 나는 정치철학과 사회철학을 생각하게 되었다."

1916년에 출판된 그의 최근의 사회철학서 《사회개조의 제원리(Principles of Social Reconstruction)》는 새로운 사회를 창조하는 데 직면해야 할 모든 방면의 문제를 취급하고 있다.

러셀은 초연히 서 있는 것이 아니다. 그는 이러한 사회문제를 모든 부분의 인간의 문제로 삼았다. 허위의 신비화의 가면을 배척한 그였으므로 누군가의 팬티를 벗겼다 해서 결코 비난받는 일은 없었다. 《결혼과 도덕(Marriage and Morals)》, 《행복의 정복(The Conquest of Happiness)》 같은 그의 저서가 널리 인심(人心)에 어필하고 있다. 그리고 그의 명저 《서양철학사(History of Western Philosophy)》는 다른 철학자들의 철학을 선명하게 설명하고 있다. 15세의 소년이 그 진가를 인정하여 러셀에게 이렇게 써보내고 있다.

"어느 어른들은 선생님의 책을 이해하기에는 제가 너무 어리다고 생각하고 있지만, 선생님의 책이 독자를 격려하고, 아주 명료하고 간결하며, 게다가 사람을 분기(奮起)시키는 박력을 갖고 있다는 것을 저는 잘 압니다."

그러나 러셀은 일반인을 대상으로 하는 반대급부로써 자기 철학의 지적인 엄정성을 희생하는 일을 결코 하지 않았다. 그는 이러한 의견을 가지고 있다.

"영리 본위로 보급을 꾀하는 것은 좋은 일이 아니다. 왜냐하면 간단화함으로써 그 내용이 왜곡되기 때문이다. 이것은 철학의 지적 세계를 그 속에 내포되어 있는 관념의 본래 내용을 희생함이 없이 일반인들이 알기 쉽게 한다는 것과는 다른 것이다. 그것은 능력과 표현법의 문제다."

1957년에는 그는 과학을 보급한 공적으로 칼링거상(賞)을 받았다.

 이 장에서는 한편으로는 러셀이 어느 정도까지 인생철학을 인생의 복잡한 제문제와 관련시키고 있는가를 나타냈고, 다른 한편으로는 전문적인 철학자로서의 그의 일에 대해서 서술했다.

 그가 받은 많은 편지에는 그에게 통신해온 사람들의 도덕적 딜레마가 나타나 있다. 이런 의미에서 그는 일반인들로부터 가끔 신의 사자로서의 예언자, 혹은 고해를 듣는 신부로도 간주된다.

 그러면서도 그의 답은 참으로 솔직하다. 러셀의 소리만큼 신의 소리 같은 없을 것이다. 충고할 수 있을 경우에는 충고하지만, 할 수 없을 경우에는 모른다고 솔직히 인정하는 것이다.

독자와의 대화

가장 중요한 일

자기 일 중에 무엇을 가장 중요하다고 보느냐고 물어온 수많은 편지 중의 하나에 대한 러셀의 회신.

보내주신 편지 참으로 고마웠습니다. 만약 핵전쟁이 방지되는 것이라면 핵전쟁에 반대하는 것이 나의 중요한 일이라고 생각합니다.
만약 핵전쟁을 방지할 수 없다면 《수학원리》라는 작품을 쓴 것을 내 인생의 최대의 노작이라 생각합니다.

(1964년 8월 5일)

철학자의 몫

공학 분야의 헝가리인 전문가들이 펴내는 잡지가 여러 나라의 과학자들에게, 앞으로 20년 사이에 각각의 전문 과학 분야가 어떤 발전을 할 것인지 그 전망에 대해 의견을 묻고 있습니다. 만약 선생님이 자신의 활동 분야에 관해 갖고 있는 견해를 우리에게 들려주신다면 큰 영광으로 생각하겠습니다.

애버 박사님, 당신의 편지에 대해 답장이 늦어진 것을 미안하게 생각합니다.

나는 핵전쟁에 대한 나의 반대운동으로 말미암아 투옥되었다가 석방된 후로 편지는 마음대로 쓸 수 있었습니다.

당신은 앞으로 20년 동안에 나의 전문 분야가 어떻게 발전할 것인가에 대해 나의 의견을 물었는데, 나는 이렇게 상상하고 있습니다. 철학자들은 나의 주장을 그다지 열심히 연구하지 않거나 그때그때의 형편에 따라서 문제에 열중하기도 하겠지요. 만약 그렇게 한다면, 그들이 하는 엄격한 심사를 무사히 통과할 수 있을 것입니다. 그리고 만약 그렇게 하지 않는다면, 그들의 목은 잘려질 테지요.

내가 예상하는 것은 이러합니다. 만약 철학자와 일반인들이 동서 양측 정부의 대량 학살의 핵정책에 대한 저항운동에 참가하지 않는다면, 앞으로 20개월 이내에 통신을 교환할 수 있으면 다행일 것입니다.

나는 100인위원회의 최근의 성명서를 일부 동봉합니다.

100인위원회는 나토의 정책이나 영국 정부의 정책에 대한 반대운동을 지도하고 있습니다. 당신이 여기에 흥미를 느낀다면, 그것을 바르샤바조약에 적용할 것을 고려해주기 바랍니다. 건승을 빕니다.

(1961년 12월 31일)

수학논리학자와의 만남

저는 수리논리학자입니다. 우리는 한 번 세리(스페인의 남부에서 산출되는 알코올성분 15~23퍼센트 백포도주) 파티에서 만난 적이 있습니다. 다음 주 다른 논리학자 두 사람이 2, 3일 체재하기 위해 이 곳에 와, 수학의 기초에 관한 문제에 대해서 논의하기로 되어 있습니다.

친애하는 간디씨, 오는 4월 7일 목요일에 당신과 그리고 당신의 동료인 논리학자를 기꺼이 뵙겠습니다. 4시 티타임에 오셨으면 합니다.
저는 최근 논리학 연구로부터 완전히 떠나 있습니다. 그러므로 당신들은 저를 전혀 문외한으로 대해주셔야 할 것입니다.

(1960년 3월 31일)

정열적인 회의론자

선생님은 정열적인 회의론자라고 일컬어져왔습니다.
저는 선생님의 그 정열의 샘을 알기를 바랍니다. 그것은 종교적 신념은 아니었으며, 또 선생님은 휴머니스트임을 부정하셨습니다. 그렇다면 대체 우리에게 관심을 갖도록 선생님께 동기를 부여한 것은 무엇입니까.

친애하는 스트브라워 부인, 저는 지금까지 휴머니스트 임을 한 번도 부정한 적이 없습니다. 래셔널리스트(신학·철학상의 이성론자)라는 밝은 말이 곡해되는 것을 애석하게는 생각했습니다만.

어느 비평가는 제가 존 듀이의 철학에 찬성하지 않았다는 이유로, 저를 휴머니스트가 아니라고 주장하였습니다. 그러나 저는 이것을 휴머니즘의 본질적인 부분이라고 생각한 적은 지금까지 한 번도 없었습니다.

부인은 또 저의 정열의 샘은 무엇이냐고 물으셨습니다. 저는 정열이 그 샘을 가지고 있다고는 생각지 않습니다. 만약 당신은 한 어린아이가 물에 빠지고 있는 것을 보게 되면 곧 그 아이를 구조하려고 할 것이며, 무슨 무슨 '이즘(주의)'이라는 것이 그 아이는 도울 가치가 있다고 말하며 당신을 설득할 때까지 기다리고 있지는 않을 것입니다. 이러한 충동을 정당화할 필요가 조금도 없습니다. 공복을 느꼈을 때 먹는다는 것을 별로 정당화할 필요가 없는 것과 같습니다.

사람들이 자기들의 충동을 정당화하려고 사용하는 '이즘'이 진실을 말한다면 그들이 정당화하는 척하려는 충동의 산물입니다.

(1960년 3월 31일)

목적과 불확정성

선생님의 최근의 저서 《버트란드 러셀, 직언하다》를 읽었지만 아직도 인생에 대한 선생님의 태도가 어떠한 것인지 분명치 않습니다. 솔직히 고백하지 않을 수 없는 것을 심히 유감스럽게 생각합니다.

선생님은 모든 불확정성에 대해서 고려하고 계셨습니다. 그래서 선생님은 목적이 있는 생활을 하고 계신 것으로 생각됩니다만 제게는 이상하기 짝이 없었으나 모든 것의 운명이 되어 있는지 아닌지, 즉 자유가 존재하는지 아닌지를 모르고서 선생님은 어떻게 이와 같은 목적이 있는 태도에 도달하셨습니까.

친애하는 바사크씨, 목적은 순전히 마음 내부의 문제입니다. 그것은 결코 인과관계에 대한 형이상학적 견해에 의해서 정해지는 것이 아닙니다.

자기 밖의 세계에 대해서, 어느 정도 그것을 이해하고자 정열을 쏟고, 또 타인의 일에 관심을 갖고 그것에 동정을 보내는, 그러한 것이 인생의 많은 시간에 걸쳐 활동시키는 원동력이 되는 것입니다. 그러한 활동이 하찮은 것인지 혹은 중요한 것인지는 전혀 그때의 우연으로 결정됩니다. 이러한 양자의 태도에 대해서 뭔가 말씀하실 의견이 있을 것입니다. 저는 후자 쪽을 좇아서 행동합니다.

(1963년 2월 15일)

실재의 목적

철학에 있어서 가장 중요한 문제는 세 가지라고 보는 데, 저는 그것을 지금 추구하고 있습니다. 즉 다음 세 가지 문제입니다.

① 인간의 생존 목적은 무엇인가.
② 생활을 어떻게 보내야 하는가.
③ 행복은 무엇에 존재하는가.

친애하는 룬드마르크 신부님, 당신의 첫번째 질문에 대한 답변으로, 저는 인생의 생존에 어떤 목적이 있다고는 생각지 않습니다.

목적은 지각력이 있는 존재가 가지고 있을 뿐입니다. 그러므로 신을 믿지 않는 사람은 개개의 인간과 동물의 개개의 목적을 인정할 뿐입니다.

당신의 두 번째, 세 번째 질문에 관해서는, 제가 대답해야 할 전부를 제 저서 《변해가는 세계에 대한 새로운 희망(New Hopes for a Changing World)》을 보시면 아시게 될 것이라고 생각합니다.

(1950년 1월 30일)

의견의 유연성

동봉한 저의 원고는 이제부터 발표하려고 합니다. 그 중에 오류가 없었으면 합니다. 그리고 그것이 선생님의 철학에 새로운 평가를 내리는 계기가 되었으면 합니다

임즈 부인, 편지 고맙게 받았습니다. 그리고 나에 대한 당신의 논문도 잘 받았습니다. 그 모두가 바로 오늘 내 손에 들어왔습니다.

나는 당신의 논문에 감사하고 있습니다. 내 판단에 의하면, 당신이 내가 하는 일에 대해 한 말은 옳다고 생각합니다.

나는 언제나 이렇게 생각하고 있었습니다. 철학자가 새로운 과학적 연구의 결과로 그 견해를 바꾸는 것을 비판하는 것은, 어떤 의미에서 우스꽝스러운 일이라고 말입니다. 이와 같은 비판은, 몇 세기에 걸쳐서 철학이 신학과 결부되어온 결과라고 생각합니다. 신학에서는, 인간은 그 견해를 바꾸기보다

는 오히려 자진해서 못마땅한 상대를 화형에 처해야 한다고 생각합니다. 그러나 철학이 신학보다 과학과 더 긴밀히 결합함에 따라, 철학자의 견해는 일종의 유연성을 갖게 되었습니다.

(1965년 10월 30일)

행복의 추구

《나는 무엇을 믿는가(What I Believe)》에서 당신은 도덕률의 기초가 되는 하나의 표준을 보여주고 있습니다. 인간의 행위는 만약 그것에 의해서 인간의 행복의 총량이 증가하면 '선' 이라고. 그러나 이것은 인간의 행복을 재는 저울 같은 것이 존재함을 가정하고 있습니다. 물론 두 가지 중 어느 쪽에 많은 행복이 존재하고 있느냐를 용이하게 결정할 수 있는 경우는 분명히 있습니다. 그러나 일반적인 표준이 과연 존재하는지 어떤지 저는 분명치 않습니다.

당신은 〈종교는 문명에 대해서 유익한 공헌을 해왔는가〉라는 논문에서 righteousness(공정)의 개념은 상대적인 것이므로 도덕의 기준으로서는 적당치 않다고 말하고 있습니다. 그런데 같은 논문에서 어린아이들의 교육에 있어서는 (질투심을 막기 위해서) 엄격한 justice(정의)가 요구된다고 주장하고 있습니다.

저는 righteousness와 justice의 명확한 개념을 구별할 줄 모릅니다.

친애하는 반 루벤씨, 제가 만약 인간의 행위가 인간의 행복을 증대하면 그것은 '선' 이라고 할 때에는, 그것은 인간의 행복에 대한 일반적인 기준을 의미하고 있는 것은 아닙니다.

제가 말하는 의미는 '선' 이란 인간의 행복을 추구하는 것으로서 사람들이 이해해야 한다는 것입니다. 행복을 구성하는 것은 무엇이냐는 것은 사회적으로 오래 계속되고 있는 논쟁의 문제입니다.

우리는 잘못을 저지를 때가 있을 것입니다. 또 여러 가지 사정이 인간의 행복으로서 요구되는 것을 바꾸는 일도 있을 것입니다. 그래도 역시 우리 모두가 이와 같은 행복을 얻고자 마음속에 품듯이 행복을 추구하는 일은 정당한 도덕적 작업입니다.

당신이 지적한 둘째 의문인 '공정'의 상대적인 성질은 어린아이의 교육에 있어서의 '정의'를 불가능하게 하는 것 같습니다. 그러나 만약 당신이 저의 그 논문을 잘 음미해주신다면 저의 '공정'에 대한 사고방식은 사회와 시대에 따라 변한다는 의미에 불과하다는 것을 알게 될 것입니다. 또 어린아이들을 취급하는 데 있어서의 '정의'란 그들에게 기회를 주는데 차별하지 않는다는 것이며, 교육학의 편견에서 무자비한 취급을 하여 어린아이들을 희생하는 일이 없는 교육을 실시한다는 것입니다. 그것은 쉽게 이해될 것입니다.

이 두 가지 개념(공정과 정의)과, 그리고 어린아이들을 바르게 취급한다는 것은 단순한 개념이며, 조금도 모순되지 않는 것처럼 생각됩니다. 결국 당신의 의론 전체가 독단적인 의론이었습니다.

(1963년 1월 26일)

도덕적 신념

이것은 선생님의 도덕철학에 대해서 쓴 저의 최근의 작인데 선생님에게 증정하고 싶습니다.

저는 선생님의 도덕론에 대해서 선생님 자신까지도 알지 못 하는 어떤 일면을 발견했다고 믿고 싶습니다. 어쨌든 선생님 철학의 이면에 대해서 쓴 것은 이제까지 전혀 없었습니다.

제가 선생님의 저서에 대한 이 방면의 연구를 처음으로 한 것은 선생님을 철학자로서 또 인간으로서 항상 찬미해왔기 때문입니다. 이것은 제 책의 최후의 장(章)에서 알 수 있으리라고 생각합니다. 만약 선생님께서 다행히 이 책을 읽으실 시간이 있으셔서 선생님의 고견을 들을 수 있다면 참으로 기쁘겠습니다.

친애하는 아이친 교수님! 저의 도덕론에 대한 당신의 책과 더불어 보내주신 편지 깊이 감사를 드립니다.

저는 당신의 책을 매우 흥미있게 읽었습니다. 그리고 그것이 저의 견해를 조금의 틀림도 없이 지극히 정확히 설명하고 있음을 알았습니다.

저 자신은 도덕에 관해서 자기가 말한 것을 별로 좋게는 보지 않습니다. 저는 자기가 느낀 것과 자기가 믿도록 강요된 것 사이에 끼여 그 격심한 충돌에 괴로움을 당해왔습니다. 그것을 당신은 참으로 선명하게 표면에 내놓았다고 생각합니다.

저는 히틀러가 패했다는 것만으로 아우슈비츠(폴란드 남부 크라쿠프 지방의 도시임. 제2차세계대전 중 독일에 점령된 후 교외에 거대한 강제 수용소가 설치되어 약 400명의 유대인 및 폴란드인이

---

1) 1588~1679. 영국의 철학자. 크롬웰의 혁명으로 도피하여 프랑스로 망명, 파리에서 저작활동에 힘을 기울였다(1640~51). 대표작은 《리바이어선 (*Leviathan*)》(1651)이며 교회의 독선과 권위에 대해서 통렬한 비판을 가했다. 그 때문에 교회와 왕당파측으로부터 비난을 받고 영국으로 들어가게 되었다. 귀국 후에는 공화제 하에서 학구 생활에 들어갔다. 왕정복고 후에는 특히 찰스 2세의 총애를 받아 데본셔 가(家)에서 행복한 만년을 보냈다.

학살됨. 폴란드 이름은 오슈비침)가 사악했다고는 도저히 생각할 수 없었던 것입니다. 그와 반대로 홉스의 《유령》과 《공화국》의 처음에 나오는 타시마튜스의 망령이 나를 조소하여, 내가 지나치게 '관대'하다고 말하고 있는 듯이 생각되었습니다.

저의 저서 《윤리와 정치에 있어서의 인간사회(*Human Society in Ethics and Politics*)》에서 제가 근본적인 변화를 보였다고 말씀하신 당신의 견해에는 약간 당황했습니다. 저는 그와 같은 굉장한 변화를 했다고는 조금도 몰랐습니다.

당신은 욕망의 대상 중에서 공존의 가능성이라는 관념을 그다지 중히 여기지 않는 듯이 내게는 여겨졌습니다. 그러나 어째서 그러한지 그 이유를 저는 전혀 모르겠습니다.

당신이 책 속의 최후의 장(章)에서 친절하게 언급하고 있는데 대해서 감사를 드립니다. 당신이 비판하고 있는 곳은 일반적으로 옳다고 생각합니다.

(1963년 8월 26일)

도덕의 혼란

선생님이 내 책을 읽는 시간을 가져주셨으면 합니다. 그것은 선생님 자신이 당혹스럽다고 표현한 사항을 다루고 있습 니다. 선생님도 말씀한 바와 같이, 선생님은 당혹감을 감춘 일이 한 번도 없었습니다. 그것은 모든 휴머니스트가 갖고 있는 것입니다. 그러므로 선생님은 그 중에서 도덕적 가치의 객관적 기초가 되는 것이 한두 가지 시사되어 있는 것을 알게 될 것입니다.

오즈번씨, 당신의 저서 《휴머니즘과 도덕론》을 보내주어서 고맙게 생각하고 있습니다. 무척 흥미있게 읽었습니다. 그러나 유감스럽게도 내가 도덕에 대해 당혹감을 느끼고 있는 것을 해결해주지는 못했습니다. 나는 어떤 미군 장교에 의해 도덕의 실제상의 어려움을 절실히 느끼게 되었습니다. 그들이 저번 전쟁 중에 한 일의 하나는, 일본인 포로에게 '자살'이 그들의 의무가 아님을 납득시키는 것이었습니다. 그들은 이 일에 큰 성공을 거두었다고 나한테 말했습니다. 그래서 그들은 일본인에게 호감을 갖게 되었습니다. 이것은 서양인 전투원들 사이에서는 매우 보기 드문 일입니다.

 그러나 나는, 그 포로들을 설득한 것은 합리적인 의론은 아니었다고 생각합니다. 그것은 여러 가지 다른 도덕적인 태도를 갖게 하는 사회환경 때문이었다고 생각합니다. 그것이 생명에 대한 본능적인 사랑이라는 구실을 찾아내어 한시름 놓으려는 심정과 결부되어 있는 것입니다. 그가 자기의 경험을 내게 이야기해 주었을 때, 나는 이렇게 생각했어요. 만약 내가 유대인을 학살하는 것은 인간 최고의 의무가 아니라는 점을 나치 포로에게 설득하려 한다면, 그들에게 어떻게 말해야 할까 하고 말입니다. 물론 이렇게 말할 수 있겠지요. "당신도 잘 알고 있겠지만, 그런 짓을 하게 되면 전쟁에 지게 돼요." 그러나 이것은 별로 적절한 설득이라고 생각되지 않을 것입니다.

 당신은 자기 저서에서 도덕은 본질적으로는 사회적인 존재로서의 인간과 관계가 있다고 하였습니다. 나는 개인적으로는 당신의 견해에 찬성합니다. 그러나 달리 생각하는 사람도 있을 것입니다. 예컨대 괴테의 경우가 그렇습니다. 그는 자기의 저서 《빌헬름 마이스터》에서 이런 견해를 말하고 있습니다. 즉 개개인의 목적은 자기 완성이며, 이 목적은 프리메이슨(국제적 규모의 밀교적 비밀 결사)의 신비주의와, 하녀와의 정사를 결합시켜 가장 잘 달성된다는 것입니다. 당신이나 나도 괴테의 이런 견해에 찬성하지 않아도 됩니다. 그러나 그의 견해가 잘못되어 있다는 것을 어떻게 입증해야 할까요?

당신이 정신분석에 대해 한 말이, 근본적인 문제를 언급하고 있는지 나는 알 수 없습니다. 정신분석은, 사람들의 정열이 어떻게 발생하는가를 우리가 이해하는 데 도움이 되지만, 우리가 어떤 정열을 가져야 할 것인가는 가르쳐주지 않습니다. 나는 정신분석의 오이디푸스 컴플렉스(남자 아이가 무의식적으로 아버지에게 반항하고 어머니와 가까워지는 경향)에 찬성하는 의론을 상기할 수 있습니다. 그것은, 위대한 업적을 수행하게 한다는 근거에서 입니다. 예컨대 알렉산더 대왕은, 만약 그가 아버지를 증오하지 않았더라면, 세상에 알려지지 않고 조용히 일생을 마칠 수도 있었을 것입니다.

이렇게 말하기는 미안하지만, 당신의 저서는, 객관성이 있다고 주장하는 어떤 도덕 학설도 숨겨진 윤리학상의 전제에 의해서만 그렇다는 생각을 나로 하여금 굳히게 해주었습니다. 그러나 그것도 만약 논쟁하게 되면 역시 논증이 불가능합니다.

(1960년 6월 19일)

세계의 '문제'

선생님은 이렇게 생각하시는지요. 그것은 수학과 물리학에 깊이 개입하여 우주를 연구하기 위해서며 …… 또 그렇게 함으로써 우주가 팽창하고 있는지 수축하고 있는지를 알기 위해서이다.…… 그러나 그것은 무엇이 팽창 혹은 수축을 야기하는가를 묻기 위해서가 아니라고.

  세계의 원인에 관해서 조사하는 것은 무의미합니다.
  어차피 '원인'은 매우 낡은 사고방식에 속하는 개념입니다. 조금이라도 그것이 부합되는 한은 우리는 하나의 사건이 다음의 사건을 야기한다고 말할 수 있습니다. 그러나 이러한 말은 세계의 극히 적은 부분에 부합될 뿐입니다. 전체의 원인을 탐구하는 것은 공간에 있어서의 우주의 위치를 분명히 하려고 노력하는 것과 흡사합니다.

(1959년 4월 29일)

호모 인시피엔스; 인간, 이 우둔한 것

  어째서 사람들은, 인간은 어떠한 인간이든 동물보다는 창조주쪽에 더 가깝다고 믿고 있는 것일까요······.

  친애하는 루아즈씨, 신이 동물보다는 인간 쪽에 보다 많은 관심을 갖고 있다고 철학자가 생각하는 유일한 이유는 철학자가 인간이기 때문입니다. 기원전 9세기에 크세노폰(고대 그리스 아테네의 철학자이며 군인·작가)은 이 문제에 대해서 말해야 할 것을 모두 말해버리고 말았습니다. 그는 이렇게 말하고 있었습니다.
  "호메로스[2]와 헤시오도스[3]는 인간 사이의 수치스러운 일과 불명예스러운 그리고 도둑질, 간통(姦通), 서로 속이는 일체의 원인이 신에게 있다고 보았다.······인간들은 이렇게 생각한다.

신들은 자기들이 그러하듯이 자식을 만들고, 자기들처럼 옷을 가지고 있고, 소리도 있고, 형태도 있는…… 좋다. 만약 그대로라면 이렇게 될 것이다. 즉 소와 말 혹은 사자에게 손이 있어 그 손으로 그림을 그려 인간이 하는 것과 마찬가지로 미술품을 만들 수 있다면, 말은 신들의 형태를 말처럼 그릴 것이며 소는 소처럼 그릴 것이다. 그리하여 그 신들의 신체를 말과 소의 몇몇 종류의 모습으로 만들 것이다.

에티오피아인은 그들의 신들을 검게 그리고 들창코로 만든다. 트라키아(에게해 동북안 지방에 있었던 고대국가)인은 그들의 신들은 파란 눈과 붉은 머리털을 갖고 있다고 한다."

homo sapiens(인간, 지혜로운 것)라는 말은 크세노폰의 시대에는 아직 발명되어 있지 않았습니다. 만약 발명되어 있었다고 한다면 그는 그것을 homo insipiens(인간, 이 우둔한 것)라는 말로 바꾸도록 제의했을 것입니다. 그렇게 했더라면 그는 그것을 진정 지지했을 것입니다.

(1952년 9월 3일)

'거울'의 관념

지난 주에 나는 폭스 테리어(테리어종의 개. 영국 원산으로서, 원래는 여우 사냥용이었으나 현재에는 주로 애완용임)에 대해 어떤 노인이 이야기하고 있었습니다. 내가

---

2) 기원전 8세기경의 사람으로 추정됨. 호머. 그리스 최고(最古) 최대의 서사시인. 《일리아스》, 《오디세이》의 작자.
3) 고대 그리스의 시인. 호메로스보다는 약간 후세의 사람. 호메로스는 영웅, 신들의 전쟁, 모험 등을 노래하였는데, 헤시오도스는 일상의 생활, 도덕, 일 등에 대해서 노래하고 사상적으로 깊은 데가 있었다.

말했어요. '우리가 기르고 있는 폭스 테리어는 온순한 갭니다. 그렇지만 내가 낯설다고 해서, 하루 종일 짖어대는 테리어는 싫어요.' 그 노인이 대답했어요. '그래요, 그 개 앞에 거울을 놓아봐요. 그렇게 하면, 개는 짖어댈 상대를 거기서 찾게 될 거요.'

내 생각에는, 사람들이 갖고 있는 우주의 관념은, 이를테면 이 '거울'의 이념에 의거한 것일지도 모릅니다. 인간은 우주의 기원을 알지 못해 초조할 것입니다. 그래서 '거울'이 모든 종교와 '이즘(주의)'이 되어 있습니다.

장차 인간은 그 인생의 기초를 클럽 즉 교회, 마을, 국가에 속하는 데 두지 않을 것입니다. 그리고 정신 또는 마음이 드디어 구획(區劃)의 관념에서 해방되기까지는 그 전진은 별로 바랄 수 없다는 것을 알기 시작할 것입니다.

한킨슨양, 나는 개에게 짖어댈 무엇을 준다는 그 노인의 이야기가 재미있게 들립니다.

나는 5세 때, 온순한 비둘기를 한 마리 키운 적이 있습니다.

어느 날 네가 그 수비둘기를 거울 앞에 놓았더니, 그 비둘기는 거울을 심하게 쪼는 것입니다. 또 그 비둘기는 그 혐오스러운 새를 찾아내려고 거울 뒤로 돌아가보는 것이었습니다. 이 이야기는 4대국(제2차 세계대전 후 미·소·영·중)의 회합과 같습니다.

당신이 저서에 쓴 사회적인 결합력은 긴 역사를 갖고 있습니다. 그 기원에 대해 좋은 설명을 하고 있는 것이, 아서 케이스 경(卿)이 쓴《인간 진화의 새로운 이론》입니다. 그 책을 읽는 것이 좋을 것입니다.

전에는 대다수의 사람들에게, 사회적 결합력은 라이벌 관계에 있는 종족에 대한 공포에서 촉진된 종족 사이의 문제였습니다. 이것이 세계정부를 주창할 경우에 심리적인 어려움을 일으킵니다.
　내가 쓴 《권위와 개인》에서 나는 이 문제를 다루었으니 읽어 주셨으면 합니다.

(1960년 5월 24일)

여우를 구하기 위하여

　선생님의 저서 《행복의 정복》의 '죄악감'의 장(章)에서 선생님은, 거짓말은 반드시 부정(不正)이 아니라는 생각을 서술하고 있습니다. 그리고 이러한 예를 들고 계십니다. 선생님이 어느 때 어떤 수렵자들로부터 여우가 어느 쪽으로 달아났는가를 질문받게 되었습니다. 선생님은 그 사람들에게 거짓말을 했습니다. 그것은 그들을 속여 여우가 달아난 길을 못 찾게 하여 지쳐버린 여우의 생명을 건지기 위해서였다고.
　그와 같은 경우에 그것에 대신하는 적당하고 바른 방법이 달리 존재하지 않는다고 생각하는 것은 잘못된 생각이 아닐까요.
　예를 들면 이렇게 말씀하실 수는 없었을까요. '네, 저는 여우를 보았습니다. 하지만 여우가 어디로 갔는지 가르쳐드릴 수는 없습니다. 당신들의 몰인정한 살해행위의 공범자가 되고 싶지 않기 때문입니다.'
　이 답은 수렵자들로 하여금 길을 잃게 하지 않고, 그들이 무엇을 하려고 하는지를 반성토록 할 것입니다.

　친애하는 야곱슨씨, 제 목적은 그 여우를 돕는 데 있었습니다. 그 목적을 위해서는 여우가 달아난 방향에 관해서 수렵자들이 갈피를 잡지 못하도록 하는 일이 가장 효과적인 방법이었습니다.

거짓말을 추천할 만한 경우는 많이 있습니다. 예를 들면 전제정치하에서 경험해온 것과 같은 경우 말입니다.
내내 건강하기를…….

(1963년 9월 28일)

아리스토텔레스학파의 논리

이 나라에는 소위 진위이가(眞僞二價)의 논리학을 공공연하게 비난하고 있는, 그러나 유력한 그룹이 있습니다. 이 그룹에 속해 있는 사람들은, 전통적인 논리학을 연구하는 것은 해로운 사고 습관을 조장한다고 한다. 그리고 그것은 정신병, 인종적인 편견, 그 이외에도 수다한 악과 연결되어 있다고 주장하고 있습니다.

그들은 그들이 말하는 흑백 선악의 뚜렷할 사고방식, 이것인가 그렇지 않으면 저것인가 하고 한정하는 철학, 그리고 최악의 아리스토텔레스의 논리학을 연구한다는 것이 무엇보다도 더 유감천만한 일이라고 말하고 있습니다.

이들 자칭 비(非) 아리스토텔레스파의 사상가들은, 때때로 선생님을 자기들의 지지자 중 한 분이라고 말하고 있답니다. 특히 그들은 선생님께서 '과학과 정기'를 승인하고 있다고 말한답니다. 그 책에서 알프레드 코르치브스키[4]는 항등식, 명사 모순 그리고 절대 적중 명사의 법칙을 거부하고 있습니다.

나는, 선생님께서 항등식, 명사 모순 그리고 절대 적중 명사의 법칙을 거부하고 계시리라는 것은 믿기 어려운 일이라 고 생각하고 있습니다.

존경하는 엔제르 박사님께, 나는 진위이가의 논리학에는 아

---

4) 1879~1950. 폴란드의 과학자·철학자. 제1차 세계대전중에는 군 참모본부의 구성원. 1915년에 캐나다에 파견되었다가 후에 미국으로 부임하였다. 1917년, 제정 러시아의 붕괴와 함께 그대로 미국에 귀화하였다.

무런 오류도 없다고 믿고 있습니다. 하물며 진(眞)과 위(僞) 두 가지 이외에 제3의 가치를 인정하는 삼가(三價)의 논리학에 대해서는 두말 할 필요가 없습니다.

이 가치들은 각각 그 자신의 클래스의 문제에 대한 이치에 맞는 것입니다.

내가 아리스토텔레스의 논리학을 비판하는 것은 그 하나하나의 사소한 점에 대해서이며, 일반적인 착상에 관한 것은 아닙니다.

나는 지금까지 단 한 번도 코르치브스키의 저작에 대해서 칭찬을 해본 적이 없습니다. 또 그들이 상상하고 있듯이 아리스토텔레스의 논리학과 정신병이 일치한다는 것을 조금도 승인하고 싶지 않습니다.

항등식, 명사 모순 그리고 절대 적중 명사에 관해서는 나의 저서 《수학원리》의 첫장을 선생님께서 읽어주신다면, 그에 대한 내 의견의 전부를 아실 줄 믿습니다.

(1958년 5월 10일)

모든 그리스인이 죽을 운명

나는 선생님께서 저술하신 《나의 철학적 발전(My Philosophical Development)》이라는 책을 퍽 흥미있게 읽어왔습니다. 선생님께서는 그 책의 67페이지에서 '모든 그리스인은 언젠가는 죽을 것이다' 라고 한 서술은 그 세목을 일일이 거론하여 증명할 수 없는 것이라고 말씀하고 계십니다. 선생님께서 든 이유는 이렇습니다. 이 서술은 그 완전한 형식에 적용시켜보면 다음과 같이 되기 때문이라고. 즉 'X의 모든 가능치에도 불구하고 만약 X가 그리스인이라고 한다면, X는 언젠가는 죽을 것이다'라고 말씀하셨습니다. 그리고 문제의 X는 그리스인 X에 한정된 것이 아니라 전우주로 확대되는 것이라고 말씀하셨습니다.

그러나 나는 그럼에도 불구하고 '모든 그리스인은 언젠가는 죽을 것이다' 라는 것은 일일이 거론하여 증명할 수 있다고 생각하고 있습니다. 한 예를 든다면, 모든 그리스인을 한 섬에 이동시키고 그들 위에 원자폭탄을 투하하는 것으로 말입니다.

또 나는 우리들은 사실상 우리들의 주의력을 그리스인인 X라는 것에만 국한시킬 수도 있다고 생각하고 있습니다.

그 이유는, 가령 X가 그리스인이 아니라고 한다면 어떻겠습 니까. 그럴 때에는 '만약 X가 그리스인이라면, X는 언젠가는 죽을 것이다' 라는 기술은 '모든 릴리퍼트(스위프트의 작품〈걸리버 여행기〉에 등장하는 상상 속의 난쟁이 나라)인은 언젠가는 죽을 것이다' 라는 말이 진리인 것과 동일한 의미에서 진리인 것입니다. 즉 그것은 논리의 문제로서의 진리지 관찰의 문제로서가 아닙니다.

그래서 이번에는 X가 그리스인이라고 한다면 어떻게 되겠습 니까. 그렇게 된다면, 문제의 서술은 관찰에 의해서 해결할 수가 있습니다. 그리고 그리스인의 숫자에는 한정이 있으므로, 세목을 일일이 열거하여 그 문제를 해결할 수 있을 것입니다.

존경하는 톰슨 선생님께 삼가 회신을 올립니다.

당신이 주장하고 계시는 바에 대한 답변은 다음과 같습니다.

당신이 모든 그리스인을 열거하였다고 하여, 그것이 곧 확실한 것이라고 말할 수 있을 만한 일람표는 하나도 없습니다.

고비사막에는 알렉산더 대왕의 후손들인 그리스인이 혹시 있을지도 모릅니다. 지하에 잠적하여 살고 있는, 그래서 한 번도 발견할 수 없었던 그리스인이 혹시 있을지도 모를 일입니다. 그럴 가능성은 조금도 있을 것 같지는 않으나 전혀 불가능한 일도 아닙니다.

'모든 그리스인은 언젠가는 죽을 것이다'라고 한 기술은 '불사(不死)의 그리스인은 없다'라고 말할 수도 있을 것입니다. 그것은 세계의 모든 것에 대한 기술이기도 합니다. 모든 그리스을 집합시켜 그들을 한 섬에 이동시키겠다고 당신이 제안하는데, 이것은 당신이 알지 못하고 있는 그리스인은 한 사람도 없다는 것을 가정하고 있는 것입니다. 그것은 진실일지도 모릅니다. 그렇다고 하더라도 그것은 전우주를 조사하지 않고서는 증명할 수가 없는 일입니다.

(1964년 11월 14일)

선과 악

인간은 정말 악을 바랄 수 있을까요.

안녕하셨습니까 코로드너양, 인간은 정말 악을 바라고 있는 것인지 아닌지에 대해서 질문을 하셨는데, 그 문제는 '악'이라는 말이 당신의 문장 속에서 어떤 뜻으로 쓰여졌는지를 음미하는 데에 있습니다. 만약 바라지 않는 것이 '악'이다라는 뜻으로 쓰였다면 당신의 질문에 대한 나의 답변은 분명히 '아니다'입니다. 그러나 이러한 것은 굳이 받아들일 만한 진리는 못됩니다. 만약 희망자가 승낙할 수 없다고 생각하고 있는 것과 관계가 있는 것이 '악'이다라는 뜻이라면, 악을 바란다는 것은 충분히 있을 수 있는 일입니다.

문제는 그 일이 '악'인지 혹은 '선'인지, 그 어느 쪽인가를 우리들에게 알려줄 수 있는 객관적인 기준이 전혀 없다는 데에 있는 것입니다. '악'이라든지 '선'이라든지 하는 낱말은 우리가 사물에 대하여 어떻게 느끼고 있는가, 그리고 또 우리들이 그것을 어떻게 느끼게 하고 싶다는 생각을 표시하는 데에 쓸모가 있을 뿐입니다.

내 경우를 말한다면, 나는 잔혹한 행위나 대량 학살과 같은 것은 악이라고 느낍니다. 그리고 다른 사람들도 그러한 행위에 대하여 나와 똑같은 생각을 가져주었으면 좋겠습니다. 그러나 나는 그런 생각을 갖고는 있을지라도, 모든 권력자나 인류의 대다수가 나타내 보이고 있는 것처럼 잔혹한 행위와 대량학살 행위의 양편을 누군가가 바라고 있는 것을 저지시킬 수는 없습니다.

(1962년 10월 16일)

결정론과 자유의지

결정론과 자유의지에 관한 선생님의 입장은 어떠한 것일까요.

데이비슨씨, 결정론과 자유의지의 문제는 어려운 문젭니다. 그래서 나는 나 자신의 견해로도, 혹은 누군가 다른 사람의 의견에 의해서도 완전한 만족을 얻는 일이 없습니다 그에 대한 논의는 미국에서는 《철학에 있어서의 과학적 방법》, 영국에서는 《외계에 대한 우리의 지식(*Our Knowledge of the External World*)》이라 불리고 있는 나의 저서 안에 실려 있습니다. 이 책의 마지막 장에 결정론과 자유의지에 대한 나의 논리가 전부 피력되어 있습니다.

 만약 당신께서 그 의론으로는 만족하실 수 없게 된다면, 내가 말씀드릴 수 있는 것은 다만 나도 선생님과 똑같은 의견이라는 것뿐입니다.

(1957년 1월 14일)

풀은 녹색일까

 지식은 결국 가능한 것일까요. 궁극적인 분석에 있어서는 지식의 원천으로서 두 가지가 있는 것을 알 수 있습니다. 그것은 즉 지식과 감각입니다. 그러나 그 어느 편도 과연 객관적인 지식을 전달할 수가 있다고 생각할 수 있을까요. 우리들의 감각에 관한 한, 감각이라는 것의 성격은 극단적으로 개인적입니다. 그리고 지능은 어떤가 하면, 우리들은 그것으로써 감각의 데이터를 이해하려고 노력하지만 지능도 역시 개개인의 지능인 것입니다. 그렇다면 어째서 객관적 지식이 가능한 것일까요.

 이렇게 논할 수 있을지도 모르겠습니다. 특정한 한 가지 점에 대하여 일반의 합의가 있을 경우, 그것이 바로 객관적 지식이라고 생각할 수 있지 않을까라고. 그러나 널리 일반적으로 용인되어왔던 보편적인 여론도, 후에 반박을 받는 예가 이제까지도 자주 있었습니다.

 이렇게 본다면, 우리는 언제나 진리에 근접해보기만 하는 개연적(蓋然的)인 지식의 세계에 있는 것이지 뚜렷한 지식의 세계에 있는 것은 아니라고 생각합니다.

 게다가 가령 의견의 일치를 본 경우일지라도 두 사람이 진실로 같은 의견을 갖고 있다는 것을 우리는 어떤 방법으로 알아낼 수가 있을까요.

 가령 내가 '풀은 녹색이다'라고 말한 것에 누군가 다른 사람이 동의를 한다면 어떨까요. 이런 경우라도 역시 '풀'과 '녹색'이라는 두 말은 내가 쓰고 있을 때에 내가 쓰고 있는 것과 같은 뜻으로 그 사람도 쓰고 있다는 것을 어떻게 내가 알 수 있겠습니까. 말할 필요도 없는 일이겠지만 여기에 바로 언어의 어려운 점이 있는 것입니다. 언어란 과연 표현의 완전한 매개물일 수가 있을까요.

존경하는 초드리씨, 객관적 지식의 탐구는 수학의 확실성이나 혹은 경험의 세계에서 발견할 수가 있을 것입니다. 수학의 확실성의 경우에는 그 세계가 폐색되어 있어 외계와는 관계가 없기 때문에, 지식이 한정적이며 명확합니다. 한편 경험의 세계는 사회 일반적인 표준이 인정되었을 때에 비로소 가능한 것이며, 과학적인 방법으로서 알려진 것을 필요로 합니다.

경험의 세계로부터 얻어지는 지식은 항상 가정된 것입니다. 왜냐하면 그것은 원칙적으로 언제나 논박당할 것을 전제로 하고 있기 때문입니다. 논박한다는 일이 불가능하다고 한다면 그러한 지식은 가치가 적을 것입니다. 왜냐하면 그에 대한 논박을 할 수 있을 만한 사람이 한 사람도 없을 것이라고 말하기 때문에, 그 지식을 지지하는 데에 뒷받침이 될 만한 증거의 표시가 불가능하기 때문입니다.

과학적 지식이 갖는 가설로서의 성격은 그 객관성을 손상시키는 일은 없습니다. 만약 그것이 요구하는 증거의 빛에 비추어 수정할 용의가 있기만 하다면 손상을 받는 일이 없을 것입니다

도저히 도전해볼 수 없는 지식, 즉 확실한 궁극의 진리를 얻어보고 싶다는 소원은 아무리 해도 객관성에는 이르지 못할 것 같으며, 오히려 완고하고 오만스러운 독단에 빠지기 쉬울 것입니다.

선생님께서 예로 든 '풀은 녹색이다'라고 주장하는 사람의

경우 다른 사람으로부터 끌어낸 동의는, 그 제2의 사람에게도 같은 뜻으로 이해되고 있다는 것을 가정해도 무방하다고 생각합니다. 물론 그것은 그 제2의 사람이 사용하고 있는 '녹색'이나 '풀'의 의미는 그 명제를 제시한 최초의 사람의 것과 같은 것인지 아닌지를 구명한 연후의 이야기이기는 합니다만. 그러므로 우리들은 당연히 이렇게 결론을 내릴 수가 있을 것입니다. 최초의 사람이나 제2의 사람이나 똑같은 표현으로써 똑같은 의미를 나타내며, 그와 같은 가설은 사회적인 교제를 진전시키는 일을 보다 쉽게 할 수 있게 합니다.

따라서 '풀은 녹색이다'에 대하여, 그 말을 사용하고 있는 사람이 선생님께서 가정하고 있는 것과는 또 다른 의미로 사용하고 있다고 주장하는 사람이 나타나는 날이 도래하였을 때, '풀은 녹색이다'도 처음으로, 이제까지는 가정된 말로써 대화를 교환하였던 일에 의혹을 품어볼 만한 가치가 생기게 되는 것입니다.

이러한 것들은 내가 이전에 시사하려고 노력해온 것처럼, 확실성의 문제가 아니고 합의의 문제인 것입니다. 그래서 그곳에서 새로운 증거를 경험하게 되면, 그 합의로부터 이반(離反)이라는 것이 일어나게 됩니다. 이 이외의 여하한 지식도 우리들은 가질 수가 없습니다.

(1962년 10월 20일)

지적 경험과 기술(記述)에 의한 지식

우리들은 선생님의 저서 《철학의 제문제(The Problems of Philosophy)》에 대하여 논의를 거듭해왔습니다. 특히 선생님께서 구분하신 '지각에 의한 지식' 과 '기술(記述)에 의한 지식' 의 구별에 대해서 논의를 한 것입니다.

저 자신은 선생님께서 스스로 어떠한 의도에서 이렇게 구분하게 되셨는지를 정확하게 터득하려고 노력해왔습니다.

안녕하십니까 브란스비양, 지각에 의한 지식과 기술에 의한 지식의 구별은 아주 간단한 일입니다. 다른 사람들이 지난 달에 당신의 생각을 어떻게 이끌어왔든지 간에 그렇게 간단한 일입니다.

어떤 단일어(單一語)가 그것이 무엇을 의미하는지를 무언중에 나타내고 있는 것만으로도 당신이 알 수 있다고 합시다. 그런 경우 그 단일어는 지각에 의해서 지정된 하나의 지식인 것입니다. 그것은 눈, 코, 고양이, 개 등과 같이 가장 보편적인 명사 전부를 포함하고 있습니다. 그리고 또 이것은 당신이 잘 알 듯이 모든 사람들의 이름까지도 포함하고 있는 것입니다.

이에 반하여 기술에 의한 지식은 몇 개의 단어로 성립되는 구절을 요구합니다. 그 안에 포함되어 있는 낱낱의 단어는 따로따로 떼어놓으면 일정한 목적물을 지시하지 않지만 그것이 합일하면 때때로 어떤 무엇인가를 지시하게 됩니다.

그러면 일례를 들어보기로 합시다. 가령 '아메리카합중국에서 가장 키가 큰 사람' 과 같은 것입니다. 아마도 그 사람이 누군지를 알고 있는 사람은 한 명도 없을 것입니다. 그렇지만 이 기술에 들어맞는 일정한 사람이 있다는 것은 틀림없습니다.

그러나 형식적으로는 정확하더라도 아무것에도 맞지 않는 기술도 허다합니다. 가령 '지금 이 순간에 에베레스트 산정에서 가장 키가 큰 사람' 이라고 하는 것 등입니다. (1960년 6월 16일)

유고슬라비아로부터 온 질문

유고슬라비아의 어느 신문 편집자들로부터 온 질문들.

① 철학의 한정된 속성과 구성 부분에 관한 선생님의 고견을 듣고 싶습니다.
② 세계를 개조하고, 인류를 위해서 보다 좋은 미래를 만드는 데 있어 철학이 담당해야 할 역할은 무엇일까요.
③ 출판하신 선생님의 저서 중에서, 오늘에 이르러 선생님께서 마음속에 품고 계시는 견해를 가장 적절하게 표현하고 있다고 생각하시는 것은 어떤 책입니까. 그리고 그 여러 저서 중에서 철학문제에 가장 크고 귀중한 공헌을 하였다고 생각하고 계시는 책은 어떤 것인가요.
④ 영국에 있어서의 현대 철학사상에 대한 선생님의 고견을 듣고 싶습니다. 비트겐슈타인[5]의 《철학연구》와 《수학기초 론》을 어떻게 생각하고 계십니까.
⑤ 마르틴 하이데거[6], 칼 야스퍼스[7], 그리고 사르트르[8]의 실존주의 철학을 어떻게 평가하고 계시는지요.
⑥ 마르크스 철학의 가치에 대한 선생님의 고견을 들려주십시오.
⑦ 현대의 여러 철학 학파와 가능하고도 바람직한 사조가 정정당당히 토론을

---

5) 1889~1951. 오스트리아의 철학자. 후에 영국에 귀화하여 케임브리지대학의 교수가 되었다(1929). 철학이 하는 일을 언어분석으로 한정시키고, 생전 유일의 저작 《논리철학적 논문》으로 빈학파에 커다란 영향을 끼쳤다. 그를 케임브리지대학에 초빙할 때, 러셀이 논문심사를 담당하였다.
6) 1889~1976. 독일의 철학자. 현존재의 본질은 실존에 있어서 불안으로 나타난다고 말한 데서 '불안의 철학'이라고도 불리는데, 야스퍼스와 달리 '신(神) 없는 실존주의'로서 하나의 형(型)을 대표하게 되었음. 저서 《존재와 시간》, 《근거의 본질》 등.
7) 1883~1969. 독일의 철학자. 정신병리학에서 철학으로 바꾸었다. 하이델베르크대학 교수(1921). 이어서 바젤대학 교수(1948). 생명 그 자체가 항상 전체며, 지성과 인격은 낱낱의 현상과는 달라 전체로부터 취급되어야 하는 것이라고 하였다. 또 진리에의 길은 초월자에의 비약 없이는 불가능하다고 말했다.

행하는 것을 선생님께서는 어떻게 생각 하고 계십니까.

⑧ 유고슬라비아의 선생님의 독자들을 위하여 특별한 말씀을 부탁드립니다.

페트르비크씨와 타노비크씨, 질문하신 문제 중에서 어떤 것은 나의 답변이 무척 긴 것이 있습니다. 그러한 대답에 관계되는 것은 이미 발표된 논문을 참조해주시기 바랍니다.

① '철학'의 정의에 대하여 말하지 않으면 안 될 것은, 나의 저서 《서양철학사》의 첫 부분에 논술되어 있습니다.

② 세계가 철학에 의해서 개조되리라고는 생각하지 않습니다. 철학이 최대한으로 할 수 있는 것은, 내용이 풍부한 비전을 만들어내고 독단적인 불일치에서 오는 심히 불쾌한 것을 경감시켜 주는 일입니다.

③ 나의 이론상의 견해를 가장 적절하게 표현한 것은, 《인간의 지식, 그 범위와 한계(Human Knowledge, Its Scope and Limits)》입니다. 정치이론서로는 본인이 저술한 《권력: 새로운 사회적 분석(Power: A New Social Analysis)》을 첫째로 추천합니다. 정치의 실제에 관하여는 《윤리와 정치에 있어서의 인간사회(Human Society Ethics and Politics)》를 추천합니다.

④ 현대 영국철학의 많은 의견들과 견해를 같이하고 있지 않습니다. 철학이란 과학처럼 '진실'과 일치하는 것을 목표

---

8) 1905~1980. 프랑스의 철학자·소설가·극작가·평론가. 현대 실존철학의 제1인자. 하이데거나 후설의 강한 영향을 받아 인간 현실의 존재 근거로부터 출발하여 인간 혁명과 사회 혁명의 총체적인 현실을 실천하려고 하였다. 말년에는 세계평화의 옹호에 깊은 관심을 표명하고, 러셀의 호소에 응하여 핵무기 반대 운동에 몸담았으며, 베트남전쟁 범죄 국제재판에 적극적인 역할을 다하였다.

로 삼아야 되며, 언어를 독립된 것으로 취급할 수는 없으리라고 생각합니다.

나는 비트겐슈타인이 후기에 저술한 것에는 호의를 베풀 수 없습니다. 내가 최고라고 생각하고 있는 오늘날의 영국 철학자는 A. J. 에어[9]입니다.

⑤ 실존주의 철학은 전혀 넌센스라고 생각합니다. 그것은, 지적으로는 통어법(統語法)의 오류에 기초를 두고 있으며, 감정적으로는 분격(憤激)에서 출발하고 있습니다.

⑥ 마르크스에 관한 나의 의견은, 나의 저서인《자유와 조직 (Freedom and Organization)》의 그와 관련된 각 장에서 알 수 있을 것입니다.

⑦ 철학의 대표적인 각파가 정정당당하게 토론을 전개한다는 것은 확실히 가능한 일이며, 또 아주 바람직한 일이라고 생각하고 있습니다. 나 자신이 국제회의에서 그러한 토론에 참가해 왔습니다.

⑧ 유고슬라비아의 독자들에 대해서 내가 말씀드려야 할 일이 꼭 한 가지 있습니다. 그것은 의견이 대립하는 두 개의 정통파적인 세력은 분열되어 굳어지고 따라서 현대 세계의 위험의 주된 것 중의 하나가 발생하게 되므로, 어느 측에서든 그 받들고 있는 신념에 대한 고집을 누그러뜨릴 수 있다면, 그것이 어떠한 것이든 심히 바람직한 일이라는 것입니다.

(1957년 5월 27일)

---

9) 1910~. 영국의 논리학자·철학자. 1959년 옥스퍼드대학 교수. 빈학파의 과학론에 동조하고, 러셀과 G. E.무어 등의 전통을 이어받아 영국에 논리실증주의를 도입·확립하였다. 러셀은 그를 현대 영국철학의 제1인자라 부르고, 인간적으로도 신뢰하고 있다. 주요 저서로《언어·진리·논리》,《사고와 의미》,《철학과 언어》등이 있다.

사회의 비전

저는 23세가 된 이탈리아의 청년입니다. 저는 지금 대학에서 정치학을 배우고 있습니다. 만약 선생님의 정치사상의 개요를 저에게 피력해주신다면, 이보다 더한 영광이 없겠습니다 …….

몬포테군, 나의 정치사상의 개요를 이러한 편지 한 장에 기록하여 군에게 설명할 수는 없습니다. 그래도 굳이 그렇게 한다면 지극히 천박한 표현이 될 것입니다.

나는 어떤 사회에서든 자유로운 사상이 최대한의 용기를 얻는 것을 보고 싶다고 생각하고 있습니다. 그렇게 원하는 것도, 나는 인류의 복지에 공헌하는 창조적인 것은, 다만 신경질적인 당국 또는 인습의 중압에 굽히지 않고 어디까지나 지식을 추구하는 불요불굴의 개인에게서만 힘차게 분출되어 나온다고 믿고 있기 때문입니다.

나는 그러한 사회가 그 시민 전체의 물질적인 복지를 위해서 필요한 것을 공급해주기를 바라고, 또 그 사회의 체제가 오로지 안정된 생활을 할 수 있는 상태가 되어 있기를 바라며, 게다가 그 사회의 전 구성원이 그 사회의 정책에 참여하는 것을 장려하게 되기를 절실하게 바라고 있습니다.

그러한 사회의 가치라는 것은, 사람들의 기쁨과 일치한다는 것이 증명된 직업을 그 사람들에게 주는 그 한 가지에 있습니다. 따라서 괴로운 일로 경험되어서는 안 될 것입니다. 사회의 단위는 작은 것이어야 합니다. 그리고 연합의 원칙이 각각 다른 단위의 사회 사이에서 확립되어야만 합니다. 각 사회에 존재하는 문화적인 다양성은 존중되어야 합니다. 그리고 세계

조직에 있어서는, 이런 원칙이 주요한 요건으로서 고려되어야 할 것입니다. 이리하여 자연발생적인 문제를 처리하는 세계질서의 필요성이 자유로운 사회나 정치적·문화적인 자유와 조금도 모순되지 않게 되는 것입니다.

　당연한 일이지만 이것은 우리의 주위를 둘러싸고 있는 오늘날의 세계와는 일치하지 않는 비전입니다. 나는 개개인의 양심이 이와 같은 비전의 실현을 위하여 자진해서 스스로를 희생시키는 사람들은 계도해야 된다고 믿고 있습니다. 그것은 현시점에서는 요원한 소망으로 여겨질지도 모릅니다. 특히 수많은 에너지가 서로서로 상대방을 해롭게 하고, 또한 파괴를 위해 쓰이고 있으므로. 그러나 그럼에도 불구하고 사람은 내가 여기에서 말한 바와 같은 삶의 태도를 가질 수 있을 것이라고 믿습니다. 그리고 군과 같은 젊은이들이 희생을 각오하고서 보람 있는 그러한 인생길을 향해서 노력하기를 간절히 바라 마지않습니다.

(1962년 10월 21일)

어떠한 사회주의냐

　나는 최근에 귀하의 저서 《정치의 이상(Political Ideals)》을 읽었습니다. 그 중에서 '사회주의의 함정'이라는 부분에 관해서, 다음과 같은 질문을 드립니다. 이에 대한 귀하의 답장을 얻을 수 있다면 무한한 영광이겠습니다.

　첫째, 그와 같은 제도는 개개인의 자유를 박탈할 수 있다고 말씀하셨는데, 어떤 종류의 사회주의를 비판하신 것인지요.

　둘째, 모든 산업을 대표하고 국가경제 전반에 걸쳐서 집중적 통제력을 갖고 있는 반면 민선의회를 통제하는 것은 민주주의 헌법이 아닐까요.

　뮬러씨, 자유에 대한 위험은 거의 모든 형태의 사회주의가 내포하고 있는 것입니다만, 그것은 관리의 권력에서 오는 것입니다. 만약 사회주의가 자유를 허용한다면, 권력이 있는 관리는 이것을 어떻게 하든 억제하지 않으면 안 됩니다. 왜냐하면 만약 그렇게라도 하지 않는다면 그 관리들은 자본가들이 가지고 있는 모든 권력을 상속하게 될 것입니다. 나는 길드 사회주의(20세기 초 영국에서 발달하였고, 산업의 국영화와 조합원에 의한 산업경영을 주장하였음)에 따르는 것이 가장 좋은 대답이 되리라고 생각합니다.

　만약 민주주의적인 통제가 좀 먼 장래의 일이라고 한다면, 민주주의 헌법은 반드시 안전장치가 된다고는 말할 수 없습니다. 예를 들어 만약 국무총리가 민주적인 방법으로 선출되고 모든 관리의 임명권을 장악하고 있다면 민주적인 통제는 극히 중요한 관리의 경우 이외에는 소실되고 말 것입니다.

　지나치게 간단하여 대단히 죄송합니다. 나는 지금 일에 쫓기고 있으므로 양해 있으시기를 바라며, 또한 건승하시기를 바랍니다.

(1964년 7월 3일)

절대평화주의

　선생님의 《평화에의 길은 어느 쪽이냐》를 읽고, 선생님께서 그 당시 절대평화주의자라는 것을 깨닫게 되었습니다.

그런데 제가 이해한 바로는 선생님의 사고방식을 바꾸게 한 것은 히틀러의 비인간적인 정치였습니다.

지금은 가령 또 다른 히틀러가 출현한다고 하더라도, 선생님께서는 다시금 원래의 '절대평화주의'로 돌아가시리라고 생각됩니다. 원자 무기의 힘 때문이겠지요.

그래서 저는 여기에서 제언을 하고 싶습니다만. 아마도 선생님께서는 정서적인 환경에 젖어보신 경험이 단 한 번도 없으셨겠지요. 만약 있었다고 한다면, 그것은 1939년 당시의 선생님의 이론을 수정해주었을 것입니다. 그때의 선생님의 이론은 어쩔 수 없는 일이긴 했겠지만, 너무 냉랭한 느낌이었습니다. 만약 선생님께서 언젠가, 가령 폭탄에 맞아 팔다리 같은 것을 잘린 부인이나 아이들을 직접 대했다고 한다면 틀림없이 선생님께서는 절대평화주의자인 채로 계셨으리라고 생각되지 않습니다.

근계(謹啓). 나는 이제까지 단 한 번도 절대평화주의자였거나 혹은 그 밖의 무엇무엇이었던 적은 없습니다.

행동은 그 결과에 의해서 옳았다든가 과오를 범했다든가가 판단되어야 된다고 생각합니다. 올바른 행동이라는 것은 가능한 모든 행동 중에서 나쁜 결과보다는 좋은 결과 쪽의 결산(決算)을 최대한 유리하게 만드는 행동을 말하는 것입니다.

'도둑질하지 마라', '살인하지 마라' 같은 일반적 규칙은 대개의 경우 옳은 말입니다. 그러나 그 예외도 흔히 있을 수 있습니다.

당신은 내가 지금까지 전쟁의 재화를 입어 오랫동안 고통을 받은 무고한 사람들을 직접 접한 일이 있는가 없는가 물어봤는데, 나는 그런 고난에 빠진 사람과 접한 일이 없습니다. 그러나 이번에는 반대로 내가 당신에게 물어보겠습니다. 당신은 지금까지 아우슈비츠에 있으면서 인도(人道)를 무시하고 막대한 수의 죄도 없는 유대인을 가스 사형실에 떼지어 몰아넣는 것을 목격한 일이 있습니까. 만약 없다면 당신 자신의 문구를 여기에 인용해보기로 하겠습니다. '당신의 이론은 어쩔 수 없는 일이긴 했겠지만, 너무 냉랭할 느낌입니다.'
건투를 빕니다.

(1956년 10월 12일)

지배하는 인종

세계평화를 위해서는 모든 국가가 군비축소를 단행해야 하는데 이스라엘만은 예외입니다. 이스라엘은 전국 각처에 원폭기지를 설치하고 이스라엘인을 동원이 가능한 인적 자원으로 삼아 평화를 수호하려고 합니다. 국제연합은 예루살렘에 정중한 의사표시를 합니다. 거기에 '이스라엘연맹'이 등장하게 되리라고.

만약 평화를 수호하는 강대한 힘이 없다면 영속할 수 있는 평화는 결코 얻을 수 없습니다. 그 수호력은 다른 누구에게도 부여되어서는 안 됩니다. 오로지 평화애호가라는 것을 증명한 사람들에게만 주어져야 합니다.

근계(謹啓). 전번에 보내주신 편지 대단히 감사합니다. 누군가 특정한 사람들이 모든 사람들의 고통과 번뇌를 해결해주고, 혹은 그 행위를 감독하는 데 특별히 적합하다고 하는 생각에는 찬성할 수 없습니다. 그러한 생각이라면 머지않아 틀림없이 대파괴를 야기하고 말 것이라고 확신하고 있습니다. 그래서 나는 나치스가 조직된 그 순간부터 그것에 대해서 열렬히 반대한 것입니다.

(1961년 12월 28일)

공산주의에 대한 질문

우리 학급에서는 지금 공산주의에 대한 토론이 한창이다.
선생님의 이론에 관해서 다음과 같은 것을 저희들은 알고 싶습니다.
① 공산주의를 원하지 않는 개개인에게 그것을 받아들이도록 강제하고 강압해야겠습니까.
② 민주주의를 수호하기 위한 싸움에서 잃은 목숨이나 그 싸움 자체가 헛된 일입니까.
③ 러시아의 공산주의와 마르크스주의의 공산주의 중에서, 선생님은 어느 편을 옹호하고 계십니까.
④ 선생님의 공산주의적인 의견은 '1984년'에는 옛 것이 되고, 무엇인가 별도의 것으로 대체되는 것입니까.
⑤ 공산주의는 그 결과로서 전세계에 걸쳐서 평등을 실현시킬까요, 그렇지 않으면 전세계를 노예 상태로 전락시키고 말까요.

안녕하십니까, 카를 쿠트너군. 5월 11일자로 보내준 편지 대단히 고맙게 받았습니다. 군의 편지를 보고, 공산주의에 대한 나의 태도에 관하여, 군의 견해가 완전히 잘못된 것이라고 판단하게 되었습니다. 나는 1920년에 공산주의에 반대하는 《볼셰비키주의의 실제와 이론(*The Practice and Theory of Bolshevism*)》이라는 책을 출판했고 2,3년 전에 재판을 했습니다.
나는 1896년에 최초로 출판된 나의 저서 《독일의 사회민주주의(*German Social Democracy*)》 안에서 마르크스의 학설에 비판을 가했습니다. 그리고 다시 1934년에 출간된 《자유와 조직》 안에서 재차 마르크스의 이론을 비판하였습니다.
군이 1956년에 간행된 나의 저서 《추억의 초상》 안에 실린

〈나는 왜 공산주의자가 아닌가〉라는 논문을 읽어보면 나의 이론을 올바르게 이해하는 데 많은 도움이 될 것입니다.

요컨대 나는 공산주의자가 아니며, 이제까지 단 한 번도 공산주의자가 되어본 적도 없습니다.

나는 최근에 수소폭탄의 파괴적인 성격에 비추어, 이제 세계 전쟁은 인류 전체를 파멸케 할 것이라고 계속 절규해왔습니다.

그래서 전쟁 도발자들은 내가 공산주의자라고 거짓말을 하고, 나의 선전활동을 끊임없이 방해해왔습니다.

(1959년 5월 19일)

빨갱이냐, 그렇지 않으면 죽음이냐

철학도인 내가 진정한 자유를 부정하는 것은 아마도 회피할 수 없는 일이라고 생각하고 있습니다.

빨갱이냐, 그렇지 않으면 죽음이냐! 전자는 후자보다는 덜 악하다. 그것은 무엇보다도 명백합니다. 그러나 나는 애리조나주 사람이며 나와는 동향인인 바리 모리스 골드워터씨에게 써보낸 것처럼, '만약 인류에게 남겨진 최후의 유일한 희망이 공산주의자에 의한 지배, 그렇지 않으면 인류의 파멸 이외에 아무것도 없다고 한다면 나는 감히 말씀드리겠습니다만, 자유는 퍽 오래전에 죽은 것입니다. 두 갈래의 죽음 사이에서 선택을 한다는 것은 선택이 아니고 전제 독재인 것입니다. 그 양편으로부터 해방된 인간을 선택하지 않으시렵니까' 그렇지만 현실적으로는 이 선택이 존재하지 않는다는 것을 나는 인정합니다.

필즈씨, '빨갱이냐 죽음이냐' 하는 양자택일에 대해서 말한다면, 그것은 매우 비현실적입니다.

 만약 서방측이 그렇게 되기를 희망한다면, 세계의 일부분을 공산주의자에게 남겨주고 또 다른 일부분은 자본주의자에게 맡긴 연후에, 뜻있는 학자들로 하여금 쌍방의 자유의 분량에 대하여 어느 한편이 다른 편보다도 더 큰 것인가 아닌가를 토론시키는 것과 같은 편의적인 방법을 선택하는 것이 아주 용이한 일일 것입니다.

 좀더 일반적인 말로 바꾼다면, 완전무결한 자유는 조직된 사회와는 양립하지 않는 것입니다. 그러나 주어진 어느 사회에 있어서도 가능할 자유의 분량은 일반적인 뜻으로는 얼마나 관용성이 있는가에 달려 있는 것입니다.

 비잔틴(동로마제국—그리스 정교파)인은 삼위일체(성부, 성자, 성신이 일체라는 것)에 관해서 조금이라고 이론(異論)을 내세우면 도저히 참지 못했던 것입니다.

 다소 근대적인 사회에 있어서는 무신론을 관대하게 포용한다는 것은 곤란한 일입니다. 뉴질랜드의 백인은 마오리족(뉴질랜드의 원주민)에게는 극히 관대합니다. 그러나 그 밖의 대부분의 세계에서는 그렇게 관용을 베푼다는 것은 불가능하다고 생각합니다.

 자유에 관한 문제 전부가 어느 특정한 사회와의 관련 밑에서 취급되어야 하며, 각각 다른 장소와 시간의 변천하는 모습에 따라서 그때그때 따로따로 대답하지 않으면 안 됩니다.

(1962년 7월 24일)

15세 된 소녀의 네 가지 질문

저는 선생님의 저서인 《결혼과 도덕》과 《인기 없는 에세이 집 (Unpopular Essays)》을 읽었습니다.

저는 금년에 15셉니다. 그래서 어떤 어른들은 선생님의 책을 이해하기에는 제가 너무 나이가 어리다고 생각하고 있지만, 선생님의 책이 독자를 격려하고, 아주 명료하고 간결하며, 게다가 사람을 분기시키는 박력을 갖고 있다는 것을 저는 잘 압니다.

저는 선생님께 다음 네 가지 문제에 대하여 여쭤보고 싶습 니다.

① 선생님께서 《결혼과 도덕》을 쓴 당시에는 흑인을 열등한 인종인 것처럼 생각하신 것 같은데, 지금도 역시 변함이 없습 니까.

② 우리들 세대의 성(性)에 대한 태도나 성교육은 과거의 그 것과 비교하여 어떻게 변천된 것입니까.

③ 저는 장래에 문필가가 되고 싶습니다. 글쓰는 것을 배우는 데에는 어떻게 하는 것이 최상의 방법이 되겠습니까.

④ 저의 첫번째 질문에 대하여 선생님께서는 틀림없이 '아니다' 라고 말씀하실 것으로 생각됩니다만, 만약 그렇다면 미국에서 지금 활발히 움직이는 시민운동에 대한 선생님의 의견은 어떤 건지요.

안녕하십니까 도하임양, 퍽 흥미로운 편지를 보내주어 고맙습니다. 질문하신 사항에 대하여 다음과 같은 답장을 드립니다.

① 나는 이제까지 단 한 번도 흑인이 선천적으로 열등하다고는 생각조차 해본 일이 없습니다. 《결혼과 도덕》에서 서술한 것은 그 환경을 좋게 해주려는 의도에서 쓴 것입니다. 그 후에 그 곳을 삭제하고 개정판을 내었습니다. 그것은 그 글귀가 분명히 어느 쪽으로 해석될 염려가 있었기 때문입니다.

② 당신들 세대의 성에 대한 태도는 우리 세대의 성에 대한 태도보다도 오히려 건전하다고 나는 생각하고 있습니다. 오늘날에도 아직까지 어느 정도는 위선과 잔혹함이 남아 있기는 하지만 그것은 근대의 것에 비할 수는 없습니다. 성의 자유에 대한 우리들의 태도도 포용적이 되었지만 동성애와 변태성욕은 지금도 혐오를 받고 있습니다. 그렇다면 싫어하는 편이 정당하냐 하면 반드시 그런 것만도 아닙니다.

③ 글쓰는 것을 배우는 가장 좋은 방법은 읽는 것, 그리고 많이 쓰고 또 쓰는 것입니다.

④ 나는 미국에 있어서의 시민권 운동에 전면적으로 찬성합니다. 그리고 그 세력과 투쟁정신이 더욱 증대하고 왕성해졌으면 좋겠다고 생각하고 있습니다.

(1964년 3월 17일)

죽음의 공포

선생님께서 저술하신 책의 어느 일절에 대해서 당돌하게 질문을 드리게 된 것을 용서해주시기 바랍니다.

그것은 죽은 후에는 자기 자신의 동일성을 잃게 되는 것을 두려워하는 인간에게 공통된 공포에 관한 의론입니다. 그곳에서 선생님께서는 이렇게 말씀하셨습니다. 태어나기 전에는 우리들은 실재하고 있지 아니하였다고 생각함으로써 실망하는 사람은 거의 없을 것이므로 그와 같은 공포는 전혀 이치에 맞지 않는다.

이 의론은 문제점을 극히 솔직하게 그리고 조금도 주저하는 빛도 없이 정곡을 찌른 것입니다. 그러나 저는 '실재하지 않는다'는 말은 우리들에게 전율을 느끼게 하지만 '실재하지 아니 하였다'는 그렇지 않다는 사상에 퍽 큰 인상을 받게 된 것을 기억하고 있습니다.

니콜스씨, 당신께서 보내주신 편지에 씌어진 그 일절이 어느 책의 내용이었는지 도무지 기억해 낼 수가 없습니다. 대단히 죄송스럽게 생각하며 사과드립니다.

논쟁 중에 있다는 그 문제점은 과거의 것보다도 장래의 불유쾌한 것이 더욱 마음에 걸린다는 극히 불합리한 점에 있는 것입니다. 바로 그것이 사람들이 어째서 해피 엔드인 이야기를 좋아하는가 하는 이유입니다.

(1959년 8월 25일)

아직 태어나지 않은 어린이

선생님께서는 이기주의의 흔적이 조금도 부착되지 않은 생명을 자손에게 전해 줄 수 있다는 것을 실제로 입증하실 수 있으시겠습니까.

바꾸어 말하자면, 우리들은 여러 가지 방법을 강구하여 자기 자신을 기쁘게 만들지만, 자손들에게는 별다른 기쁨도 줄 수 없는 일을 하고 있다 해도 자손들에게 변명할 여지가 있을지 어떨지 그에 대한 하등의 비난도 받지 않고서 말입니다. 더욱이 그것이 자손에게는 조금도 기쁜 일이 될 수 없다는 것을 자신들의 생활 경험으로부터 이미 다 알고 있으면서도 그렇게 하는 것 말입니다.

근계(謹啓). 커밍씨, 당신의 질문에 답해드리는 것은 추상적으로는 간단한 일이지만 구체적으로는 그렇게 용이한 일은 아닙니다.

추상적인 대답을 드린다면 이렇게 되겠습니다. 당신은 가정의 어린이가 존재할 때에 일어나는 것과 같은 모든 가능한 결과를 일일이 열거하고 있습니다. 그리고 그 하나하나에 이러한 일이 일어날 것이라는 개연성을 붙이고 있습니다. 그리고 당신은 그 어린이의 존재와 밀접한 관계에 있는 모든 좋은 사건을 합계하고, 모든 좋지 못한 사건은 공제하고 있습니다. 그것도 당신이 선과 악 두 가지 다 갖고 있건, 혹은 양편 다 갖고 있지 않건 그것을 전혀 마음에 두지 않는다면 선과 악은 평등한 것이라고 간주해야 된다는 원칙에 서서 말입니다. 그 결과가 긍정적이라면 그 어린이의 인생은 가치 있는 것이 될 것이나 만약 부정적이라면 무가치한 것이 될 것입니다.

충분한 확인을 하기 위해서는, 당신은 어린이가 존재하지 않는다는 가정을 세우고 계산해 볼 수 있습니다. 그런 경우 당신은 이렇게 결론을 내릴 것입니다. 만약 그 어린이가 존재했을 경우에 나오는 결과의 총계가 존재하지 아니하였을 때의 총계보다도 크다면 어린이의 존재는 바람직한 일이라는 결론을 내릴 것입니다.

그러나 이와 같은 모든 의론은 추상적인 것입니다. 그리고 실제면에서는 별로 소용이 없는 일입니다. 그 선악에 대한 사람들의 평가란 삶들의 실제에 있어서는 각각 다른 것입니다.

또한 아직도 태어나지 않은 어린이가 어떠한 영향을 미칠 것인가라는 것은 퍽 알기 어려운 일입니다.

실제적인 것을 말씀드리자면, 만약 어린이가 행복한 인생을 영위할 것이라고 상정이 되면 그에게 생존을 부여하여도 나쁜 일이 아닙니다. 당신이 시사하고 있는 것과 같은 견해 즉 어린이를 이 세상에 태어나게 한다는 것은 죄 많은 행위라는 견해는 거의 모든 사람의 인생이 예외 없이 불행하다는 가정에

섰을 때에 비로소 정당한 것이라고 말할 수 있습니다.
　나는 그것이 오늘과 같은 핵시대에 있어서조차 과연 그렇게 될 것인가에 대해서는 많은 의문을 가지고 있습니다. 그래서 아이를 낳는 부모를 비난해서는 안 되겠지만 예외적인 사정이 있다는 것도 인정하지 않을 수 없습니다.

(1964년 10월 21일)

성교육

① 선생님께서는 성교육이 필요하다고 생각하십니까.
② 만약 그렇다면 그것을 누가 해주면 좋겠습니까. 양친일까요, 그렇지 않으면 교사일까요.
③ 몇 살쯤 되어 시작한다면 좋겠습니까.
④ 보통 주창되고 있는 방법에 선생님께서는 찬성하고 계십니까.
⑤ 선생님께서는 남녀공학이 성교육에 도움이 된다고 생각하고 계십니까. 그렇지 않으면 방해가 된다고 생각하고 계십니까.
⑥ 우리들은 성에 대해서 지나치게 신경을 쓰고 있는 것이 아닐는지요.

　도벤씨, 나는 어린이들의 성교육에 대해서는 적잖은 경험을 쌓고 있습니다. 우선 첫째는 나 자신의 아이들에게서, 둘째는 내가 한때 경영했던 학교의 아주 어린아이들에게서, 셋째는 내 친구들의 아이들에게서입니다. 성교육의 문제에는 아무런 곤란도 없을 것이라고 생각합니다. 어른들이 금제(禁制)한다는 어려운 문제는 제외하고서 말입니다.
　당신이 질문하신 것을 이제 정리해보도록 하겠습니다.

① 성교육은 필요한 것인가 — 틀림없이 필요합니다. 어린 이들은 방임해두면 다른 어린이들의 좋지 못한 대화에서 성에 대한 지식을 얻게 됩니다. 잘못된 것에서는 물론이지만 난잡한 음담패설에서일 것입니다. 이것은 성에 대한 지식을 얻는 최상의 방법은 아닙니다. 부모들은 항상 자기들의 젊었을 때의 일은 까맣게 잊어버리고, 만약 자기들의 아이들에게 성에 대한 이야기를 하지 않는다면 어린이들은 성에 대해 아무것도 알지 못할 것이라고 생각합니다.

② 누가 성교육을 시킬 것인가 — 만약 부모가 성문제에 대해서 확실하기만 하다면 부모들이 해야 될 것입니다. 그러나 거의 전부라고 해도 좋을 만큼 자기들이 자기의 아이들을 이 세상에 태어나게 한 방법에 대하여 무엇인가 부끄러운 것이라도 있는 것처럼 생각하고 있습니다. 부모들이 그런 느낌을 가지고 있는 한, 성에 대한 교육은 학교 선생님이 해야 될 것입니다.

③ 몇 살부터 해야 되느냐 — 이것은 어느 정도 아이들의 지능에 따라 결정됩니다. 단 한 가지 중요한 것은, 성교육은 사춘기 전에 끝나야 합니다. 왜냐하면 사춘기 전에 하는 것이 후에 하는 것보다 그다지 정감을 일으키지 않고도 성을 이해할 수 있기 때문입니다.

④ 어떤 방법이 일반적으로 주창되고 있는지는 알지 못합니다. 올바른 방법이란 무엇인가 하면, 모든 다른 문제를 취급하는 것과 아주 똑같이 성문제도 다루어져야 한다는 것입니다. 어린이가 호기심을 일으키게 되면 언제든지, 남자아이건 여자아이건 간에 그 어린이의 질문에 대하여, 그때 그 어린이가 알고 싶어하는 마음을 충족시켜줄 때까지 대답해주는 것입

니다. 나는 성지식은 구구표를 어린이들에게 억지로 외우게 하는 것처럼 강요해서는 안 된다고 생각합니다. 그것은 어린이들의 호기심의 정도에 따라 그에 응해서 가르쳐주어야 할 것입니다.

⑤ 남녀공학은 성교육에 도움이 되리라고 생각합니다. 만약 부모들이나 교사들이 어린이들의 감정이나 행동으로부터, 고상한 체하거나 숙녀연하는 말씨나 행위를 제거할 수만 있다면 말입니다.

⑥ 당신은, 우리들이 너무 지나치게 성을 이러쿵저러쿵하고 있는 것이 아니냐고 했습니다. 나는 확실히 옛날식의 사고방식을 가지고 있는 사람들은 성에 대해 너무 지나치게 이러쿵저러쿵하고 있다고 생각합니다. 그들은 성을 너무나 중요한 것이라고 생각하여 젊은이들의 지능을 잡아매어 그 정감을 비틀어 구부러지게 할 정도입니다. 그리고 어린이들로 하여금 실로 부자연스러울 정도로까지 성문제에 달라붙게 만들어버립니다. 이것이 원래부터 있었던 흔한 방법의 피하기 어려운 결말인 것입니다.

자유가 있을 때에 처음으로 성은 그에 알맞은 곳을 얻고 돼지 사육의 수호자인 성(聖) 안토니우스[10]의 경우와 같이 성(性)의 망상광에 들리는 일 없이 마칠 수 있는 것입니다.

(1951년 8월 15일)

---

10) 251?~356? 이집트 최초의 크리스트 교도. 은수사(隱修士) 안토니우스 또는 대(大)안토니우스라고 불렀다. 어려서부터 영감 능력이 빼어나 15세가 되었을 때에는 나일강변의 피스필산에 은거하며 영적 수행을 쌓았다. 자주 사악한 혼령들의 유혹과 싸우면서 그것을 극복해나가는 경험을 쌓았다. 305년경 은수사원 제도를 창설하여 관상적(觀想的) 공동생활을 시작하고 수도사의 지도를 맡았다.

부부 이외의 성관계

선생님께서 1929년에 《결혼과 도덕》(밴험 북스판)에서 서술하신 것과 같은 방법으로 과연 결혼한 사람들이 함께 행복한 생활을 하고 건전한 아이들을 갖게 되겠습니까. 선생님께서는 지금도 그와 같이 생각하고 계시는지요, 그렇지 않으면 과거 30년 동안에 선생님이 생각하신 바가 변했는지요.

제 아내는 선생님의 철학을 신봉하고 있습니다. 그리고 우리의 결혼생활을 선생님의 철학에 기초하여 계속 유지하려고 합니다.

그러나 저 자신은 이 행복한 결혼이라는 것에 관하여, 부부 이외의 사람과 성관계를 가진 한 쌍의 부부에 대해서는 찬성할 수 없습니다. 그렇지만 우리 두 사람 다 아이들을 마음속 깊이 사랑하고 있으므로 어느 편도 이혼하는 것을 원치 않습니다.

안녕하십니까. 나는 당신이 말씀하시는 밴험 북스판 《결혼과 도덕》은 지금 갖고 있지 않습니다. 그러나 당신이 질문하신 취지는 잘 알 것 같습니다. 나는 현재 결정적인 의견은 하나도 준비하지 못하고 있습니다. 어쨌든 대략 다음과 같이 말할 수 있을 것입니다.

만약 그 부부가 성실하다면, 한쪽 혹은 양쪽 다 불성실한 경우보다도 결혼생활은 훨씬 더 행복해질 수 있습니다. 동시에 남편과 아내 사이에 깊은 애정이 남아 있다면, 그 결혼생활은 혼외정사가 있었을지라도 역시 가치있는 것으로 계속할 수 있을 것입니다. 질투심이 서로의 행복한 관계를 끊어버릴 정도가 된다면, 개개인에 따라서 퍽 달라지게 됩니다. 이러한 이유로 나는 일반적으로 적용시킬 수 있는 법칙을 만든다는 것은 불가능하리라고 생각합니다. 결혼을 아이들을 위해서 계속할 것인가 아닌가 하는 것은 부모의 친밀도에 따라 결정될 문제입니다.

만약 그들이 서로 싫어하고 부부싸움이 자주 벌어지는 사이라면 이혼을 선택하는 편이 아이들을 위해서도 좋을 것이라고 생각합니다. 그렇지만 그들이 친밀한 관계를 유지할 수만 있다면, 대체로 결혼생활을 그대로 계속해 나가는 편이 좋을 것입니다. 그러나 그 남편 혹은 아내 어느 한쪽이 다른 사람을 깊이 사랑하고 있어 극히 압도적인 애정을 느끼게 된다면, 그것에 항거한다는 것은 퍽 해로울 것입니다. 좋은 일이라고는 조금도 없을 것입니다.

여러 가지 두서없이 말씀드렸습니다만, 이 모든 것은 역시 막연하여 가설에 지나지 않는다는 느낌이 듭니다. 나는 이 이상 더 뚜렷한 것을 충분한 확신을 갖고 말씀드릴 수 없습니다.

(1959년 6월 10일)

동성애

저는 과거 23년 동안 행복한 결혼생활을 해왔습니다.

그리고 아이도 다섯 명 갖고 있습니다. 아이들의 나이는 맨 위가 21세, 맨 아래가 8셉니다. 약 2년 전부터 제 아내는 동성애를 시작했습니다. 제 아내는 다른 일에도 마찬가지입니다만, 이 동성애를 옳은 일이라고 단정하고 있습니다. 그녀는 선생님께서 저술하신 《나는 왜 크리스천이 아닌가》 55페이지에 있는 말을 근거로 삼고 있습니다. 그곳에서 선생님께서는 이렇게 말씀하시고 계십니다. '아이가 없는 경우, 성관계는 국가와도 이웃 사람과도 관계가 없는 매우 개인적인 문제라는 것을 시인해야 될 것이다. 현재, 어린아이를 낳지 않는 어떤 종류의 성행위에는 형법을 적용시켜 처벌을 받게 하고 있다. 이것은 참으로 미신에 사로잡힌 짓이다. 왜냐하면 그것은 직접적인 당사자를 제외하고는 그 누구에게도 지장을 주지 않는 문제이기 때문이다.'

저 개인적으로는 선생님이 의도하신 바가 완전히 잘못 해석된 것이라고 믿고 있습니다. 그래서 다음과 같은 문제에 대하여 선생님께 문의 말씀을 드리고 싶습니다.

① 앞에서 말씀드린 바와 같은 사정이 있을 때의 동성애는 역시 단지 직접적인 당사자 두 사람에 국한된 문제겠습니까.
② 만약 그렇다고 한다면 당사자 두 사람의 상대방들의 행복은 어떻게 되는 것일까요.
③ 209페이지에서 선생님께서는 이렇게 말씀하시고 계십니다. '결혼은 두 인간 사이에 존재하는 최상의 것이며 더욱이 가장 귀중한 관계다.' 남성과 여성 사이에 맺어지는 결혼이라는 관계는 두 여성 사이에서 생긴 어떠한 관계라도 넘어서야 되는 것이 아닐까요.
④ 선생님의 고견으로는, 동성애는 앞에서 말씀드린 바와 같은 사정 아래에서 과연 도덕적으로 정당한 것이라고 여기실는지요.

근계(謹啓). 동성애에 대한 나의 견해는 이렇습니다. 동성애는 변태적인 성관계와 똑같습니다. 그것은 직접적인 당사자만의 문제에 지나지 않는다고 내가 말씀드렸을 때에는 그 중에 직접적인 당사자인 남편 혹은 아내가 포함되는 것은 당연히 일이지만 아이들도 분명히 관련되는 것입니다. 이러한 가족과의 관계가 혼인 외의 동성애 혹은 변태적인 성관계를 바람직하지 못한 것으로 규정하는 일이 자주 있었습니다. 그러나 결혼관계에 있는 두 사람 중 한편이 누군가 다른 사람을 깊이 그리고 성실히 사모하고 있다면, 그 결혼생활이 행복하게 지속된다는 것은 거의 불가능한 일일 것입니다. 그리고 때로는 이혼하는 것이 가장 좋을 것입니다. 그와 같은 문제에 대해서는 일반적인 규칙을 세울 수가 없습니다.

(1959년 11월 24일)

혼전의 성관계

2,3주일 전에 저는 선생님께서 저술하신 《결혼과 도덕》을 읽었습니다. 혼전의 성관계에 대해서 선생님께서는 다음과 같은 것을 인정하십니까.
① 연애를 하고 있을 경우에는 혼전의 성적 교섭이더라도 조금도 수치스럽게 생각할 필요가 없다. 그러나 그것은 마치 크리스마스 선물을 10월에 열어보는 것과 같다.
② 젊었을 때 사랑의 감정을 성적 매력으로부터 구분해낸다는 것은 너무나도 어려운 일이다.

존경하는 데이비드 도프씨, 당신의 편지 내용에 있는 두 가지 점에 나는 전혀 동의할 수가 없습니다. 섹스는 필요한 것이지만, 그것을 만족시키기 위해서 열렬한 사랑을 요구하는 것은 아닙니다.
만약 피임하는 일이 양해되고 성교를 한다면 매력만으로도 충분합니다. 연애를 한다는 것은 더욱 드문 일입니다. 그러나 머지않아 시작되는 것입니다.
금욕이라는 것은 단지 무경험을 뜻할 뿐이며, 후에 곤란한 일을 초래할 뿐입니다.

(1964년 4월 6일)

도덕의 다양성

저는 최근에 선생님의 책《행복의 정복》을 다시 읽어 보았습니다. 그런데 그 안에 서술된 것이 저의 호기심을 자극했습니다. 즉 다음과 같은 것입니다. '근대 사회가 그 도덕에 있어서도, 또 그 신앙에 있어서도 아주 상이한 어떤 부류로 나뉘어 있는 것은 참으로 기묘한 일이다.

이와 같은 상태는 종교개혁과 함께 시작되었다. 혹은 르네상스와 함께라고 말해야 될지도 모른다. 그 이후 지금까지 그 상태는 한층 더 현저해졌다.' 만약 선생님께서 이와 같은 생각을 품게 된 그 원인의 소재에 대하여 저에게 피력해주신다면 무한한 영광으로 생각하겠습니다.

물론 선생님께서 30년이나 지난 문제를 생각해내신다는 것은 참으로 신기한 일이라고나 할 수 있겠습니다만.

존경하는 가드너씨, 근대사회 속에서 다양성을 실증하는 '소재'로서 당신에게 무엇을 제공했으면 좋을지 도무지 막연하기만 합니다. 신중하게 관찰하는 사람에게는 이것은 참으로 명백한 일이라고 나는 생각하고 있었던 것 같습니다.

나는 당신에게 하나의 실례를 제시할 수 있습니다. 당신께서도 상기할 수 있을 것으로 생각합니다만, 나는 1940년에 뉴욕 시립대학의 교수직을 박탈당했습니다. 내가 나 자신의 저서인 《결혼과 도덕》안에서 진술한 것 때문이었습니다. 이 사건이 일어나기 조금 전에 나는 한 젊은 미국인으로부터 편지를 한 통 받았습니다. 그 편지에는 이런 뜻의 구절이 있었습니다.

즉 어째서 선생님께서는 성도덕에 관하여 오늘날 누구나 다 인정하고 있고, 또한 그렇기 때문에 굳이 말할 가치조차 없는 것을 되풀이하여 계속 말씀하고 계십니까라고.

(1960년 5월 16일)

어떤 요청

'제가 여기에 동봉하여 보내드리는 이 논문의 저자는 저의 약혼자였습니다. 그이는 자동차 충돌사고로 죽었습니다. 그때의 사고로 저도 경상을 입었습니다. 그이는 24세였습니다.

사는 것이 저의 운명이므로, 저는 그이가 사유한 바를 사상계에 알리기 위해서 저의 전 생애를 바칠 결심입니다. 그이의 생애는 지극히 짧았습니다. 그러나 그이의 이름은 언제까지나 살아 있을 것이라고 확신합니다.

이 논문을 정독해주시기를 간절히 바랍니다.

노터리양, 당신 편지와 그리고 당신의 돌아가신 약혼자의 타이프된 논문 잘 받았습니다. 대단히 감사합니다.

당신이 약혼자를 잃으신 데 대해서 마음속 깊이 동정의 말씀을 드립니다. 그리고 당신이 보내주신 타이프된 논문을 읽고 판단한다면 그는 철학적 재능을 다분히 갖고 있었습니다.

나는 그의 논문에 전적으로 찬동한다고는 말할 수 없습니다. 왜냐하면 그는 '가능성'을 내가 생각하고 있는 이상으로 더 실질적인 것으로 취급했기 때문입니다. 그러나 철학적 가치는 표명된 의견에 찬성하는가 하지 않는가로 판단할 수 없습니다.

출판의 가능성에 대해서는, 내가 당신을 도와드릴 수 있는 최상의 인간은 아닌 것 같습니다. 당신의 피앙세의 저술을 출판한다는 것은 확실히 어려운 일인 것 같습니다. 그리고 만약 출판하려고 한다면 당신은 나보다도 더욱 정통한 어느 분인가가 필요할 것입니다. 아마도 옥스퍼드의 A. J. 에어 교수 같은 분이라면 능히 당신을 도와드릴 수 있을 것입니다.

그렇지만 그 교수께서 그렇게 해주실지 어떨지는 이 논문의 철학상의 가치를 어떻게 평가하는가에 따라 결정될 것입니다.

나 자신이라면 이렇게 평하겠습니다. 이것은 퍽 장래성이 있는 논문이며, 당신의 피앙세가 무엇인가 중요한 일을 성취해 주었을지도 모른다고 생각할 수 있는 충분한 이유가 있습니다.

어느 정도 미숙한 점도 발견할 수 있습니다. 당신의 피앙세 같은 젊은 분에게는 흔히 있을 수 있는 일입니다. 다른 철학자들이라면 어떻게 평가해줄 것인가를 판단한다는 것은 심히 어려운 일입니다.

에어 교수의 이름에 덧붙여 내가 생각해낼 수 있는 단 한 사람의 다른 이름은 예일대학의 폴 와이스 교수입니다. 그는 《철학 평론》이라는 철학잡지의 주필입니다. 에어 교수나 와이스 교수라면 적어도 어떤 방법을 택하는 것이 제일 좋을 것인가를 당신에게 가르쳐줄 수 있을 것입니다. 그리고 당신은 어떻게든 성공할 수 있지 않을까 생각합니다.

그 타이프된 논문은 여기에 동봉하여 돌려보냅니다.

(1959년 7월 15일)

아인슈타인의 신비적 이상주의

당신의 저서《외계에 대한 우리의 지식》에 서술하신, 전통적인 철학은 근대 세계에 있어서는 쇠미해가는 힘이라고 추론하시는 선생님의 의견에는 찬성할 수가 없습니다. 제가 이해하고 있는 바에 의하면 선생님의 입장은, 원자 시대에 사는 우리들이 막연한 일반론을 버리고 특정하고 명세하고 입증할 수 있는 구체적인 성과로 대체되어야 할 것이라는 데 있는 것 같습니다. 그러나 다음은 진실이 아니겠습니까. 즉 알베르트 아인슈타인 박사는 물질의 성질에 관한 그의 '상대성이론'을 '일반론' 즉 가설로 시작한 것입니다. 그리고 그는 그 가설로부터 정당성을 논리적으로 또 수학적으로 증명하기에 이른 것입니다. 사실문제로서 이러한 것도 역시 진리가 아닐까요. 모든 위대한, 즉 실제적으로 모든 위대한 철학적이면서 과학적인 업적은 그 '근원적인 단서'를 막연한 일반론에 갖고 있었다는 것입니다.

당신의 저서인 《버트란드 러셀은 직언한다》 속에서 당신은 이렇게 말씀하고 계십니다. "나는 뉴저지주의 프린스턴에 체재하고 있을 무렵, 한 주에 한두 번 정도 아인슈타인 박사의 저택을 방문하여, 박사를 위시한 다른 저명한 독일 국적의 유대인들과 철학의 원리에 관해 대화를 나누는 것이 일상사였다.

그때 나는 '실제적인 경험론'의 입장을 취하였고, 그들은 '어떤 종류의 신비적 관념론'의 입장을 취하였다. 그리고 나와 아인슈타인은 우리 두 사람 사이에 놓여 있는 그 만(灣)을 절대로 넘어설 수 없을 것같이 생각되었다."

될 수 있으면 이 '신비적 관념론'이라는 것이 무엇을 뜻하고 있는지 자세히 말씀해주십시오. 저는 당신께서 '열성 있는 개인주의자'라 부르고 있는 존재입니다. 아마 당신께서도 아시리라고 생각합니다만, 이 나라에서는 '개인주의자'임을 공언하는 자는 그가 누구든 곧 공산주의자가 아니면 조국에 대한 반역자라고 조롱받거나 '우롱' 당하게 마련입니다.

존경하는 플러씨, 당신의 흥미있는 편지 대단히 고맙습니다. 나는 막연한 일반론으로 과학적인 가설을 설명하려 한 것이 아닙니다. 과학적 가설은 원칙적으로는 경험적인 증거를 얻기 위한 실험에 제공되는 것입니다. 오히려 내가 말하는 것이 뜻하는 바는 막연한 기술(記述)이라는 것입니다. 그 언사에 깊은 뜻이 담긴 것처럼 보이기는 합니다만 그렇게까지 명료한 것은 아닙니다. 그리고 실제로도 혼란이 있을 뿐이지 깊이는 없는 것입니다.

나 또한 확실히 낱낱의 지각력과 지적인 독립이 여하한 창조적인 개인을 위해서도 또는 가치 있는 문명을 위해서도 절대로 필요한 성질이라고 생각합니다. 확실히 미국은 이러한 여러 성질을 전면적으로 무시하려 한다고 생각합니다. 그러므로 나는, 미국은 세계적인 문제에 있어서 극히 위험하고 파괴적인 세력이라고 믿는 것입니다.

알베르트 아인슈타인과 교제한 나의 경험은 열정적이고 참으로 따뜻한 것이었습니다. 우주의 신비로운 혹은 직각적(直覺的)인 질서를 체득하는 그의 감각을 나는 도저히 가질 수 없었습니다. 그러나 인간의 경험에 있어서 무엇이 중요할 것인가 하는 평가에 있어서는, 우리의 견해는 정말 접근하고 있었습니다. 또 나는 그가 다음과 같이 생각하고 있는 데에는 찬성합니다. 인간의 지각력으로 탐지할 수 있는 객관적인 진리가 존재한다는 것, 그리고 또 이 진리를 추구해 나가는 극적인 노력은 인간이 할 수 있는 노력 중에서도 가장 고귀한 것이라는 것입니다.

편지를 보내주신 데 대하여 감사를 드립니다. 건승하시기를……。

(1962년 3월 19일)

프레게와 페아노

"프레게[11]의 연구는, 당신이 1930년에 주목하게 되었을 때까지 어느 누구도 전혀 돌아보지 아니했다는 것은 사람들의 입에 자주 오르내리는 이야깁니다. 그러나 나는 1901년 이전에 페아노[12]가 자주 프레게의 연구에 대해 언급한 것을 표시한 논문을 썼습니다. 내가 생각하기에 사람들이 말하려고 하는 것은, 당신이 프레게의 연구의 예외적인 중요성을 인정한 최초의 사람이라는 것입니다.

존경하는 니디치 교수님, 내가 처음으로 프레게의 존재를 알게 된 것은 그를 비평한 페아노의 논문(아마 《수학평론》이라는 책에서였다고 생각됩니다)을 통해서입니다. 그 평론은 그를 너무나도 지나치게 난해하다고 비난하고 있었습니다. 페아노는 내가 이제까지 만난 논리학자 중에서 가장 난해한 사람이었으므로 그것이 나의 호기심을 자극했습니다. 그래서 나는 프레게의 저서를 전부 입수했습니다.

나는 이 사실을 어디에선가 틀림없이 말한 적이 있습니다만, 내가 기억해낼 수 있는 곳은 어디에서도 발견할 수 없었습니다. 그러나 내가 처음으로 페아노를 통해서 프레게의 존재를 알게 되었다는 것은 틀림없는 사실입니다. (1961년 2월 2일)

---

11) 1848~1925. 독일의 수학자·논리학자·기호논리학의 개척자. 예나 대학 교수(1896~1918). 수학 특히 산술의 기초를 고찰하고, 라이프니츠의 착상을 발전시켜 기호논리학을 발전시켰다. 저서에 《산술의 기초》,《산술의 근본 법칙》 등이 있다. 러셀의 업적에 의해서 그의 이름도 칭송받게 되었다.

12) 1858~1932. 이탈리아의 수학자·논리학자. 토리노대학 교수(1890). 기하학·불변식론(不變式論)·미분방정식론 등을 연구, 페아노 곡선(曲線)의 실례를 처음 소개함. 근대 기호논리학의 개척자의 한 사람으로, 현용(現用)의 논리 기호를 도입했다.

쿠튀라와 푸앵카레

수학의 '무한대'에 대하여 어떤 본질적인 공헌을 하신 선생의 권고는 퍽이나 바람직한 것이었습니다.

여기에서 이 영역에 있어서 가장 뛰어난 저술 하나를 말씀드리려고 합니다. 선생님의 옛 친구인 루이 쿠튀라[13]가 쓴 《수학의 무한대에 대하여》라는 책입니다. 그는 이 책을 1896년때 출판하였습니다. 그것은 선생께서 《기하학의 기초론》을 출판하기 1년 전입니다.

그런데 선생님께서는 앙리 푸앵카레[14]를 알고 계시는지요. 그는 어떠한 분입니까.

근계(謹啓). 유아로그 교수님, 나는 1897년 《마음》지에서 쿠튀라의 저서 《수학의 무한대에 대하여》를 비평했습니다. 이 비평은 그와 우정을 맺게 된 계기가 되었고, 그 우정은 그가

---

13) 1868~1914. 프랑스의 철학자·논리학자. 수학기초론에 있어서 논리주의의 선구자며 기호논리학의 필요성을 강조하였다. 라이프니츠의 연구가로서도 유명하며, 기호논리학으로서의 라이프니츠를 소개한 공적도 크다. 만년에는 인공국제언어(人工國際言語)에 관심을 갖고 에스페란토(Esperanto)를 개량하여 국제어 '이도(Ido)'의 발전에 진력하였다. 저서에 《수학의 원리》, 《라이프니츠의 원리》, 《국제어의 역사》, 《논리대수학》 등이 있다.
14) 1854~1912. 프랑스의 수학자·물리학자·천문학자. 파리대학 교수(1886). 프랑스 및 각국의 아카데미 회원. 천문학의 삼체(三體) 문제를 논하여 스웨덴 국왕상 수상(1886). 수학에서는 보형함수(保型函數)의 이론을 창시하고 수론·함수론·비유클리드기하학·미분방정식론, 물리학에서는 광학·전파·전기역학·상대성이론·양자론, 천체역학에서는 천체 궤도와 형태·이중량(二重量)의 발생 등등의 연구로 유명하며, 통속적인 과학 논문의 저자로서도 탁월한 재능을 발휘했다. 과학을 위한 과학을 주장하고 규약(規約)의 중요성을 강조했다. 저서에 《과학과 가설》, 《과학과 방법》, 《천체역학》 등이 있다.

죽을 때까지 계속되었습니다.

앙리 푸앵카레에 대해서는 조금 알고 있을 뿐입니다. 우리들은 두 번 논쟁을 벌였습니다. 최초의 논쟁은 비유클리드기하학에 대해서였습니다. 그 논쟁에서는 그가 옳았고 나에게 잘못이 있었습니다. 두번째는 수학의 귀납법에 대해서였습니다. 그는 그것을 추론의 원리로 간주하였고, 나는 '유한수'의 정의라고 보았습니다. 이 논쟁에서는 내가 옳았고 그에게 잘못이 있었습니다. 그는 대단히 유능한 사람이었습니다. 그리고 또 기지가 풍부한 사람이기도 했습니다. 그는 장난기어린 말로 "병참술(兵站術)은 이제는 불모(不毛)가 아니다. 명사(名辭) 모순을 낳는다"라고 하여 나를 퍽 즐겁게 해주었습니다. 그러나 그의 철학은 칸트를 숭배한 나머지 상처를 입고 있었습니다.

(1958년 8월 16일)

파스칼에 대하여

선생님의 《서양철학사》를 읽고서 선생님이 파스칼[15]에 대해 언급하신 부분에서

---

15) 1623~62. 프랑스의 과학자·수학자·철학자·종교사상가·과학자로서는 16세 때 《원추곡선론》을 됐고, 1648년에는 유체의 압력 전파에 관한 '파스칼의 원리'를 발견하였다. 수학 분야에 있어서는 정수론(整數論), 확률론, 적분법에 관한 많은 발견을 하였다. 철학자·종교사상가로서는 장세니스트(얀센파)에 공명하여, 후에 포르 푸아얄 수도원에 들어가서 금욕 생활을 학다. 그 무렵 익명으로 공개장을 차례차례 써서 계속 예수회의 신학과 도덕을 엄격하게 비판하였다. 동시에 크리스트교 변증론의 구상에 착수하여 그 메모를 단편적으로 기록하였는데, 이것이 그 유명한 《팡세(명상록)》다. 그는 이 책에서 인간의 존재에 내포되어 있는 모순(무한과 무, 정신과 육체, 위대와 비참)은 신앙의 비약에 의해서 크리스트교의 사랑의 질서에 이르러야만 비로소 풀릴 것이라고 말했다.

만은 불친절한(거의 난폭한), 마치 퇴거 처분이라도 내리는 듯한 정신으로 쓰신 것을 알았습니다. 그렇다고 해도 그의 수학상의 천재적 재능은 참으로 선생님 자신의 그것과 비교할 수 있을 것입니다. 선생님! 선생님께서 파스칼의 주관에 대해서 쓰셨거나 말씀하신 일이 있으신지 어떤지를 가르쳐주실 수 없겠습니까. 만약 있으시다면, 그것이 인쇄되어 나온 논저를 어디에서 찾아낼 수 있겠습니까.

안녕하십니까 코스틱씨, 파스칼에 관해서 말하자면, 나는 청년 시대에 이미 그에게 큰 흥미를 느끼고 있었습니다. 그리고 나의 숙모가 생일 축하 선물로 내가 좋아하는 것을 네게 보내주겠다고 했을 때, 나는 파스칼의 《팡세(*Pensées*)》를 선택했습니다.

나는 그 훌륭한 책을 숙모에게서 받았습니다.

그런데 후일 나는 그를 극도로 나쁘게 생각하게 되었습니다.

나는 파스칼의 내면에서 낭만주의 운동(18세기 말엽부터 19세기초에 걸친)의 많은 감상주의적 원천을 발견하였습니다. 그리고 일반적으로 말하자면, 루소 이래 극히 철학적으로 사색하는 경향을 손상시켜온 이성에 대한 반란의 원천도 볼 수 있었습니다.

나는 이제까지 특별히 파스칼에 대해서 쓴 일이 없습니다.

만약 썼다고 해도, 이전에 내가 루소에 대해서 쓴 것과는 전혀 달랐을 것입니다.

(1956년 7월 17일)

비트겐슈타인의 만년의 저술

비트겐슈타인은 그 일의 초기 단계에서 철학자가 사용하도록 디자인된 특수 용어의 필요성을 느꼈습니다. 마침 귀저《수학원리》에서 사용된 여러 기호가, 논리학자가 사용할 수 있도록 디자인된 것처럼 말입니다. 그러나 그의 후기의 단계에 있어서는 그러한 연구에 중요성을 부여한다는 것은 생각하지 않게 되었다고 여겨집니다.

내가 귀하의 저서를 읽은 한에 있어서는, 어쩐지 확실치는 않습니다만, 귀하께서 이전에 철학자를 위해서 유용한 연구가 되리라고 생각하여 인공적인 언어를 창조하려 하신 일이 있는 지요. 그리고 만약 그랬었다면, 지금도 역시 유용하리라고 생각하시는지요. 혹은 그 생각을 이미 바꾸셨는지요. 비트겐슈타인은 그렇게 했을 것으로 생각합니다만.

나는 비트겐슈타인의 후기의 일은 어처구니없는 실망을 안겨준다고 생각합니다. 그는 언어학의 사소한 곳의 둘레를 빙빙돌며 방황하고 있는 것 같습니다. 그리고 수개국어에 능통한 사람에게는 지극히 사소한 문제에 자기 마음을 빼앗기고 있는 것처럼 생각됩니다.

안녕하십니까. 10월 8일자로 보내주신 귀하의 서한은 매우 감사히 받아보았습니다. 비트겐슈타인의 후기의 일에 대한 귀하의 의견이 나의 견해와 일치한다는 것은 퍽 기쁜 일입니다.

나는 철학상의 용어 문제에 관해서는 현재도 이렇게 생각하고 있습니다. 구어체의 언어로부터 어느 정도 이탈하는 것은 철학자가 현재보다도 더욱 뚜렷한 사고를 하기 위해서 필요한 것이라고 말입니다. 한 가지 예를 들어보기로 합시다. 시간의 철학은 동사가 시제(時制)를 갖고 있다는 사실 때문에 갈피를 잡기 어렵게 되어 있습니다. 보통 쓰는 언어로써는 브루투스가 시저를 죽이고 있다는 사실을, 이 사실이 과거인지 현재인지 미래인지를 표시하지 않고서 표현하기는 매우 곤란합니다. 'is'라는 단어는 "정직은 최상의 방책이다"라든가 "4는 2의 2배이다"와 같이, 시간에 관계없이 사용할 수 있습니다. 그러나 브루투스가 시저를 죽이고 있는 것이 초시간적인 뜻으로 우주의 구조의 일부라는 것을 말하는 데 있어서 간단한 방법은 하나도 없습니다. 철학자들은, 과거와 미래는 실재하지 않음을 인정하고 당혹해하는 것입니다. 그리고 자기들이 결점 투성이인 언어의 노예가 되고 있다는 것을 알지 못하고 있습니다. 즉 내가 《나의 철학적 발전(My Philosophical Development)》의 끝부분 '논리와 존재론'이라는 장에서 취급하고 있는 'E'를 다시 한 번 반대로 생각해 보아주십시오. 보통 쓰는 말이 아이디어를 곧바로 표현할 수 있는 방법을 갖고 있지 못한 것은 불편한 일입니다.

철학 용어라는 아이디어가 중요할지도 모른다고 생각하는 이유가 또 하나 있습니다. 그것은 단어를 '최소의 것'이라고 생각하기 때문입니다.

"우리의 지식을 표현할 수 있는 말이면서도 또한 뚜렷한 정의를 세우지 못하고 있는 말의 집적(集積)으로 최소의 것은 무엇이냐" 하는 것은 나에게는 중요하게 생각되는 문젭니다. 그러나 나는 철학 용어가 극히 소수의 문제를 위해서 쓰여지는 외에 실제로 쓰여서는 안 된다고 생각합니다.

나는 이러한 의견에 도달한 지 오래입니다. 그것이 비트겐슈타인의 영향을 크게 받았기 때문이라고는 생각하지 않습니다.

(1959년 10월 12일)

화이트헤드와 비트겐슈타인의 만남

화이트헤드(러셀과 함께 대저 《수학원리》를 집필한 수학자·철학자·케임브리지 대학교수)가 비트겐슈타인을 읽은 일이 있는지 없는지 선생님께선 알고 계십니까.

근계(謹啓). 레빈스씨, 화이트헤드는 비트겐슈타인의 저작을 읽지 않은 것으로 알고 있습니다. 그러나 화이트헤드는 비트겐슈타인과의 만남에 대하여 나에게 이야기해준 적이 있습니다. 그 이야기는 비트겐슈타인의 특징을 참으로 잘 나타내고 있는 데, 당신도 흥미가 있을 것입니다.
어느 땐가 화이트헤드 부부가 나의 권유에 의해 비트겐슈타인을 파티에 초대한 일이 있습니다. 비트겐슈타인이 찾아와서 언제나 하는 그의 버릇대로 방 안을 말없이 왔다갔다 거닐고 있었습니다. 마지막에 그는 거리낌없이 이렇게 단언했습니다 "하나의 명제는 두 개의 극을 갖는다. 그것은 a 대 b이다." 당연한 일이지만 화이트헤드가 물었습니다. "a와 b라는 것은 무엇과 무엇입니까." 비트겐슈타인은 약간 엄숙한 표정을 짓고 "그것은 확실치 않습니다"라고 대답했습니다.

(1963년 1월 26일)

화이트헤드 100년제

영국철학회가 A. N. 화이트헤드 교수의 탄생 100주년을 기념하여 심포지엄을 개최합니다. 당일의 의장을 선생님께 의뢰하고 싶습니다만 지장은 없으시겠지요.

안녕하십니까 로버트씨, 퍽 유감스러운 일입니다만 화이트헤드 탄생 100주년을 축하하는 만찬회에는 출석할 수가 없습니다. 마침 같은 시간에 선약이 있기 때문입니다.

사실은 1877년에 화이트헤드와 처음으로 만났을 때의 추억담을 이야기하고 싶습니다. 그때 그의 아버지께서 교구의 목사로서 우리에게 이야기해주셨는데, 지구는 둥글다는 것을 대체로 믿게 하는 데에 성공했던 것입니다. 철학적인 면에서 더 중요할 문제는 언급하지 않은 채였습니다. 안녕히 계십시오.

(1961년 1월 26일)

러셀과 화이트헤드의 상이(相異)

"선생님의 《추억의 초상》을 대단히 흥미있게 읽을 수 있었습니다. 그리고 퍽 즐거운 생각에 잠길 수 있었습니다.

그 속에서 선생님은 화이트헤드가 이전에 선생님께 이야기했던 말을 인용하셨습니다. '당신은 세계가, 쾌청한 날의 정오에 보이는 것과 같은 것이라고 생각하고 있습니다. 나는 깊은 잠에서 처음으로 깨어난 이른 아침에 보이는 것과 같다고 생각합니다.'

이 말은 나를 사로잡았으므로, 나는 마침내 선생님께 이렇게 여쭤보지 않을 수 없게 되었습니다. 화이트헤드의 말은 실제로 무엇을 의미하는지 가르쳐주시기 바랍니다.

경애하는 아르몬씨, 화이트헤드와 나의 상이점을 표현하는 또 하나의 예가 있습니다. 그는 세계가 젤리와 같은 상태의 것이라고 생각하고 있었습니다만, 나는 탄환의 산(山)과 같은 것이라고 생각했습니다.

　어느 경우일지라도 그것은 신중히 생각한 끝에 나온 의견이라고는 말할 수 없었습니다. 단순한 상상화(想像畵) 같은 것에 불과했습니다.

　화이트헤드의 만년의 철학은 본질적으로는 베르그송의 철학이었습니다.

(1958년 3월 14일)

컴퓨터 대 《수학원리》

　여기에 동봉한 논문은 인간의 문제를 컴퓨터로 해결하는 데 있어서 우리들이 얼마나 진보하였는가를 표시해주는 것입니다.

　우리들은 문제 해결 능력에 있어서 대단히 현저한 진보를 성취하고 있는 것입니다. 어느 경우는 이 기계가 《수학원리》의 월등히 복잡한 것에 대체된다는 단순한 증명이 훌륭하게 제시된 것입니다. 그 기계는 그것을 증명하는 데 5분도 채 걸리지 않았습니다.

　이러한 사실을 학생들에게 알려야 할지 어떨지 나는 도무지 알 수가 없습니다.

　선생님은 또 학식이 있는 자나 현자는 반드시 항상 동일한 인간이 아니라는 것을 증명하고 있는 우리들의 논문을 보시고 흥미를 느끼실 것입니다.

　경애하는 사이먼 교수님, 서한과 그리고 동봉하신 것 대단히 감사했습니다.

　당신은 당신의 기계가 화이트헤드나 나보다 우수하다는 예를 표시해주셨는데, 그것은 아주 즐거운 이야기였습니다.

　이러한 사실은 학생들에게는 감추어두어야 한다고 생각하는 당신의 생각에 경의를 표해 마지않습니다. 학생들이 기계 쪽이 훨씬 훌륭하게 계산해낼 수 있다는 것을 알았을 때에는 어떻게 그들에게 산수 같은 것을 가르칠 수 있게 하겠습니까.

또한 당신이, 지혜는 박학과 동일하지 않다는 격언을 조금도 틀리지 않게 증명해주셔서 기쁘게 생각합니다.

(1957년 9월 21일)

요약하는 일

철학사상에 대한 선생님의 공헌은 무엇이라고 생각하시는지요. 선생님에게 가장 의의 있거나 선생님의 영향력이 큰 일은 무엇이었습니까. 선생님의 평생의 목적은 무엇이었습니까. 선생님께서는 지금까지 자신이 만족할 정도로 그 목적을 달성했다고 생각하십니까.

선생님께서는 근대 서양 문명의 운명을 어떻게 예언하고 계시는지요. 선생님 자신의 저서나 선생님에 대해 씌어진 것으로, 선생님 철학에 관한 사고의 본질을 가장 깊이 통찰하는데 있어 무엇을 참고해야 좋을지 가르쳐주셨으면…….

경애하는 드발씨, 당신의 질문에 대답해드리는 것이 매우 어렵다는 생각이 듭니다. 나는 나의 철학적 연구에서 진리로서 받아들여지는 것을 발견하려고 노력해왔습니다. 그 때문에 나는 진리가 아닌 지식이라고 간주되어왔던 많은 것을 발견하려고 어쨌든 노력해왔습니다. 그러한 일을 허용해준 분석이라는 방법은 그것을 약간 명료하게 해주었다고 생각합니다.

나는 《수학원리》는 의의 있는 것이라고 생각해도 좋으리라고 봅니다.

나의 인생의 목적은 광범위하게 추상적인 것으로부터 구체적인 진리에로 전진하는 일련의 연구와, 구체적인 것으로부터 추상적인 것으로 향하는 또 하나의 연구를 하고, 그 위에 그것을 저술한다는 것이었습니다. 나는 이것을 성취했습니다.

나는 사회 이론을 세우고 싶다고 생각했습니다. 그래서 나는 그 소원도 이룩했습니다.

나는 인간생활을 더없이 크게 특징짓고 있는 어리석음과 악의를 없앨 수 있도록 일반 공공의 문제에 대해 영향을 미칠 수 있었으면 하고 바랐습니다. 그러나 이 점에서는 두드러지게 실패하고 말았습니다.

나는 지금도 확신하고 있습니다. 이와 같은 노력은 인생에 의의와 존엄을 부여하고 그 가치 있는 목적이 된다고 말입니다.

근대의 서양 문명은 전 지구상의 대학살이라고 할 수 있을 정도의 규모로 폭력을 확대하는 데 열중하고 있는 것처럼 보입니다.

나의 철학상의 사고는 여러모로 변화되고 있으므로 그 본질을 알기 위한 것으로서 특히 어떤 저서를 당신에게 추천할 수는 없습니다.

당신이 묻고 계시는 문제에 대한 답이 다음과 같은 나의 저서에 이미 서술되어 있습니다. 《나의 철학적 발전》, 《추억의 초상》 같은 책과 그리고 〈나의 80회 탄생일의 감상〉이라는 논문입니다. 안녕히 계십시오.

(1962년 3월 23일)

4. 갖가지 일화

해 설

내가 좋아하는 노래는 〈스위트 모리 마론〉입니다.

  일반 사람들이 유명한 사람에게 호기심을 갖는 것은 당연한 일이다. 버트란드 러셀도 예외는 아니었다.
  그의 사진이나 서명을 모든 사람이 최우선적으로 요청하였다. 그의 저서를 사면 그 책을 러셀에게 보내 서명을 요청하였다. 그리고 시를 써서 보내는 사람도 많았고, 스케치나 그림을 그려 러셀에게 보냈다. 또 어떤 조각가는 그의 흉상을 제작하여 보냈다. 극히 다방면에 걸친 다양한 취미·도락·연구에 대한 개인적인 여러가지 데이터가 일반 사람들로부터 수집·기록되어 있다. 호기심에서 여러 가지 것을 상습적으로 찾아다니는 일반 사람들은 위대한 인물이 자기들과 똑같이 살고, 호흡하고 있다는 사실을 확인할 수 있는 어떠한 정보라도 모으려고 하는 것이다.
  러셀은 언제나 기분좋게 사람을 응대한다. 자기의 취미에 탐닉하는 일은 절대로 없다. 그는 맹목적으로 좋아하지도 않고 탐닉하지 않는다. 다만 위스키 상표에만은 약간 잔소리가 많다.

〈스위트 모리(마리의 애칭) 마론〉은 그가 진심으로 좋아하는 노래이다. 자신은 한 번도 맛본 일이 없지만, 존 러셀경(조부, 빅토리아 왕조의 수상)의 푸딩은 그가 자랑스럽게 여기는 비전(秘傳)이었다. 이와 같은 사실은, 러셀이 식도락가였음을 말해준다. 러셀에게는 약간 방향이 다른 것일지도 모르지만. 언제까지나 충실한 일반인에 의해 기록되는 것이다.

일요일에 취미삼아 그림을 그리는 아마추어 화가들에 대해서까지도 러셀은 관용의 태도를 보인다. 그러나 때로는 소탈한 태도로 다음과 같은 약간의 지적을 하기도 한다. "스케치에는 사인을 했습니다. 그러나 코의 모양을 꼭 좀 고쳐주시기 바랍니다 …… ."

러셀은 사회적인 문제와는 대단히 인연이 깊다. 그는 핵무기 철폐 운동 관계의 여러 단체의 독보적인 존재일 뿐만 아니라 '그리스의 대리석 조각을 반환하라!'는 슬로건을 높이든 사회운동가이기도 했다. '엘진[1] 대리석 조각'을 그리스에 반환할 것을 요구하는 위원회가 러셀의 지지를 요청하기도 했

---

[1] 1766~1841. 영국의 엘진 백작 7세 토머스 브루스. 고전 미술에 취미를 갖고 있는 골동품 수집가로서 육군 중장이며 외교관. 1799년부터 1803년까지 터키의 콘스탄티노플에 부임하고 있었을 때 값비싸고 유서깊은 그리스의 골동품을 다수 아테네의 파르테논으로부터 반출했다. 그리고 그것을 전부 영국으로 갖고 돌아와 개인 소장품으로 만들었다. 그것이 나쁜 평판을 얻어 논쟁의 원인이 되었다. 시인 바이런은 그를 정직하지 못하고 탐욕스러운 반달(5세기에 로마를 소란스럽게 한 게르만의 한 종족과 같은 문화. 예술의 파괴자)라고 비난하였다. 그 중에는 그리스의 국가적 보물인 대리석 조각도 들어 있었다. 영국은 여론을 무시할 수 없어 국회의 결의에 의해서 그것을 3만 5000파운드에 사들여 대영박물관에 소장하였다. 그러자 다시 그리스에 반환해야 한다는 운동이 대두되었다. 러셀도 그 운동을 지지하였다. 그 대리석 조각을 '엘진 마블즈'라고 일컫는다.

다. 모든 성인들의 경우가 그러하듯이 그의 것이라면 무엇이든 신성시되었다. 러셀의 넥타이는 다른 유명인의 넥타이나 목도리와 함께 나란히 '우정의 넥타이 전람회'에서 전시되고 즉시 판매되었다. 러셀은 모든 사람에게 한결같이 동정심을 갖고 응대하고 힘이 되어준다. 적의에 찬 편지도 수없이 많이 오지만 그는 그런 것에 대해서도 개인적으로 마음에 두는 경우가 없다. 태연자약하게 받아들여 중심이 확고한 자신의 입장을 설명하고 건설적인 답장을 써보낸다.

이러한 편지를 통해서 러셀의 인간성의 흥미있는 측면을 엿볼 수 있다. 사람들이 제각기 탐색한 단편적인 정보, 회상, 일화를 함께 이어맞추어보면 러셀을 보는 아주 재미있는 창이 열리게 되는 것이다. 유명인으로서가 아니라 보통 사람과 똑같은 러셀의 면모를 알게 된다. 여기에 실은 편지들은 기지에 넘치는 러셀의 멋과, 선량함, 따뜻함, 그리고 심오한 감수성을 보여준다.

독자와의 대화

좋아하는 요리

저는 세계적으로 유명한 사람들이 보내오는 조리 비법을 모아 요리책을 편집하고 있습니다. 만약 이 요리책을 위해서 선생님께서 좋아하시는 요리의 조리 비법을 가르쳐주시면 영광이겠습니다.

안녕하십니까 헤르만양, 내가 자랑으로 여기는 조리는 '존 러셀경의 푸딩'을 위한 솜씨입니다. 그것은 비튼 부인이 늘 이야기하고 있었던 것입니다. 나 자신은 이제까지 단 한 번도 먹은 일이 없으며, 본 일조차 없습니다. 우리 집안 사람 편을 드는 마음에서 역시 그것으로 하겠습니다. 안녕히 계십시오.

(1960년 6월 15일)

좋아하는 말

저는 지금, 말의 수수께끼를 푸는 연구를 하는 중입니다. 선생님께서 좋아하시는 말 20개 정도만 알려주실 수 없을까요.

안녕하십니까 데이비스군. 내가 좋아하는 단어 20개 정도만 알려달라고 하셨는데, 이제까지 나 자신도 그와 같은 것은 생각해본 일이 없습니다. 그러나 군의 편지를 받고 다음과 같은 리스트를 한번 작성해 보았습니다. 만들어보기는 했지만 머지않아 또 달라질지 모르므로 그렇게 엄격하게 받아들이지는 마십시오.

① 바람, ② 히스(황야에 무성하는 관목), ③ 황금빛으로 빛나는, ④ 더럽히다, ⑤ 순례, ⑥ 늪지, ⑦ 화해(和解), ⑧ 설화석고(雪花石膏), ⑨ 녹옥수(綠玉髓), ⑩ 천체관측의(天體觀測儀), ⑪ 천계(天啓)의, ⑫ 불가피한, ⑬ 수륙(水陸)의, ⑭ 농축(濃縮)한, ⑮ 심홍색(深紅色)의, ⑯ 월하(月下)의, ⑰ 합창곡의 중음부(chorus mean), ⑱ 증류기(蒸留器), ⑲ 널리 울리다, ⑳ 황홀상태.

(1958년 4월 7일)

두 개의 찬송가

선생님께서는 어린 시절부터 찬송가 중에서 어떤 곡을 제일 좋아하셨습니까. 그리고 그 찬송가는 선생님과 어느 정도 연관성이 있으며 또 선생님께 어느 정도 가치가 있었습니까.
그것을 알려주시기 바랍니다.

안녕하십니까 랑그렌부인, 나는 어린 시절에는 우리 집에서 가정 기도회를 갖는 것이 습관처럼 되어 있어, 그 자리에서 찬송가를 불렀습니다. 그것은 그날그날 다른 찬송가였습니다.

그 결과 찬송가에 대한 나의 지식은 현저했습니다. 그 중에서도 특히 지금까지 기억하고 있는 두 개가 있습니다. 그 중의 한 부분을 아래에 기록해보았습니다. 둘 다 《고금 찬송가집》에 있는 것입니다. 나는 이 두 개의 찬송가를 언제나 기독교 평화주의의 전형이라고 생각해왔습니다.

(1967년 8월 5일)

신도들아!
너희 성스러운 땅 위에서 미디안[2]의 군대가
배회하고 있는 것을 아느냐.

신도들아!
일어나서 그들을 무찔러라 —
패배는 생각치 말고
다만 승리만을 신념으로
십자가의 공(功)으로 그들을 무찔러라.

하늘의 아들들아 싸우러 나가네.
왕의 면류관을 싸워 얻으려고
하늘의 아들의 피묻은 군기
저 멀리 휘날린다.
뒤를 따르는 자는 누군가!

---

2) 아라비아 서부의 유목 종족. 팔레스티나에 강력한 정부가 없었던 시대에 미디안족의 군대가 자주 가나안의 땅에 침입하여 소란을 피웠다.

탁아소의 넌센스

저의 선물로 동봉하는 이 작은 발췌 인쇄물(잡지와 논집 등에 게재된 논문의 복사)을 받아주시기 바랍니다. 어쩌면 선생님의 흥미를 끌 수 있을지도 모르겠습니다.

경애하는 브레즈돌프씨, 당신의 편지와 그리고 '탁아소의 넌센스'(뜻이 없는, 음률만으로 된 노래)라는 논문 참으로 감사합니다. 그 중 어떤 동요는 내가 이전부터 알고 있었던 압운시(押韻詩)를 변형한 것입니다. 당신의 논문 340페이지에 실려 있는 동요의 변형을 여기에 소개해 보겠습니다.

완나리, 투아리, 토카바이 세븐
알라바이, 크라카바이 텐나바이 레븐
핀 판 마스키 단 투윗돌 암
투윗돌, 암 트웬티 원

348페이지에 실려 있는 동요와 같은 형의 별개의 압운시를 나는 알고 있습니다 다음과 같습니다.

나는 빛나는 꼬리를 가진 공작을 보았다.
나는 혜성이 우박처럼 내리는 것을 보았다.
나는 하늘이 담쟁이덩굴로 감기는 것을 보았다.
나는 굵직하고 들들한 떡갈나무가 땅 위를 기고 있는 것을 보았다.
나는 개미가 고래를 삼키는 것을 보았다.
나는 광란하는 바다가 에일(맥주의 일종임)로 가득 찬 것을 보았다.
나는 바닥이 50발(1발은 6피트이므로 50발은 91미터 44센티미터)인 깊은 컵을 보았다.

나는 사람들이 흘린 눈물이 가장자리에까지 가득 넘치는 샘을 보았다.

나는 사람들의 눈이 불과 같이 격렬하게 타고 있는 것을 보았다.

나는 달까지 닿는 높은, 또 달보다도 더 높은 집을 보았다.

나는 한밤중 12시의 태양을 보았다.

나는 이렇게 이상스러운 광경을 본 사람을 보았다.

358페이지의 '아브루치[3]가(家)의 노인'의 두번째 행을 나는 전부터 '소 팻'(매우 뚱뚱한 노인) 등으로 알고 있었습니다.

361페이지에 있는 '미스 빌[4]과 미스 바스[5]'의 마지막 2행은, 나는 이전부터 다음과 같이 듣고 있었습니다. "미스 빌과 미스 바스는 우리와 어찌면 저렇게도 틀리는 것일까."

(1959년 9월 14일)

---

3) 1873~1933. 이탈리아의 해군 군인. 탐험가. 루이기 아메데오 공작을 말하는 것으로 스페인 왕 아오스타공(公)의 아들임. 마드리드 태생으로, 후에 이탈리아 국적을 가졌다. 제1차 세계대전중 이탈리아의 함대사령관을 지냈음. 유명한 등산가로서, 1897년에는 캐나다와 알래스카의 경계에 있는 고봉(高峰) 세인트 일리아스를 등정하고, 1909년에는 세계 제2의 고봉인 히말라야의 K2의 2만 피트 이상에 도달했다.

4) 1831~1906. 미스 도르시 빌은 영국의 여성 교육가. 여자중등교육의 개척자로서, 후에 첼튼함여자대학의 학장이 되었다.

5) 1827~94. 미스 플랜시스 마리 바스는 런던 태생의 여성 교육가. 빌여사와 함께 여자중등교육의 촉진에 공헌하였고, 북런던여자고등학교를 창립했다.

좋아하는 노래

저는 14살입니다. 제 취미는 유명인이 좋아하는 노래 곡목을 모으는 것입니다.

안녕한가 에반스군, 편지 아주 고마웠네. 내가 좋아하는 노래는 〈스위트 모리 마론〉이네. 이 노래는 런던의 거리를 노래한 것이네. 그럼 건강하길.

(1962년 10월 19일)

좋아하는 동화책

삼가 선생님의 친필 서명이 들어 있는 사진을 보내주신다면 대단히 감사하겠습니다. 또 특히 선생님의 인생에 영향을 끼친 책이 있었다면 가르쳐주시기 바랍니다. 특히 선생님께서 어린 시절에 즐겨 읽으셨던 책을.

건강한가 엘리사군, 내가 어렸을 때에 제일 즐겁게 읽었던 책은 루이스 캐럴[6]과 에드워드 리어[7]의 것이었네. 어떤 책이 특히 나에게 영향을 끼쳤는지 그것은 나도 알 수 없네. 내가 서명한 사진을 여기에 동봉하네.

(1965년 12월 8일)

---

6) 1833~98. 영국의 수학자·동화작가. 1855년부터 81년까지 옥스퍼드 대학의 수학강사로 있었다. 고전학자 리델의 딸 앨리스를 기쁘게 해주기 위해서 쓴 동화 〈이상한 나라의 앨리스〉(1865)와 그 속편인 〈거울 속의 세계〉(1872)는 특히 유명하다.

7) 1812~88. 영국의 시인·화가·동요시인. 그를 유명하게 만든 것은 《넌센스 시집》(1846)으로서 캐럴과 함께 넌센스의 아버지라고 일컬어진다. 이 밖에 《넌센스의 노래와 이야기집》(71)과 《넌센스 시집 속편》(72)이 있다.

라틴어 독본

라틴어 교과서를 구하려고 몇 군데 서점에 써보낸 러셀의 서한.

귀사가 번창하길 빕니다. 다음과 같은 일로 저를 도와주실 수 있는지요.

70년 전의 일입니다만, 내가 라틴어를 배웠을 때 그 문법 교과서는 《프린키피아 라티나(라틴어의 초보)》였습니다. 거기에는 기억을 돕기 위한 다음과 같은 운문이 많이 실려 있었습니다. "남성, 여성 어느 쪽에도 공통되는 말은 아트티펙스(예술가)와 오피펙스(지배인), 남성어는 폰스(결투자)와 무슈(당신), 그리고 카레부스(범가〔帆架〕를 내리는 줄), 하이드롭프스(수종증(水腫症)), 그리프스(큰 콘도르), 그리고 폰스(다리)." 그리고 또 윌리엄 하코트경[8]을 향해서 그 반대 정당이 썼다는 1행이 실려 있었습니다. "엘레판투스(코끼리), 마스(남자다운), 기가스(거인), 아스(통일)." 또 이러한 구절도 있었습니다. "~도(-do)나 ~고(-go)로 끝나는 명사는 여성을 나타내는 말이다. 그러나 리고(괭이), 오르도(부자), 프레도(강도)는 남성어고, 마르고(가장자리)는 남성 여성 공통어다."

내가 이제는 도저히 기억해낼 수 없는 수많은 운문도 있었습니다.

---

8) 1827~1904. 영국의 정치가. 1868년 이래 하원이 되었고, 미국 남북전쟁 당시, 국제법을 중심으로 하여 《런던 타임즈》지에 기고하여 명성을 떨쳐 케임브리지대학의 강사가 되었다. 검사 차장에 임명되어 나이트의 칭호가 수여되어(1873) 글래드스턴 내각의 내무·재무장관을 역임(1880~95), 후에 글래드스턴의 뒤를 이어 자유당 당수가 되었다. 그후에 제국주의적 경향에 반대하여 사임하였다.

4. 갖가지 일화   169

만약 당신께서 다행히 위에 쓴 것과 같은 운문이 기재되어 있는 라틴어 문법책을 저를 위해서 찾아주실 수 있다면 정말 감사하겠습니다. 만약 내가 전에 그렇게까지 많은 노고를 허비한 《프린키피아 라티나》가 발견된다면, 이보다 더한 기쁨이 없겠습니다.

(1955년 9월)

좋아하는 음료

선생님께 보내드린 레드 하클(옛날 스카치 위스키)의 짐상자가 늦게 배달은 되었습니다만 결국 아무런 사고 없이 도착했다는 말을 듣고 안심이 됩니다.

그런데 다음 상자가 지금 수송 도중입니다만, 만약 선생님 댁에 위스키 여분이 많으면 그것을 저희 비용으로 기꺼이 인수하겠습니다.

호의에 넘치는 6월 29일자 편지 대단히 감사합니다. 만약 이편에서 레드 하클이 너무 많이 남아 돌면 친절하게도 당신이 그 짐을 인수하겠다고 제의하셨는데, 실제 사정을 말씀드리자면 그것은 불가능합니다. 사실은 얼마 있으면 도착할 그 후의 짐도 이쪽에서 전부 인수할 생각입니다.

(1960년 7월 8일)

위스키에 대한 감사의 말

안녕하셨습니까. 최근 어느 날 밤에 런던에 있는 우리 집에

강도가 들었습니다. 그는 두 병의 레드 하클을 발견하고 그 자리에서 몽땅 마셔버렸습니다. 그는 그 이상 약탈할 필요가 없다고 생각한 것입니다.

나는 이것은 레드 하클 덕분이라고 생각합니다. 그래서 당신께 감사의 말씀을 드리지 않을 수 없습니다.

아무쪼록 레드 하클 두 다스를 북웨일스의 나의 주소로 보내주실 수 없을까요.

(1963년 8월 2일)

또다시 두 다스의 레드 하클 스카치 위스키를 주문하신 이 달 2일자 편지 감사히 받았습니다. 선생님께서 밤손님의 '방문'을 받으셨다는 것을 알고 참으로 유감스럽게 생각했습니다. 그러나 그가 훔친 수확물이 겨우 두 병의 레드 하클로 끝났다는 것을 알고 정말 기쁘게 생각하고 있습니다. 그는 그것을 마시고 정말 만족하였기 때문에 그 이상의 탐색이 필요치 않았던 것임에 틀림없습니다.

파이프 흡연과 건강

졸저《건강의 회복》에 대해서 전반적인 비판을 해주실 수 있다면 대단히 감사하겠습니다.

존경하는 프래드씨, 귀저《건강의 회복》을 증정해주신 데 대해 깊은 감사의 말씀을 올립니다.

나는 어제 93회째 생일을 맞이하였으므로 식생활의 섭생이라든가 혹은 행동 일반에 대한 처세훈 같은 것을 채택하는 데 있어서는 좀 시대에 뒤진 인간입니다.

나는 당신이 추천하고 있는 식생활의 섭생이 옳다는 것을 마음으로부터 믿고 있습니다. 그러나 나는 73년 동안 계속하여 파이프 담배를 피워왔으므로 이제 새삼스럽게 그 즐거움을 포기할 생각은 없습니다(러셀이 피운 담배는 '골덴 믹스추어' 뿐이었음. 그것은 프리버그 앤드 트레이어라는 회사 제품으로서, 러셀은 1895년 이래로 그 제품의 단골이었음).

당신은 여러가지 바람직한 마음가짐에 대하여 쓰셨는데, 그것은 대단히 매력적인 것이었습니다. 우리들 모두가 당신의 가르침에 따른다면, 보다 좋은 건강을 유지할 수 있다는 것은 의심할 여지가 없습니다.

(1965년 5월 19일)

크리스마스

선생님께서는 무신론자 같은데 크리스마스는 축하하시는지요.

안녕하십니까 베커양, 편지 주신 것 퍽 고맙게 받았습니다.
나는 크리스마스에는 아무런 종교적인 의의를 붙이려 하지 않습니다. 그러나 그것은 즐거운 습관이라고 생각하고 있으며, 축하하지 않을 필요성은 조금도 없다고 생각합니다. 내가 의식을 행할 정도로 중요한 것이라고는 생각하고 있지 않은 까닭입니다.

(1964년 12월 29일)

일과(日課)

선생님께 이 편지를 쓰고 있는 저는 부다페스트과학대학의 철학과의 영어 강사입니다.

저는 선생님께서 아침에 기상해서부터 취침 전까지 어떻게 시간을 보내시는지, 그것을 삼가 전해 듣고 싶습니다.

존경하는 라크첼 박사님. 나는 오전 8시부터 11시 30분까지는 신문을 읽거나 편지를 정리합니다. 나는 하루에 평균 100통의 편지를 받고 있습니다. 11시 30분부터 오후 1시까지는 사람들과 회견을 합니다. 오후 2시부터 4시까지는 독서를 합니다. 주로 현재의 핵문제에 관한 책을 읽고 있습니다. 오후 4시부터 7시까지는 글을 쓰거나 사람들을 만나거나 합니다. 오후 8시부터 새벽 1시까지는 책을 읽거나 글을 씁니다.

이것이 나의 일과입니다. 이것으로 당신께서 질문하신 데 대한 답장이 될 수 있다면 좋겠습니다.

(1963년 3월 26일)

러셀하우스

저는 이 새로운 학교의 여섯 개 기숙사 중 한 기숙사의 사감입니다. 우리들의 기숙사는 선생님의 존함을 따서 '러셀 하우스'라고 명명되었습니다.

만약 선생님께서 우리들을 위해서 소식이라도 전해주신다면 그리고 선생님의 헤아릴 수 없이 많은 저서 중에서 무언가를 보내주신다면 대단히 감사하겠습니다만.

선생님께서 주시는 편지는 이 학교의 보잘것 없는 기숙사생들에게는 더없이 커다란 격려가 될 것입니다.

안녕하십니까 유어레씨, 내가 최초에 러셀하우스라고 씌어 있는 곳을 읽었을 때 곧바로 내가 품게 된 비전이 무엇이었느냐 하면, 다음과 같습니다. 수백 명의 소년들이 내가 하고 있는 일에 많은 관심을 가져주어, 그래서 나에게 와서 몇백 통이나되는 편지를 정리하는 일을 도와주었으면 좋겠다는 것이었습니다. 실상 나는 그만큼 많은 편지를 받고 있으며, 그리고 그에 대한 답장을 써보내야 되는 것입니다. 그렇게 도와주는 분이 없으므로 이와 같이 나의 답장이 늦어지게 된 것입니다.

짧은 것입니다만, 내가 쓴 책을 동봉합니다. 다행히도 여러분의 흥미를 끌 수 있다면 좋겠습니다. 그리고 다른 책도 보내드리도록 비서에게 일러두었습니다.

(1966년 11월 2일)

수면과 꿈

① 선생님은 밤에 잠드실 수 없을 때에는 무엇을 생각 하고 계십니까. ② 특히 전문으로 활동하고 계시는 것과 관계가 있는 어떤 꿈을 꾸고 계시는지요. 만약 그렇다면, 특히 특징 있는 예라고 생각하시는 것을 하나 알려주실 수 없으신지요. ③꿈은 무엇인가 인생에 도움이 되는 생각을 선생님께 주고 있는 지요.

안녕하십니까. 10월 13일자 당신의 편지에 대한 나의 대답은 다음과 같습니다.

① 내가 잠을 이를 수 없을 때에는 늘 자기가 한 바보 같은 짓을 쓸데없이 생각하면서 일어나 있기 때문입니다. 나는 그런 때에는 혼자서 시를 읊거나 쓸데없는 생각을 떨쳐버립니다.

② 나는 자신의 직업과 관계 있는 꿈은 일체 꾸지 않습니다.

③ 나는 자신의 일에 일어나는 곤란을 해결하는 데 도움이 될 만한 꿈은 한 번도 꾼 일이 없습니다. 그러나 자신이 무의식중에 빠지고 있는 자기기만을 고쳐준 꿈을 꾼 일은 있습니다.

(1958년 10월 16일)

미국 우표

영혼의 밑바닥까지 비쳐주는 광명을 보내주신다면 진실로 감사하겠습니다. 우리들은 여기에, 이쪽 주소 성명을 쓴 반신용 봉투와 미국 우표를 동봉하겠습니다.

근계(謹啓). 영혼 속에 있는 신앙의 근원이라는 것이 무엇을 말하는 것인지 나는 알 수가 없습니다. 아마 꿈을 꾸고 계시는 것이겠지요. 친절하시게도 미국 우표를 보내주셨는데, 이것은 영국에서는 쓸 수 없는 것이므로 돌려보내드리겠습니다.

(1958년 12월 15일)

귀찮은 잔소리

나는 지금 막 선생님의 《무위(無爲)예찬론(*In Praise of Idleness, and Other Essays*)》이라는 책을 샀습니다. 정말 꼭 닮은 사람이 계시므로 그분에게 증정하기 위해서입니다.

그분은 58세의 남자인데, 일할 수 있는 충분한 능력을 갖고 있으면서도 일하려는 생각은 오히려 자기를 손상시키고 마는 것이라고 생각하고 있습니다. 그는 자기가 병들어 있는 체합니다. 그런가 하면 자기가 얼마나 훌륭한 인간인가 하는 것을 상대를 가리지 않고 말을 퍼뜨리고 있어 모든 사람이 지긋지긋하게 생각하고 있습니다. 정말로 말하자면 그의 머리는 이류 정도일 것입니다. 그 사상이라는 것은 타인의 것임에 틀림없으며, 그는 말이 많을 뿐이지 그 말의 의미는 없습니다. 그의 행위는 다만 공상의 산물에 지나지 않습니다.

그는 이제까지 본 적이 없는 최대의 게으름뱅이며, 어리석은 자고, 게다가 탐욕스러운 인간입니다. 그는 전쟁을 방지하려고 형편없는 시를 매일 전세계로 보내고 있습니다.

이와 같은 게으름뱅이에 강경하게 대처해 나가기 위해서는 어떻게 하는 것이 좋겠습니까.

부인, 당신께서 말씀하시는 그 게으름뱅이를 내가 끝까지 지지하고 동정한다는 것을 아무쪼록 그대로 전해주시기 바랍니다.

그도 틀림없이 똑같을 것이라고 생각됩니다만, 나도 매일매일 잔소리만 듣는다면 비폭력을 그만둘 수밖에 없을 것입니다.

(1961년 12월 21일)

일종의 백치

소위 당신의 철학이라는 것을 읽어보면 당신이 어떤 종류의 백치인가를 쉽게 알 수 있습니다.

어제 나는 스위스의 독일계 신문을 읽었는데, 그 속에서 당신은 분명히 이렇게 쓰고 있었습니다. '우리들은 지금 이제부터 세 개의 혁명을 맞이하려고 하는 시대에 살고 있다. 그 혁명은 청년의 노년에 대한 싸움, 가난한 자의 부유한 자에 대한 싸움, 그리고 어리석은 자의 슬기로운 자에 대한 싸움이다.

당신의 마음을 괴롭히고 있는 이 세 개의 혁명이라는 것은 단연코 우리들의 전도에 가로놓여 있지는 않습니다. 이제까지 몇 세기 동안 내내 그것을 특징지어온 것이기는 하지만.

무슨무슨 경이라고 불릴 정도의 귀족도 아니고 또 철학자도 아닌 한낱 보잘것없는 스위스인으로부터······."

당신의 머릿속에는 없었던 그런 종류의 백치도 있는 법입니다. 그것은 신문 따위에 쓰여 있는 것을 믿는 패거립입니다. 나는 당신이 인용하신 것과 같은 기사는 한 번도 쓴 일이 없습니다.

(1958년 8월 30일)

구혼

버트란드 러셀씨! 당신과 같이 나이 들고, 원숙하고, 명예로운 분과 저처럼 젊고 쾌활하고 튼튼한 치아가 완전히 갖추어져 있는 처녀의 결혼에 대해서 당신은 어떻게 생각하고 계십니까.

안녕하십니까 머레이양, 친절하신 편지 대단히 고맙습니다.
나는 결혼한 지 오래됩니다. 그리고 행복합니다…….

(1964년 11월 28일)

러셀의 코

선생님께서 수소폭탄에 맞서 용감히 싸우고 계시는 것은 참으로 경하해 마지 않습니다.

나는 연금을 받고 살아가는 한낱 보잘것없는 노인입니다만, 취미삼아 조금씩 스케치를 하고 있습니다. 여기에 선생님의 얼굴을 스케치한 것을 동봉하였습니다만, 만약 거기에 선생님이 사인을 해주실 수 있다면 정말 영광스럽기 이를 데 없겠습니다.

안녕하십니까 스펜서씨, 스케치에는 사인을 했습니다. 그러나 코의 모양을 꼭 좀 고쳐주시기 바랍니다. 안녕히 계십시오.

(1961년 10월 2일)

우정의 끊기 어려운 인연

우리들은 '우정의 넥타이 전시회'를 대대적으로 개최할 예정입니다. 그리고 그것을 전세계에 호소할 작정입니다. 우리들은 세계의 지도적인 인물들로부터 넥타이 한 개씩 혹은 희망하심에 따라서는 목도리를 받는 것을 목표로 하고 있습니다. 그것에 간단한 편지를 첨부해주셨으면 합니다. 그리고 그 넥타이는 경매에 붙여 제일 비싼 값을 부른 분에게 팔기로 하겠습니다. 그리고 거기에서 얻는 수익

금은 우리들의 사명인 '평화와 동포애와 조화……'의 목적을 수행하기 위해서 쓰겠습니다.

삼가 아룁니다. 토론토시 이그지비션공원, 토토모티브 빌 부나이 브리스내(內) '제10주년 춘계 바자 및 카니발' 귀중.

나는 내 몸에 달고 있었던 이 넥타이를 보내드리면서 당신들의 연차 전시회와 그리고 당신들의 사명인 '평화와 동포애와 조화'의 목적이 성공리에 달성되기를 빕니다. 그 목적은 내가 마음으로부터 염원하고 있는 것입니다.

(1960년 3월 15일)

그리스의 대리석 조각을 반환하라!

마음으로부터의 호소

'정의만이 모든 미덕의 최고 최대의 것이다' —플루타르코스(고대 그리스 플라톤 학파의 철학가·역사가·전기작가. 《플루타르코스 영웅전》으로 유명함)

정의와 선의가 우리들 모든 사람의 마음과 밀접하게 접촉하고 법과 질서 아래에서 자유가 필요불가결한 힘으로서 우리들 앞에 모습을 나타내고 있는 때를 당하여 우리들의 영연방 사람들 특히 영국의 지식인에 대하여, '예술의 어머니인 나라' 즉 '영원의 나라 그리스'에 대해서도 정의를 행해주시기를 호소하는 바입니다. 그리스의 예술작품을 귀국이 본국으로부터 훔쳐 갔는데 그것이 반환되도록 전력을 다해주십사하는 것입니다.

우리들의 이 요청은 참으로 정의와 페어 플레이에 바탕을 두고 있어 결국은 성공할 것이라고 믿습니다. 세계의 여론이 우리들을 지지해주고 있기 때문입니다.

감사의 뜻을 다하여…….

'엘진 대리석 조각 그리스 반환위원회' 로부터

그리스는 선생님의 지원을 필요로 합니다. 최대의 과오는 바로잡혀야 합니다. 그리스의 대리석 조각은 반환되지 않으면 안됩니다.

안녕하십니까 크레니디스씨, 보내주신 편지 잘 받았습니다. 엘진 대리석 조각이 반환되어야 한다는 것에는 나도 동감합니다. 당신과 같이 그것이 '최대의 과오'라고는 생각하지 않습니다만.

(1963년 2월 15일)

리버풀의 러셀

나는 선생님께서 아돌프 아이히만[9] 사건에 대하여 책을 출판하려 하신다는 이야기를 들었습니다. 그래서 제가 쓴 논문을 여기에 동봉합니다.

경애하는 자이세르 교수님, 귀하의 서한과 논문 대단히 감사합니다.

---

9) 1906~62. 나치스 독일의 친위대 중령. 게슈타포의 유대인 담당 과장. 제2차 세계대전중에 600만의 유대인을 강제수용소에 몰아넣어 대량 학살한 장본인. 제2차 세계대전 후 미군 포로수용소에서 탈출하여 1950년 아르헨티나에 잠입했으나, 1960년 5월 부에노스아이레스에서 이스라엘 비밀경찰에 체포되어 예루살렘으로 연행되었다. 1961년 4월부터 시작된 재판에서 사형이 선고되었다. 이유는 전쟁 범죄, 인도(人道)에 대한 죄라고 되어 있었는데, 그는 "나는 다만 상관의 명령에 따라 시키는 대로 했을 뿐이다"라고 최후까지 주장하며 상고했지만, 이스라엘의 최고재판소는 마침내 1962년 5월 29일에 이를 각하하고 동 31일 밤에 형을 집행하였다.

나는 그것이 정말 흥미있는 것임을 알았습니다. 그렇지만 리버풀의 러셀경이란 대목에서는 당혹한 느낌을 받았습니다. 최근에 저는 《런던 타임즈》에 서한을 보내어 우리 두 사람이 서로 다른 존재라는 것을 지적해두었습니다.
  귀하의 논문이 성공하기를 빕니다.

(1961년 12월 28일)

윌리엄 러셀경의 목

  본인은 '올드 베일리(런던 중앙 형사재판소)에 있어서의 윌리엄 러셀경[10]의 재판'이라는 표제가 붙은 인쇄물을 갖고 있습니다.
  그가 현재의 러셀경과 친척이 되는지 알려주십시오.

  안녕하십니까 글럼씨. 윌리엄 러셀경은 실은 나의 선조입니다. 그는 나에게 한 가지 모범을 제시해주었습니다. 다만 그 올드 베일리에서 나 자신의 재판이 있었을 때에는 나의 선조와 같이 목이 잘리는 일만은 없었습니다.

(1963년 9월 28일)

---

10) 1639~83. 영국의 정치가. 초대 베드퍼드 공작(1613~1700)의 3남. 버트란드 러셀의 선조. 영국 국회 하원에 들어가(1660) 휘그당의 영수가 되었고, 후에 제임스 2세를 배척하는 왕위 배제 법안의 제출에 활약하였으나(1679) 라이하우스 음모(찰스 2세와 요크공[후의 제임스2세]의 암살을 기도했다)에 가담한 이유로 체포되어(1683) 런던탑에 투옥당했다. 그 전에 그에게 도피를 권하는 자도 있었으나 그것을 거절하였다. 끝까지 자기는 음모와는 관계없으므로 무죄라는 것을 계속 주장하여 국왕에게 친서까지 보내보았지만 그것도 주효하지 못해 마침내 사형이 선고되어, 1683년 7월 21일 링컨즈 인 필즈에서 처형당하였다.

서 버트란드는 아니다

서 버트란드! 로버트 파킨씨의 특별기고란을 틀림없이 읽어주시리라 믿고 있으며, 또 동봉한 제 사진도 보아주실 것으로 믿습니다. 사진을 보시면 아시겠지만, 제 얼굴은 몇 년 전에 하버드대학에서 선생님께서 격려해주시던 그때의 젊은 얼굴과는 아주 달라져 있습니다.

안녕하십니까 앤더군. 2월 2일자 편지와 잘 촬영된 사진과 그리고 또 《럭키 마운틴 뉴스》지의 퍽 재미있는 발췌 기사 등 정말 고마웠습니다. 이번에 파킨씨를 만나면, 나의 사의를 전해 주시면 고맙겠습니다. 그리고 나는 '서(Sir) 버트란드'는 아닙니다. '서'라는 칭호는 배러니트(준남작. 영국 세습 작위에 최하위〔남작의 아래며, 나이트의 위〕지만 귀족은 아님. 세례명 앞에 '서'를 붙임)나 나이트(1대에 한하며 '서'라는 칭호가 허용됨)에 한정되어 있습니다만, 나는 그 어느 편도 아닙니다. 그렇다고 하여 나는 '버트란드경'도 아닙니다. 공적으로 호칭될 경우에는 나는 '버트란드 러셀'이며 개인적으로는 '러셀경'입니다. 편지의 주소 성명을 쓸 때라든가 공식 문서에서는 나는 '러셀 백작'입니다. 그러나 '백작'이라는 말은 회화에서는 쓰지 않습니다.

이와 같이 얽히고설킨 복잡성은 실제로는 터무니없는 일입니다. 군에게도 아마 틀림없이 그렇게 느껴질 것입니다. 나로서는 내 이름이 어떻게 쓰여도 관계없는 일입니다만.

(1958년 2월 11일)

국회의 상원

국회 상원의 현재의 기능과 그 장래의 활동에 관한 선생님의 고견을 들려주신다면 저에게는 무한한 영광이며 아주 큰 도움이 되겠습니다.

프랭클린씨, 서한 대단히 고마웠습니다. 나는 상원은 불필요한 것이며, 중요한 효과 따위는 전혀 없는 것으로 알고 있습니다. 나는 상원을 폐지하는 데에 찬성합니다.

(1963년 9월 7일)

토머스 페인과 런던의 시민들

"토머스 페인[11]이 쓴 《인간의 권리》를 기념하여 런던에 그의 조각상을 세우는 것은 나의 오랜 꿈입니다. 만약 선생님께서 런던시가 우리들에게 부지를 주도록 영향력을 발휘해주신다면, 그 조각상 건립을 위한 자금은 제가 기쁘게 그리고 책임지고 조달하겠습니다.

경애하는 루이스씨, 참으로 유감스러운 일입니다만, 나는 런던시청의 관리들에게는 하등의 영향력도 갖고 있지 못합니다.

---

11) 1737~1809. 영국 태생의 미국 정치사상가·작가. 1774년 프랭클린의 알선으로 영국에서 도미하여 《커먼 센스》를 출판하였고, 그 선동성과 설득력으로써 독립운동에 중요한 역할을 다하였다. 미국의 독립후에는 영국과, 혁명 직후의 프랑스를 방문하고 《인간의 권리》를 간행하여 프랑스혁명과 인권선언의 정신을 설득하고, 전유럽을 감동시켰다는 칭송을 받아 프랑스 시민권이 수여되어 국민의회 의원으로 선출되기도 하였다. 1802년에 미국으로 돌아갔는데, 만년에는 불우하게 지내다가 세상을 떠났다.

그리고 만약 당신이, 자신이 기획한 일을 채택해달라고 그들에게 제의하더라도 틀림없이 거절당할 것입니다. 그러므로 나는 아무 소용도 없으리라고 생각합니다.

런던시당국은 부유한 사람으로 구성되어 있습니다. 그들 대부분은 신앙심이 두터운 사람들입니다. 그들은 신의 은총에 대하여 감사드릴 이유가 있다고 생각하고 있습니다.

(1960년 8월 10일)

비콘 힐 스쿨

선생님의 교육 경험에 대하여 어느 분인가 리포트를 쓰지 않으셨나요. 알려주실 수 없을까요.

프랑스씨, 내가 지난날 한때 경영했던 학교 일에 대한 것을 어느 분인가 쓴 일이 있는지 나는 알지 못합니다. 그리고 그 일에 대해서 무엇인가 이야기를 한다 해도 아무런 흥미가 없습니다.

학교를 경영하는 데에는, 내가 재빨리 발견한 것과 같이, 실제적인 능력과 행정 수완이 필요합니다. 나는 그것을 구비 하고 있지 못합니다.

(1959년 1월 24일)

지리학자들

나는《웹스터의 동의어사전》속에서 선생님이 쓰신 것으로 되어 있는 다음과 같은 인용구를 발견했습니다. 그것은 intrinsic(진정의)' 과 'intellectual(지적의)' 의 바른 사용법을 예증하는 구절입니다. '지리상의 사실을 아는 것은 유용하다. 그러나 그것은 지적인 진정한 가치는 갖고 있지 않다.'

지리가 아무런 진정한 가치도 갖고 있지 않다고 그것을 부정하고, 지리학자의 대부분을 정말로 학자연하는 거짓말쟁이로 보는 사람들이 지금도 많이 있습니다. 선생님도 그러한 욕을 하는 사람 중 하나라고 보아야 할까요.

던컨씨, 나는 지리상의 사실에 대해서 당신이 말하고 있는 것이 어디에 진술되어 있는지 전혀 알 수가 없습니다. 사실 나는 그러한 것을 말한 기억조차 없습니다.

내가 보는 바로는 그 중점(重點)이 '사실'이라는 말에 있는 것은 뚜렷합니다.

내가 어린 시절에 지리를 배웠을 때에는 영국 해안의 곶[岬] 이름을 순서에 따라 확실히 외우지 않으면 안 되었습니다. 그리고 수출입의 주요 도시의 리스트를 암기하지 않으면 안 되었습니다. 나는 그 말이 무엇을 뜻하는지 도무지 알 수 없었지만 수출에 관해서는 '부자' 라고 하는 편이 더 안전하다는 것을 발견했습니다.

지리를 다 배운 뒤에 나는 지리가 아주 재미있는 것임을 발견하기 시작했습니다. 그러나 나에게 가치 있게 생각되는 것은, 상호간에 연결이 없는 별개의 사실이 아니고 오히려 사실 상호간의 연결입니다.

나는 지금도 생각하는 것입니다만 지리의 그 상호간에 연결이 없는 사실은 거의 지적인 '진정한' 가치를 갖고 있지 않다는 것은 옳습니다(그 '진정한' 가치를 갖고 있는 사실이라는 것은 대체로 거의 없다고 생각합니다).

그렇지만 나는 지리학자를 학자연하는 거짓말쟁이로 볼 생각은 추호도 없습니다. 이것은 확실히 말씀드려둡니다. 내가 아직 젊었을 때에는 이러한 견해와는 전혀 반대의 견해를 갖도록 H. J. 마킨더로부터 지도를 받았습니다.

(1958년 2월 28일)

현저한 물리학의 공적

우리 학교에서 낸《일반적 지식에 관한 퀴즈》에서 저는 다음과 같은 문제에 대한 해답을 찾아내지 않으면 안 됩니다. '육체적으로 어떠한 뛰어난 일이 러셀 백작에 의해서 이루어졌는가.' 그에 대한 답이 될 만한 것은 어디에서도 발견할 수가 없습니다.

안녕 얀튼양, 문제로 제시된 '육체적으로 뛰어난 일'이라는 것은 주로 신문기자가 만들어낸 이야기입니다.

나는 다른 승객들과 함께 비행기에 타고 있었는데, 그 비행기가 노르웨이의 북부 트론다임 협만(峽灣)에 추락하여 가라앉은 것입니다. 어느 승객은 죽었습니다. 나머지 사람은 비행기 밖으로 뛰어나와 가까이에 있는 보트까지 약 100야드쯤 헤엄치지 않으면 안 되었습니다.

사실은 그것뿐입니다. 그런데 신문이 모든 것을 과장해서 보도한 것입니다(신문이 과장했다 해도 러셀의 기술은 너무 소극

적이다. 이 사건은 1948년 그가 76세 때 일어났다)

(1960년 1월 2일)

미국에서의 상당히 긴 경험

　미국이 선생님을 다루는 그 취급법에 나는 특히 당혹감을 느낍니다. 그것은 미국의 역사에 있어서도 가장 수치스러운, 부끄러워해야 할 페이지입니다. 그것이 나와도 관계가 있는지 없는지 알 수 없지만, 나는 죽기 전에 언젠가《버트란드 러셀의 미국에 대한 영향》이라는 책을 쓸 작정입니다.
　선생님께서는 이 세상을 선생님이 보고 계시는 것보다도 훨씬 더 좋은 곳으로 만드실 것입니다. 적어도 훨씬 좋은 곳이 될 것이라는 희망에 찬 세계로 말입니다.
　어제의《덴버 포스트》지의 1페이지를 여기에 동봉합니다. 그 것은 미국이 선생님의 현명함과 정치적 수완을 인정하기 시작 한 표시입니다. 이제야 겨우 인정했습니다만…….

　존경하는 앤더씨, 참으로 유쾌한 8월 22일자 당신의 편지를 손에 들었을 때 대단히 기뻤습니다. 그리고 또 동봉해준《덴버 포스트》지의 기사도 고마웠습니다.
　나는 덴버에 단 한 번 간 일이 있습니다. 그것은 당신들의 덴버시가 그다지 친절하게는 취급하지 않았던 벤 B. 린지[12] 판사 사건이 있었을 무렵이었습니다. 당신의 편지에서 추측컨대

---

12) 1869~1943. 벤자민(통칭 벤) 린지는 미국의 재판관. 캘리포니아주 최고 재판소 판사(1934년 이후). 청소년보호법의 제정에 진력하였고, 또 우애 결혼을 제창하여 결혼의 개혁을 널리 폈다. 그는 이혼이나 피임, 혹은 혼전 섹스 등을 인정하였다. 러셀의 영향을 받고 있었다.

그 후의 덴버는 이전보다 자유롭게 된 것 같습니다.

나의 미국에 대한 영향에 관해서 쓰신 당신의 저서를 보내주신다니 즐거운 마음으로 기다리고 있겠습니다.

당신의 나라에서 나의 최초의 강연은 1896년에 행해졌습니다. 그리고 최후의 강연은 1951년에 행해졌습니다. 그러므로 미국에 대해서는 상당히 긴 경험을 가진 셈입니다.

이 세계를 내가 보아온 것 이상으로 살기 좋은 곳으로 만들 수만 있다면 얼마나 기쁘겠습니까. 그러나 실제로는 그 반대가 될 것만 같은 생각이 듭니다.

다시 한 번 당신의 편지에 감사드립니다. 그것은 정말 나에 대한 격려입니다.

(1958년 8월 22일)

랄프 본 윌리엄스의 높은 소리

나는 지금 고(故) 랄프 본 윌리엄스의 음악에 관한 전기를 연구하고 있습니다. 방대한 연구입니다.

나는 선생님과 그가 케임브리지대학 동창이라는 것을 알고 있습니다. 그에 대해서 무언가 알고 계시는 바가 있으면 알려 주실 수 없겠습니까.

케네디씨, 나는 랄프 본 윌리엄스를 그가 학생이었을 무렵부터 잘 알고 있었습니다. 그러나 그의 사촌인 랄프 웨지우드만큼 알고 있지는 못합니다.

나는 랄프 본 윌리엄스 대단히 좋아했습니다. 그는 그 무렵 신념이 아주 강한 무신론자였습니다. 그리고 어느 날 밤에 높은 목소리로 "요즈음 신 같은 것을 믿는 것은 도대체 누구냐. 그놈을 알고 싶다."고 하면서 학교 기숙사로 들어왔기 때문에 주목을 받았습니다

나는 그를 열정을 쏟아 찬미하고 있었는데, 그 후에는 거의 만난 적이 없습니다. 이 이상 더 말씀드릴 게 없음을 무척 유감스럽게 생각합니다.

(1961년 11월 25일)

부인 참정권론자와 0.5인치 지도(地圖)

나는 지금 19세기의 신비적인 시인이며 사회 개혁가인 에드워드 카펜터[13]에 대한 책을 쓰고 있습니다.

내가 살펴본 바에 의하면, 카펜터는 선생님께서 제1차 세계대전 당시에 하신 일을 대단히 찬미하고 있는 듯합니다.

나는 그의 일을 전반적으로 어떻게 생각하고 계시는지 선생님의 고견을 듣고자 열망하고 있습니다. 특히 성(性)과 신비주의에 대한 그의 저서에 관해서입니다……

바루아씨, 나와 에드워드 카펜터의 관계는 아주 보잘것 없

---

13) 1844~1922. 영국의 사회사상가・시인. 케임브리지대학 재학 당시부터 휘트먼에 경도하여 졸업과 동시에 사회운동에 진출하였다. 사회개조의 제1보로서 인간생활의 개조를 주장하였고, 근로의 예술화와 생활의 미화를 슬로건으로 내걸었으며, 우애적인 사회주의의 실현을 창도하였다. 다대한 센세이션을 불러일으킨 그의 저서 《사춘기》에서 제도의 개폐(改廢)에의 한 부인 생활의 혁명을 주장하여 부인의 해방에 공헌하였다. 저서에 《영국의 사상》, 《민주주의를 지향해서》 등이 있다.

는 것입니다. 나는 21세 때, 성에 대해서 쓴 그의 팸플릿으로부터 퍽 큰 영향을 받았습니다. 그러나 그의 신비주의에는 어떤 공감을 갖지 못했습니다.

나는 단 한 번 그를 만난 적이 있습니다. 그것은 에딘버러에서 부인(婦人) 참정권에 관한 회의가 있었을 땝니다. 우리들 중 몇 사람이 존 바솔로뮤 0.5인치 지도의 발명자인 바솔로뮤[14]의 저택에서 체재하도록 초대를 받았습니다. 그 중에 에드워드 카펜터와 파우세트 부인이 끼여 있었습니다. 파우세트부인은 부인 참정권 운동의 헌법 부분의 지도자였습니다. 에드워드 카펜터는 동성애에 대한 동정적인 의향을 주창했기 때문에 파우세트 부인은 그에게 말을 걸지 않았습니다. 그 일이 다른 모든 사람을 불유쾌하게 만들었습니다.

나는 그의 시는 전혀 읽은 적이 없고, 또 사실상 내가 앞에서 말한 팸플릿 외에는 무엇 하나 그가 쓴 것을 읽은 적이 없습니다. 그러나 내가 그를 만나뵈었을 때에는 퍽 호감이 갔습니다.

(1964년 10월 29일)

엘리엇과 만날 수 있는 기회

내가 지금 핀생님께 편지를 쓰는 목적은 고 T. S. 엘리엇[15]에 대하여 두 가지 질문을 드리기 위해서입니다.

나는 몇 년 전에 그가 하버드대학에서 선생님의 제자였고 선생님께서 후일 그

---

14) 1831~93. 스코틀랜드인으로 지도 제작가. 처음으로 영국의 0.5인치 지도를 제작하여 유명해졌다.

를 런던에서 많은 사람에게 소개해주신 것을 알고 있습니다.

　그에 대한 무슨 일화라든가 그렇지 않으면 어떤 정보라든가 하는 것을 들려주실 수는 없으실는지요. 그의 친구들은 모두 그는 선과 도덕의 축도(縮圖)였다고 생각하고 있는 것 같습니다. 그러나 나는, 그가 쓴 것은 놀라우리만큼 편협하고 관용스럽지 못하다고 생각합니다…….

　경애하는 고닌씨, 엘리엇의 성격에 대한 당신의 평가에 나는 전적으로 찬의를 표합니다.

　내가 처음으로 그를 알게 된 것은 1914년의 봄이며, 내가 대학에서 강의를 하고 있을 때였습니다. 그는 그 대학원의 학생이었습니다. 우연히 내가 헤라클레이토스[16]를 찬미한다고 말했을 때 그는 그 말에 대해서 즉시 "그렇습니다. 그는 말한 대로입니다. 바이런[17]과 마찬가지로"라고 꿈꾸듯이 말했습니다. 그 당시 3개월 동안에 그가 나에게 말한 것이라고는 다만

---

15) 1888~1965. 토머스 스턴 앨리엇은 영국의 시인・비평가. 미국에서 태어났고, 1906년부터 하버드대학에서 철학을 전공한 러셀의 제자 중 한 사람이다. 졸업 후 파리의 소르본대학, 이어서 독일에 유학하였는데, 제1차 세계대전 발발과 함께 영국으로 건너가 1927년에 귀화하였다. 장편시 〈황무지〉가 유명하다. 영국 문단의 중진이 되어 1948년에는 노벨문학상을 수상하였다. 영국 국교회에 속하였고, 인간 사회에 대한 종교의 의의를 중시하여 유럽은 크리스트교를 근원으로 하여 발전해야 한다고 설파했으며, 현대의 유물사상에 대항하였다.

16) 헤라클레이토스는 기원전 500년경에 활약한 그리스의 철학자. 크세노파네스와 함께 시대문화의 엄정한 비판자며, 그 난해하고 음울한 잠언풍(箴言風)의 문장 때문에 '어두운 사람', '우는 철학자' 등으로 불렸는데, 후세에는 그의 문체나 사상을 모방하는 '헤라클레이토스학파'라는 것이 생겼다. 그는 만물의 생성을 절대적으로 모순 대립의 관계와 동일성의 조화로서 포착하여, 생성은 순환하여 전체가 같은 양에서 그친다고 생각하였다. 그리고 철학에 종교적인 깊이를 부여하였다. 그는 이 사상 내용을 로고스로서 의식하고, 그것이 후에 스토아학파에 커다란 영향을 끼쳤다.

그것뿐이었습니다.

그런데 마침 제1차 세계대전이 시작된 직후, 10월에 런던에서 우연히 그와 재회했을 때, 그가 말한 이 말이 그를 기억하도록 해주었습니다.

내가 물었습니다. "군은 여기에서 무슨 일을 하고 있는가."

그가 말했습니다. "저는 지금 막 베를린에서 돌아오는 길입니다."

또 내가 물었습니다. "이 전쟁을 어떻게 생각하는가." 그가 말했습니다. "저는 잘 모르겠습니다. 다만 제가 평화주의자인 것만은 틀림없습니다."

그래서 내가 말했습니다. "그런가. 사람들이 무엇때문에 죽음을 당하건 군은 조금도 상관이 없다는 말이군. 지금도 살육 당하고 있는데……."

(1965년 3월 9일)

H. G. 웰스와 조지 기싱

나는 수년 동안 한 인간의 생애와 그가 한 일에 대하여 연구를 계속해왔습니다. 그것은 1903년에 이 세상을 뜬 빅토리아왕조 시대의 소설가 조지 기싱[18]입니

---

17) 1431~63. 프랑수아 바이런은 중세기 프랑스에 있어서의 가장 위대한 시인. 그의 생애는 신비에 싸여 그의 시는 단테나 초서 이후 가장 진실이 넘치는 시라고 칭송받고 있다. 그의 출생이나 가족에 대해서는 아무것도 알려지지 않고 있다.
18) 1857~1903. 조지 로버트 기싱은 영국의 소설가. 대표작은 〈헨리 라이크로프트의 수기〉. 이탈리아, 그리스 등 여러 나라를 편력하였으며 불행한 결혼생활 때문에 고뇌하고 최후에는 유랑 끝에 피레네산 기슭에서 죽었다. 그의 소설은 비참한 현실묘사를 특징으로 하였다.

다. 혹시 선생님께서 그에 대하여 무엇인가 개인적으로 알고 계시지나 않을까 하는 생각이 갑작스레 저의 머릿속에 떠올랐습니다.

혹 선생님께서는 그의 저작 중에서 최초로 출판된 책에 대해서 기억하고 계시는지요. 그리고 또 선생님 자신이 그를 만나신 일이 없으시다면 그를 개인적으로 알고 있는 사람, 혹은 지금까지 선생님께 그에 대해서 이야기해준 일이 있는 분을 누구든 알고 계시는지요. 아마도 H. G. 웰스[19]도 그 한 사람일 거라고 생각됩니다만……

맨슬레이씨, 나는 기싱의 소설을 거의 다 읽고 찬탄을 아끼지 않았는데, 그를 만난 적은 한 번도 없습니다.

내가 무엇인가 당신을 위해서 도움을 줄 수 있고 당신이 흥미를 가질 수 있을 것으로 짐작되는 사실은 단 한 가지, 내가 그에 대한 일을 H. G. 웰스로부터 가르침을 받았다는 것입니다. 웰스의 소설 〈토노 번게이(Tono Bungay)〉[20] 속에 어느 정도 악당 같아 보이는 한 자본가가 대단히 교훈적인 죽음을 맞이하는 대목이 있습니다. 그것은 아무리 생각해도 그답지 않은 죽음입니다. 그 일에 대하여 나는 웰스에게 물었습니다.

그러자 웰스는 이렇게 말했습니다. 조금 기묘한 줄거리가 되기는 하지만, 기싱의 마지막 병과 죽음에 대해서 기록해두었던 자기의 노트를 이용한 것이라고.

(1958년 2월 11일)

---

19) 1866~1946. 허버트 조지 웰스는 영국의 소설가·사상가. 과학소설, 문명비평, 사회주의 사상, 제1차 세계대전 부정, 세계국가의 구상 등 다채로운 작품과 독자적인 사상 전개로 이름을 떨쳤는데, 제2차 세계대전 후에는 미래에 대한 비관적인 견해를 갖고 사망했다.

20) 웰스의 1909년 작이다. 옛 지배계급의 몰락과 신흥 재벌의 발흥을 주제로 한 대규모 사회소설이다.

광대 싱클레어 루이스

나는 지금 고(故) 싱클레어 루이스[21]에 대해서 글을 쓰고 있습니다. 그래서 선생님의 도움을 어떻게든 받아보고 싶은 데, 승낙해주시기를 바라면서 이 편지를 올립니다.

그의 사람됨과 그 일에 대하여 회상해주실 수 있다면 그것은 정말 헤아릴 수 없이 귀중한 것이 되겠습니다. 그의 인간성, 그의 의견, 그리고 그의 여러 가지 태도에 대해서 설명해줄 수 있는 정보라든가 일화 같은 것을 아주 작은 것이라도 좋으니 말씀해주신다면 무한한 영광으로 여기겠습니다.

프리드만씨, 귀하를 크게 도울 수 있었으면 좋겠습니다만 그렇지 못함을 유감스럽게 생각합니다. 싱클레어 루이스에 대해서 기억나는 것이 두 가지 있습니다. 하나는, 그는 한 시간 동안 독백을 계속했습니다. 그리고 그 사이에 누구든 한 마디도 못하게 했습니다. 그러고 난 후에 그는 이제는 무엇을 말해도 좋다고 허락하고는, 누군가가 이야기하려고 하는 그 말을 그대로, 더욱이 그 말하는 방법까지도 완전하고 정확하게 그 사람을 흉내내어 말할 수 있었던 것입니다.

다른 하나는, 우리들은 게임을 하였습니다. 먼저 한 사람을 방밖으로 내보낸 사이에 다른 사람들은 그가 알아맞추어야 하는 시인을 누구로 정할 것인가를 상의하여 결정하고는 밖으로 나간 사람을 불러들여 그 시인의 시의 특징에 대해 여러 가지 질문을 하여 대답하게 한다는 게임이었습니다. 그래서 우리들은 싱클레어 루이스를 방 밖으로 내보내고 그 사이에 그가 알

---

21) 1885~1951. 미국의 소설가. 사회문제를 취급한 풍자소설로 유명하다. 1930년, 미국의 작가로서는 최초로 노벨문학상을 수상했다.

아맞추어야 할 시인을 스윈번으로 결정했습니다. 루이스는 방으로 돌아오자 모든 질문에 대하여 완전한 스윈번의 문체나 어조로 대답했습니다

그에 대한 추억은 또 다른 것도 있기는 합니다만 활자화 하기에는 적당치 못한 것들입니다.

(1959년 9월 7일)

D. H. 로렌스

현재 우리들은 D. H. 로렌스[22]의 작품을 공부하고 있습니다.
앞서 어디에선가 선생님께서 예전에 그와 친밀한 관계였다는 것을 읽었습니다. 로렌스에 대해서 무엇인가 들려주실 수 없으신지요. 그는 무엇을 믿고 있었는지요. 그는 어떤 사람이었습니까.

안녕하십니까 로버트양. 로렌스는 개인적인 싸움이나 폭력을 쓰고 싶다는 마음에서 생겨나는 그의 강렬한 감정과 같은 감정을 갖지 않은 사람을 골려주려는 욕망에 사로잡힌 사람이었습니다. 그는 합리성을 싫어하고 '피비린내나는 것을 생각하는' 그러한 강렬한 감정을 강조하고 있었습니다. 그는 특징

---

22) 1885~1930. 데이비드 허버트 로렌스는 영국의 소설가·시인. 성적(性的) 묘사와 상류·중류계급의 위선에 대한 비판이 격렬하다. 《채털리 부인의 사랑》이 유명하다. 제1차 세계대전에서는 부인이 독일인이었기 때문에 많은 박해를 받았고, 1918년의 종전 후에는 영국이 싫어져 죽을 때까지 세계를 방랑하였다. 러셀은 그의 사고방식이 파시즘과 통한다고 비판하였고, 또 그의 성철학 및 그 묘사를 외설과 통한다고 비난하는 경향도 적지 않았다.

있는 사람이기는 했지만 호감이 가는 사람은 아니었습니다. 그는 강렬한 감정의 지배를 받고 있었습니다. 어떠한 감정인가는 자기 자신도 확실히 알지 못하고 있었습니다. 그는 근면한 생활이라든가 사회적인 관습 같은 것을 모르고 있었습니다. 그는 이런 것들은 천성으로 지니고 있는 충동을 질식시켜 버린다고 느끼고 있었습니다. 이것은 또한 지적인 엄정(嚴正)에 부합되는 것이라고 생각하고 있었습니다.

그는, 너무나도 극단적인 자기의 감정에 자기 자신까지도 친숙해지기가 어려워, 자기와 똑같은 그 감정을 경험하지 못했을 것으로 보인다는 이유로 보통사람들을 경멸하고 있었습니다.

그러한 충동은 현저하게 상상적인 작품을 창작할 수는 있겠지만, 자기 자신의 경험에서 동떨어져 이 세상에도 가치가 있다는 것을 아는 인간을 만들 수는 없을 것입니다.

나의 저서 《추억의 초상》 속에 D. H. 로렌스와의 교제 경험이 약간 언급되어 있으므로 그것을 읽어주신다면 좋을 듯합니다.

(1962년 10월 22일)

로렌스의 아내와 체펠린 비행선

나는 지금 D. H. 로렌스에 관한 강의 요목을 쓰고 있습니다.

그 요목의 주된 관심사는 다음과 같은 문제입니다. 로렌스는 과연 박해를 받았는가, 그렇지 않으면 자기 스스로 주제넘게 나서서 당국을 당황하게 했는가.

버틀러씨, 로렌스는 과연 박해를 받았는지 안 받았는지에 관해서 당신의 의론에 도움이 될 만한 가치 있는 것을 무엇 하나 갖고 있지 아니하여 심히 유감스럽습니다.

내가 생각건대, 그는 도발적인 사람은 아니었습니다만 그의 부인이 그러한 편이었다고 생각합니다.

나는 믿을 만한 소식통으로부터(그렇다고 해서 이 이야기가 틀림없다고 보장할 수는 없습니다만) 이렇게 듣고 있습니다. 체펠린(독일의 비행선)이 영국을 습격하였을 때 그의 부인은 언제나 한프스테드 히스까지 가서 갈채를 보냈다고 합니다(부인은 독일 국적을 가지고 있었음). 로렌스 자신은 당국을 당황하게 하는 일 같은 것은 되도록 피하려 했다고 생각합니다. 그러나 나는 공공연히 확실한 것을 말할 수 있을 정도로 잘 알지는 못합니다.

(1957년 9월 11일)

라빈드라나스 타고르

타고르가 선생님을 세 번 방문했다는 사실을 알고 크게 흥미를 느꼈습니다. 그리고 그때 선생님께서는 타고르를 개인적으로 어떻게 느끼셨는지, 퍽 알고 싶습니다.

내가 알고 있는 것은 로웨스 디킨슨[23]씨가 어느 날의 러셀-타고르 회견에 대해 1923년 2월 22일자의 《뉴 리더》지에서 다음과 같이 말하고 있는 것입니다. '어느

---

23) 1862~1932. 골즈워지 로웨스 디킨슨은 영국의 저술가. 케임브리지대학의 역사학 강사. 인도, 중국, 일본 등지를 여행하였다. 재필(才筆)을 가진 문명비평가로서 유명하다.

6월의 저녁 무렵이었습니다. 케임브리지 가든에서의 일입니다. 버트란드 러셀과 나와 그리고 타고르가 그곳에 앉았습니다. 타고르는 그의 시 중에서 몇 편을 읊어 우리에게 들려주었습니다. 그 아름다운 목소리와 기묘한 분위기는 차츰 어둠의 장막이 찾아드는 주위에 감돌았습니다. 그때 러셀이 이야기를 시작하여 어둑어둑한 속에서 번갯불 같은 번뜩임을 보여주었습니다. 타고르는 침묵으로 빠져들었습니다. 그러나 그는 후에 이렇게 말했습니다. 러셀의 이야기에 귀기울이고 있는 것은 아주 멋있는 일이었다고.

그는 보다 높은 의식의 상태에 깊이 들어가 있어 러셀의 이야기를 저 멀리에서 들려오는 것처럼 듣고 있었던 것입니다. 타고르는 도대체 무엇을 듣고 있었을까요. 나에게는 좀 확실하지 않습니다만.'

실제로 그날 저녁 타고르는 무엇을 듣고 있었을까요. 또 다른 논문(1925년 7월 18일자의 《네이션》지에 게재)에 의하면 그는 다음날 아침에 다음과 같이 말했다고 합니다. '진실을 말씀드리자면, 이렇습니다. 저 신성한 울 안에서 나는 재빨리 의식의 제2단계에 들어갔습니다. 그리고 열중하여 모든 것을 거침없이 이해하는 상태를 경험했습니다. 우리들은 러셀 교수의 이야기에 열심히 귀기울이고 있었는데 그가 무엇을 이야기했는지 한 마디도 기억할 수가 없었습니다. 나는 교수의 화법의 진가를 인정합니다. 그러나 그것은 모두 인생의 중요한 문제와는 전혀 관계가 없는 것이었으며, 명확하게 근접할 수 있는 사실에 대한 과학적인 식별력을 결하고 있었습니다.' 이때의 회견에 대하여 무엇인가 기억나는 것이라도 있으신지요. 어떻습니까······.

차타지씨, 나는 그 당시의 회견을 아주 잘 기억하고 있습니다. 로웨스 디킨슨은 다만 애매하게 쓰고 있을 뿐입니다.

실은 그보다도 이전에 나는 타고르와 최초로 만날 기회가 있었습니다. 그때 그는 로버트 트레벨리안과 로웨스 디킨슨에게 이끌려 우리 집에 왔습니다. 정직하게 말한다면 그의 신비로운 풍채에 나는 매력을 느낄 수가 없었습니다. 그리고 그가 좀 더 솔직해주었으면 좋겠다고 생각했던 일이 상기됩니다. 그는 부드럽고 오히려 흠잡을 곳이 없는 듯했습니다. 그것이 솔직하게 회화를 교환하거나 의지를 서로 통하게 하는 것으로부터 그는 당장에라도 뒷걸음질할 것이라는 것을 느끼게 했습니다. 그가 강하다는 것은 그의 자기몰두의 성역에 의해서 손상을 입고 있었습니다. 당연한 일이겠습니다만, 그의 신비적으로 생각하는 방식은 격언과 같은 것이어서 그것을 논리적으로 추론한다는 것은 불가능한 일이었습니다.

(1963년 2월 16일)

윌리엄 포크너와 노벨상

거의 3년이 됩니다만, 나는 윌리엄 포크너[24]의 공식적인 전기를 편찬하는 일에 관계하고 있습니다. 나는 1950년의 노벨상 수여식에 대해서 스톡홀름에서 조사하였습니다. 현재로서는 당시 그 식전에 출석하고 계셨던 수상자들로부터 여러 가지 정보를 입수하려 노력하고 있습니다…….

경애하는 브로트너 교수님, 내가 포크너를 만난 적은 단 한 번, 1950년의 노벨상 수여식 때뿐입니다.

그는 그때의 장엄함과 트럼펫의 장대함 같은 분위기에는 도저히 어울리지 않는다고 나는 느꼈습니다. 그래서 나는 되도

---

24) 1897~1962. 미국의 소설가. 20세기 문학에 다대한 공헌을 하여 1949년에 노벨문학상을 수상하였다. 대표작으로 〈음향과 분노〉, 〈압살롬, 압살롬!〉, 〈8월의 빛〉, 〈성역(聖域)〉 등이 있다.

록 그와 친근해지려고 노력했습니다. 그러나 그것은 꽤 힘든 일이라는 것을 알게 되었습니다. 그는 지나치게 수줍어하며 말이 없는 사람이었기 때문입니다. 우리들과 같이 그도 강연을 해야만 했습니다. 그러나 그 강연은 전혀 알아들을 수가 없었습니다.

내가 얻은 단 하나의 인상이 무엇인가 하면, 왕이 반역자에게 친절을 베푼다는 것은 어려운 일이라는 것이었습니다. 그러한 느낌이 들었습니다.

(1965년 9월 29일)

콘래드에 대한 정열

콘래드[25]에 대하여 선생님께서는 어떠한 반응을 표시하셨는지, 그것을 연구하는 것이 저에겐 특히 가치 있는 일입니다. 귀하의 저서 《추억의 초상》 속에서 선생님은 콘래드에 대한 비상한 신뢰 관계를 서술하고 계십니다…….

근계(謹啓). 와츠씨, 콘래드와 나 사이의 묘한 동정(同情)관계에 대해서는 나 자신도 지금까지 반드시 잘 알고 있었다고는 말할 수 없습니다.

나는 항상 두 개의 레벨이 있었다고 생각했습니다. 하나는 과학과 상식의 레벨이고, 다른 하나는 무서운, 지하에 잠입

---

25) 1857~1924. 조지프 콘래드는 러시아 치하의 남폴란드 태생의 영국 소설가. 영국에 귀화한 것은 1886년. 그는 인간의 성실과 용기를 찬양하고, 선명한 심리묘사와 자연묘사로 가득 찬 해양소설을 창시하였다. 러셀은 콘래드에 경도하여, 장남과 차남의 이름도 그의 이름을 따서 지었다. 그리고 콘래드는 그들의 대부가 되었다.

한 그리고 간헐적으로 움직여 나오는 레벨입니다. 그러나 후자의 경우는 어떤 의미에서 흔하디흔한 평소의 생각보다도 더욱 진리를 포괄하고 있습니다. 당신은 이것을 악마의 신비주의자라고 이름붙여서 기술할지도 모릅니다. 나는 지금까지 한번도 그것이 진리라고 확신해본 적은 없습니다. 그러나 깊은 정감이 용솟음쳐 나와서 그것이 나를 사로잡는 것입니다. 가장 순수한 지적 근거에서 그것을 변호할 수가 있습니다. 가령 우리들이 주목하려고 하는 사물 탓으로 물리학의 법칙만이 진리처럼 생각된다는 에딩턴[26]의 주장에 의해서입니다.

내가 상상하는 바로는, 콘래드에 대해서 품고 있는 나의 감정은 그의 정열과 비관주의가 맺어진 것에 귀인(歸因)하고 있었습니다. 간단히 말한다면 그런 것일 것입니다.

당신은, 콘래드에 대한 나의 감정은 고독의 애수라는 공통된 기분에 기초를 둔 것이 아니냐고 묻고 계시는데 틀림없이 그러했을 것이라고 나도 생각합니다. 그러나 그 심적 경험은 퍽 오래 지속되었으며 분석하기에는 너무나 깊었습니다.

(1961년 10월 3일)

---

26) 1882~1944. 서 아서 스탠리 에딩턴은 영국의 천체물리학자. 케임브리지 대학에서 수학과 물리학을 전공했다. 1913년에 동 대학 교수, 다음해에는 천문대 대장이 되었다. 상대성이론을 지지하고 동 이론과 양자론의 통합도 시도하였다. 그의 《항성 내부 구조론》은 불후의 명저라고 일컬어지고, 《상대성이론의 수학 이론》, 《물적 세계의 본질》, 《물리의 철학》도 특히 유명하다.

타닐라르트에서의 셸리

선생님께서는 셸리[27]에 관한 나의 발견에 흥미를 느끼실 것이라고 생각하고 있었습니다.

도링씨, 타닐라르트의 셸리에 대한 습격을 조사하신 자료를 보내주셔서 대단히 감사합니다. 내가 청춘시절에 셸리에 흥미를 갖기 시작한 이후 이 이야기는 쭉 계속하여 나의 흥미를 일으켜왔습니다. 그리고, 타닐라르트의 전경을 조망할 수 있는 곳에 살고 있는 지금, 나의 흥미는 더욱 새로운 자극을 받고 있는 것입니다. (타닐라르트는 웨일스의 펜링다이드레스의 프라스펜에 있는 러셀의 집에서 만을 건넌 대안에 있음)

당신이 개축(改築)해주신 것을, 참으로 좋은 일을 해주셨다고, 마음속으로 기쁘게 생각하고 있습니다. 그리고 그리슨이라는 남자를 찾아내어 사건을 적발해주신 것을 진심으로 경하해 마지 않습니다.

당신이 이미 "뮤즈의 신(시, 음악 기타의 학예를 관장하는 아홉 여신 중 하나)보다도 더 좋은 술을 양조하는" 귀족이 있었다는 사실을 나는 모르고 있었습니다.

무신론자인 탓으로 옥스퍼드대학에서 퇴학당하고 자유연애를 고취했다는 이유로 고상한 사회로부터 추방당한 젊고 열렬한 공산주의자를 받아들인다는 것은 이웃의 상류사회 사람들

---

[27] 1792~1822. 퍼시 버시 셸리는 영국의 낭만파 시인. 두메산골의 귀족의 장자로 태어났는데, 천성적인 순수한 인간애와 박해에 반항하는 격렬한 열정을 갖고 있어, 인도주의와 혁명적인 이상에 몸을 바쳤다. 1818년, 영국을 떠나 이탈리아로 갔다. 1822년, 요트를 타고 항해중, 심한 폭풍우를 만나 스페치아만에서 익사하였다.

에게는 틀림없이 곤란한 일이었을 것이라고, 나는 지금도 그렇게 생각합니다. 그러나 타락한 현대에 있어서는 상류계급도 옛날과는 달라졌으며 미덕은 수입에 비례하여 결정된다는 신념도 이제는 유행하지 않게 되었습니다.

나는 당신의 그 에세이가 출판되기를 바라고 있으며, 만약 출판되면 청컨대 1부를 보내주시기 바랍니다. 그렇게 해주신다면 매우 고맙겠습니다.

(1960년 7월 25일)

[추신] (카슬레[28]에 대하여 셸리가 말한 것을 상기하면서)
 나는 잔혹하고 광포한 악한을 만났다.
 그는 나에게는 마치 맥밀란처럼 보였다.

 내가 생각건대 오늘날까지도 이와 같은 감정은 북웨일스의 상류계급 사람들에게는 아마 환영을 받지 못할 것입니다.

---

28) 1769~1882. 본명은 로버트 스튜어트. 런던데리의 마키스 제2세대라고 불린 자작이다. 영국의 정치가. 처음에는 아일랜드의 국회의원이었다가 후에 영국 국회의원이 되었고, 아일랜드와 잉글랜드의 합병에 진력, 소피트 내각의 식민상(1805)이 되었다. 그때 커닝 외상과는 반목이 심하여 그와 결투 후에 사직하였다. 리버풀 내각의 외상으로서 나폴레옹 1세 타도에 전력을 기울였다. 1814년의 비엔나회의에 영국전권으로 참석했다. 그 후 정신이상으로 자살하였다.

5. 행복의 길

불행의 원인

무엇이 인간을 불행하게 만드는가?

 동물은 건강과 먹을 것만 충분하면 행복하다. 인간은 누구나 행복하기를 원하지만 적어도 대다수의 인간은 불행한 것이 사실이다. 만일 당신이 불행한 인간이라면 그 불행에서 벗어날 길이 없어 보인다. 다행히 행복하다면 친구들 중에 과연 몇 사람이나 행복한가 한번 생각해보라. 날마다 친구들을 대할 때 얼굴의 표정을 살피고 기분을 읽어 보아라.

 내가 만나는 얼굴마다
 피곤의 그림자와 슬픔의 빛

 이것은 영국의 시인 블레이크의 말이다. 불행의 종류는 천태만상이다. 우리는 인생 도처에서 불행을 만난다. 사람들이 분주히 오가는 사거리나 주말의 번잡한 대로나 저녁 댄스에 한번 나가보라. 허심탄회한 마음으로 주위의 낯선 사람들은 한사람 한사람씩 주의해서 보면 저마다 얼굴에 수심의 빛이 서려 있다. 노동시간의 군중들의 얼굴에는 어디나 불안·과로·소화불량·싸움 이외에는 만사에 대해서 흥미를 잃어버린 태도, 휴양부족, 동포에 대한 무관심의 표정이 있을 뿐이다. 주말 사거리에 서서 오가는 남녀의 얼굴을 보라 모두 흥겨워서 쾌락 추구에 여념이 없다. 행복을 찾아서 똑같은 속력으로 서서히 달리는 자동차의 홍수, 저마다 자동차 때문에 길이 가리워서 밖이 내다 보이지 않는다. 한눈팔다가는 사고 날까봐 구경할 마음의 겨를이 없다. 자동차의 손님들은 남보다 빨리 가려고 모두 마음을 조이지만 교통혼잡으로 그것도 여의치 않다. 차를 운전하지 않는 손님들의 심리란 번번이 말할 수 없는 권태에 사로잡혀서 불만이 가득찬 표정이다. 가끔 흑인들의 한떼가 흥겨워서 떠들어 대지만 필경 실수로 남의 분노를 사고 나중에는 사고가 나서 경찰서 신세를 지게 된다. 휴일의 놀이란 으레 이런 법이다.

밤에 놀러나오는 유흥객들을 살펴보자. 모두 단단히 재미를 보려고 대단한 결심을 품고 나온다. 음주와 애무가 행복의 시작이라고 그들은 생각한다. 곧 취흥이 도도해서 남의 기분이 상하든 말든 추호도 개의치 않는다. 만취한 후에 울기 시작하는 자도 있다. 부모님의 지성된 사랑에 대해서 불효 막심한 놈이라고 한탄하는 자도 있다. 정신이 말짱할 때에는 이성이 죄의식을 누르고 있지만 알코올이 들어가면 죄의식을 풀어놓고 마는 것이다.

불행의 종류는 천차만별이지만 두 가지 원인에서 나온다. 하나는 사회제도이고, 또 하나는 개인의 심리다. 물론 개인의 심리도 그 근본은 어느 정도 사회제도의 산물이라고 할 수 있다. 행복을 증진시키려면 사회제도를 변혁할 필요가 있다고 과거에 쓴 적이 있거니와 전쟁의 절멸, 경제적 착취의 철폐,

잔인과 공포를 조장하는 교육의 폐지 — 이런 문제는 이 책에서 논하지는 않기로 하겠다. 전쟁 절멸의 제도를 발견하는 것, 이것이 문명의 근본 문제다. 그러나 불행하게도 인간이 인간을 죽이는 것을 조금도 두려워하지 않는 동안은 이러한 제도가 있을 수 없다. 가난한 사람들이 기계생산의 혜택을 받고 빈곤을 막아내야 한다. 그러나 부유한 인간들이 비참하다면 인간을 부유하게 만들 필요가 어디 있겠는가?

　잔인과 공포의 교육은 나쁘지만 이러한 감정의 노예가 된 인간들은 달리 교육할래야 할 수가 없다. 이 문제는 결국 개인문제로 돌아가고 만다. 이 외로운 사회에서 자기의 행복을 창조하기 위하여 우리들은 무엇을 해야 하는가? 이 문제를 논하는 있어서 물질적으로 더할 수 없이 비참한 사람은 논의의 대상에서 빼기로 한다. 수입이 넉넉해서 의식주의 걱정이 별로 없고 또 몸이 튼튼해서 육체적 활동을 얼마든지 할 수 있는 사람을 두고 생각해 보자. 슬하의 어린애를 모두 잃어버렸다던가 사회적 신용을 완전히 상실했다던가 이런 극단의 비극도 빼기로 한다. 물론 그런 문제에 관해서도 할말이 많고 또 중대한 문제지만 내가 여기서 논하려고 하는 문제와는 성격이 다르다. 문명사회의 보통 인간들이 날마다 당하는 불행이 해결방법을 제시하는 것이 나의 의도다. 그런데 이 불행에는 명백한 외부적 원인이 없기 때문에 불행을 피할 길이 없어 보이고 또 그만큼 견디기 힘들다. 잘못된 세계관, 그릇된 논리, 옳지 않은 생활습관, 이것이 주요원인이라고 생각한다. 그 이유는 모든 행복의 근본요소는 일에 대한 자연적인 열정과 욕망에 있거니와 이 열정과 욕망을 파괴시키는 것이 바로 위에 말한 주요원인이기 때문이다. 이런 것은 모두 개인의 능력에 속한다.

이제부터 행복의 방법론을 소개하겠다. 내가 소개하려는 행복철학의 서론으로서는 내 자서전의 몇마디를 말씀드리는 게 좋겠다. 나는 이 세상에 태어났을 때 행복한 몸은 아니었다. 어렸을 때 내가 애창하던 찬송가는 〈죄에 쌓인 몸 이 세상에 지쳐……〉라는 노래였다. 다섯 살 때 나는 이렇게 생각했다. 내가 앞으로 칠십까지 산다고 하면 나는 벌써 인생의 1/10을 산 셈이다. 그런데 나의 앞길에는 견딜수 없는 권태의 그림자가 놓여 있는 것을 느꼈다. 청년 시절에 나는 인생을 증오한 나머지 항상 자살할 위험성이 있었다. 그러나 수학에 대한 연구심이 나의 자살을 중지시켰다. 오늘날 나는 도리어 인생을 즐기고 있다. 앞으로 해마다 인생이 더욱 즐거워질 것이다.

내가 그렇게 된 경위는 이러하다. 내가 진실로 원하는 것이 무엇인지를 발견하고 한결같이 그것을 구하였기 때문이고, 다른 하나는 어떤 욕망의 대상은 깨끗이 잊었기 때문이다. 예를 들면 본래 인식할 수 없는 사물에 대해서 명백한 지식을 가지려고 하는 헛된 노력 같은 것. 또 그보다도 자기 자신에 대한 편견을 없앴기 때문이다. 청교도적 교육을 받은 사람들이 다 그렇듯이 나도 내 죄와 결점과 어리석음에 대해서 골몰히 생각하는 버릇이 있었다. 물론 자기 자신이 비참한 인간으로 비쳤다. 점점 자기 자신과 자기 부족에 대해서 무관심하게 되었다. 나는 갈수록 주의력을 외부적 세계에 집중시켰다. 즉 세계의 현실과 지식의 넓은 세계 또 내가 사랑하는 사람들. 물론 외부적 세계에 대한 관심은 또 그것으로서 고통이 없는게 아니다. 세계가 전쟁속에 휩쓸려 들 것 같다든가 어떤 방면의 지식은 배우기 힘들다든가 친구가 죽을지도 모른다는가.

그러나 이러한 고민은 자기 혐오의 고민과 같이 인생의 본질을 파괴하는 것은 아니다. 외부적 관심은 반드시 어떤 행동을 일으키고 그 행동은 관심이 살아 움직이는 동안 권태를 완전히 막아낼 수 있다. 그러나 이와 반대로 자기에 대한 관심은 진보적 행동으로 나아가지 못한다. 기껏해야 일기를 쓴다든가 심리분석을 한다든가 또는 성직자가 된다든가. 성직자가 된다고 하더라도 수도원의 일과에 바빠서 자기 영혼을 잊어버리게 되어야 비로소 행복할 수 있다. 청소부가 되었더라도 종교에서 얻는 그만한 행복은 얻을 것이다. 자아에 대한 침잠과 혜념이 너무 심해서 다른 방법으로는 고칠 길이 없는 불행한 사람에게는 자체적 훈련이 행복에 이르는 유일한 길이다.

자아침잠에는 여러 가지 종류가 있다. 죄인, 자기도취에 빠진 사람, 과대망상증에 걸린 사람이 가장 흔한 타입이다. 내가 여기서 말하는 죄인이란 소위 범죄자만이 아니고 죄의식에 빠진 사람을 말한다. 이러한 인간은 늘 자기비난, 자기부족을 일삼는다. 만일 그가 종교가라면 자기비난을 신의 비난이라고 해석할게다. 그는 자기의 이상적 인간상을 머릿속에 그리고 있다. 이 이상적 인간상은 현실적 자아와 늘 싸우고 있다. 그가 어머니의 슬하에서 배운 도덕률을 자기의 자각적 사색의 결과 포기해버린 지도 이미 오래다. 그러나 죄의식은 그의 의식 속에 깊이 뿌리 박혀서 술에 취한다던가 잠을 잘 때에 수시로 나타난다. 모든 것을 어둡게 하는 그림자와 같다.

사실 그가 어렸을 때 배운 도덕률을 그대로 인정하고 있는 셈이다. 맹세하는 것은 나쁘다. 술 마셔서는 못쓴다. 장사에 눈이 빨라서는 안된다. 특히 섹스는 나쁘다. 그렇다고 그는 이러한 행동을 안하는 것은 아니다. 하기는 하지만 이러한 행동은 자기를 더럽힌다고 느끼기 때문에 자기에게 해가 되는 것이다. 그가 정성껏 바라는 것은 어머니한테서 사랑을 받는 것이다. 이것은 어렸을 때 경험하던 기억이 있기 때문이다. 그러나 이런 기쁨은 이제 구할 수 없다. 그는 깊은 죄의식에 사로잡혀 있기 때문에 죄를 짓는 것이다. 그가 어떤 여자와 사랑에 빠질 때 모성적인 사랑을 구하지만 그걸 받아 드릴 수 없다. 그 이유는 자기 어머니의 인상 때문에 자기가 성적 관계를 가진 여성에 대해서 존경의 감정을 느낄 수 없다. 그래서 실망 끝에 잔인해지고 또 자기의 잔인성을 뉘우치고 상상적 죄악감과 실제적 후회감 사이를 우울한 마음으로 뱅뱅 돌다가 또 새 출발을 한다. 이것이 흔히 볼 수 있는 엄격한 인간의 타락적 심리다. 그를 타락하게 한 것은 어렸을 때 머릿속에 심어준 어처구니없는 도덕법칙과 어떤 높은 대상(대개 어머니나 어머니에 대신하는 자)에 대한 사랑 때문이다. 소위 이러한 '모성적 덕' 때문에 희생을 당한 자가 행복에 도달하려면 먼저 어렸을 때 받은 신앙과 애정의 폭군에서 해방되는 것이다.

자기도취는 자기가 자기를 찬미하는 습관이요 또 남한테서 찬미를 받으려는 태도다. 자기도취는 어느 정도 당연한 것이므로 비난할 것이 못된다. 자기도취가 지나칠 때 큰 악이 된다. 많은 부인들. 특히 부유한 사교계에 드나드는 부인들이 사랑의 매력과 미는 완전히 메말라 버렸음에도 불구하고 모든 남성이 자기를 사랑해 주길 바라는 강한 욕망에 사로잡히곤 한다. 이런 따위의 여성들은 어떤 남자가 자기를 사랑한다는 사실만 확신하면 그 남자한테 그 이상 더 소용이 없다. 이와 같은 경우는 물론 남자에게도 있지만 수가 적을 뿐이다. 그 고전적 예로는 프랑스혁명 바로 직전 귀족의 연애사건을 그린 《위험의 연속》이라고 하는 유명한 소설의 주인공이다. 허영이 극도에 달하면 남에 대해서 진정한 관심과 흥미를 느낄 수 없다. 그러므로 사랑에서 진정한 만족도 얻을 수가 없다.

 더 비참한 실수를 당하는 경우도 있다. 한 예를 든다면 어떤 훌륭한 화가에 대한 존경이 계기가 되어서 자기도취적 인간은 예술을 공부하게 되는 수도 있다. 그러나 그림은 그에게 있어서 목적에 대한 수단에 불과하므로 예술은 진보의 경지가 보이지 않고 제재는 기껏해야 신변작품 정도를 면할 수 없다. 예술을 따라가기는커녕 조소와 실패와 실망으로 끝나고 만다. 이와 같은 경우는 자기 자신을 작품의 주인공으로서 이상화시키는 소설가에서도 볼 수 있다. 무릇 작품의 성공여부는 그 작품이 취급한 테마에 대해서 진정한 흥미를 가지느냐 못가지느냐에 달려있다. 유명한 정치가들의 비극도 사회적 관심을 버리고 자기도취에 빠지는 결과 생기는 것이다. 오직 자기에 대해서만 흥미와 관심을 가지는 인간은 칭찬할 만한 위인이 못될 뿐더러 칭찬할 마음조차 일어나지 않는다. 그러므로 사회적 칭찬에만 관심을 가지고 움직이는 사람은 자기의 목적을 이룰 수 없다. 또 설사 사회의 칭찬을 받는다 하더라도 행복을 느낄 수 없다. 왜냐하면 인간의 본능은 결코 자기중심적 본능만이 아니기 때문이다. 항상 죄악감에 사로잡힌 인간과 마찬가지로 자기도취에 빠진 인간도 자기를 늘 부자연스럽게 만든다. 원시인은 사냥 잘 하는 것을 자랑하지만 사냥하는 것이 곧 기쁨이 된다. 그러나 허영은 어떤 한계선을 넘으면 온갖 활동의 기쁨을 말살한다. 그래서 반드시 우울과 권태로 끝난다. 대개 자신 없는데서 허영이 생긴다. 그러므로 허영을 고치려면 자기 존경의 생각을 길러야 한다. 객관적 관심과 흥미에서 우러나오는 훌륭한 활동만이 자기존경의 생각을 일으킬 수 있다.

　과대망상에 사로잡힌 사람이 자기도취의 인간과 다른 점은 이러하다. 과대망상은 미보다 힘을 원하고 남의 사랑을 받는 것보다도 남이 외경을 받고자 한다. 허다한 미치광이와 역사상의 위인들이 대개 과대망상증에 속한다. 권력애는 허영심과 마찬가지로 인간성의 강한 요소라고 볼 수 있다. 권력애가 부당한 현실의식과 합하거나 정도를 지나칠 때 비참해진다. 인간을 불행하게 하거나 또는 어리석게 한다. 자기는 왕관을 쓴 군주라고 생각하는 광인은 어떤 의미에 있어서 행복할지는 모르지만 그 행복이란 건전한 인간이 부러워하는 행복은 아니다. 심리학적으로 볼 때 알렉산더 대왕은 미친 사람과 다를 바 없다. 그는 광인의 꿈을 현실화할 만한 재능을 가지고 있었지만 자기 꿈을 현실하지 못했다. 꿈은 실현될수록 범위가 넓어졌다. 위대한 정복왕으로 이름을 사방에 떨쳤을 때는 외람되게 신이 되려고 결심했다. 그는 행복한 인간이었는가? 술 마시기를 좋아한 점이라든지 노발대발하기 잘 한 점이라든지 여성에 대한 무관심이라든지 신성에 대한 갈망 등을 보면 결코 행복한 인간이 아니었던 것이 분명하다.

　인간성의 일면만을 실현하기 위해서 모든 것을 희생하여 돌보지 않는다든가 또는 온 세계를 나의 이기적 자아 만족의 재료로 삼으려는 태도에는 완전한 행복이 있을 수 없다. 대개 과대망상적 인간은 심한 굴욕을 당하는 데서 생기는 것이다. 나폴레옹은 학창시절에 가난한 급비생이었기 때문에 부유한 귀족인 자기 학우들한테 무한한 열등감을 느꼈다. 그가 나중에 왕당원의 입국을 허가해 주었을 때 옛날 학우들이 자기 발 아래 와서 머리 숙이는 광경을 보고 마음에 통쾌감을 금할 수 없었다. 그는 쾌재를 외쳤던 것이다. 나폴레옹은 왕위를 희생해 가면서까지 이러한 만족을 추구하다가 결국 세인트 헬레나 고도에서 죽는 몸이 되었다. 인간은 전능한 존재가 아니므로 권력욕으로 움직이다가는 조만간 정복할 수 없는 높은 장해와 부딪치게 된다. 미친 행동에 사로잡히면 이것을 인식하지 못한다.

오히려 자기 결점을 지적해 주는 자를 투옥하거나 박해하는 수도 있다. 정치적 압박과 정신적 압박은 서로 밀접한 관계가 있다. 하여튼 정신적 압박이 있는 곳에 진정한 행복은 존재하지 않는다.

정당한 권력은 행복에 큰 빛을 가할 수 있지만 권력이 인생의 유일무이한 목적이 될 때 그 생활은 결국 파멸하고 만다. 외적으로 파멸하지 않으면 내적으로 파멸한다.

불행의 심리적 원인은 실로 여러 가지가 있지만 어떤 공통점이 있다. 가장 불행한 사람이란 이러한 사람이다. 청년 시절에 어떤 방면의 정당적 만족을 잃어 버린 결과 다른 방면의 활동은 전혀 무시하고 오직 그 방면의 활동만 부당하게 강조하는 일면적 인생을 걸어가는 사람이다. 인간의 매사가 불여의하므로 옳은 만족을 구하려고 하지 않고 다만 오락과 일시적 망각만 추구한다. 그 결과 한낱 쾌락추구자가 되어버리고 만다. 이것이 현대의 공통적 경향이다. 활동을 피하고 인생을 안이하게 살려고 한다.

한 예를 들어보면 술 취한다는 것은 일시적 자살행위이다. 그것은 소극적 행복이다. 이를테면 불행을 잠시동안 멈추는 것이다. 자기도취가나 과대망상적 인간은 행복의 추구방법은 틀렸지만 행복이 가능하다고 믿는다. 그렇지만 술이나 취했으면 하는 사람은 망각밖에 없는 것이다. 이런 사람한테는 먼저 행복의 희망을 말해주어야 한다. 간밤에 꿈이 나빴던 사람처럼 불행한 사람들은 늘 그 사실을 자랑한다. 그들의 자랑은 《이솝우화》에 나오는 〈꼬리잃은 여우〉의 자랑과 같다. 만일 그렇다면 이것을 고쳐주는 방법은 새 꼬리를 돋게 하는 방법을 가르쳐주는 수밖에 없다. 행복의 순탄한 길이 있는데도 불구하고 일부러 불행의 가시밭길을 걸으려고 하는 사람은 아마 없을 게다. 그런 사람이 전혀 없다고 할 수 없지만 있다고 해도 극히 드물다. 독자들은 물론 불행보다도 행복을 원하는 사람일 것이다. 내가 여러분에게 과연 행복의 대로를 가르쳐 줄 수 있는지는 모르겠지만 어쨌든 이러한 노력은 즐거운 일이 아닐수 없다.

경쟁

미국인이나 영국 상인들에게 생활 향락에 제일 방해가 되는 것이 무엇이냐고 물으면 으레 '생존경쟁'이라고 대답할 게다. 아마 그렇게 믿고 있을 게다. 물론 어떤 의미에 있어서는 그렇다. 그러나 다른 의미에 있어서는 새빨간 거짓말이다. 생존경쟁은 하나의 사실이다. 불행하게도 생존경쟁은 누구나 당하는 일이다. 콘다드의 소설에 나오는 포크에게도 생존경쟁이 있었다. 포크는 난파선에서 살아남는다. 총을 가진 사람은 두 사람뿐. 상대방을 잡아 먹는 것 이외에는 먹을 것이 없다. 마지막 식사를 끝마친 후 처참한 생존투쟁이 전개된다. 포크는 이겼다. 그 후에 그는 채식주의자가 된다. 포크의 경우는 실업가가 말하는 소위 생존경쟁과는 다르다. 그것은 침소봉대한 말이다. 같은 실업가들 중에서 굶어 죽는 사람이 과연 몇 사람이나 있느냐 말이다. 생존경쟁에 파멸한 후에 그 사람은 어떻게 되었나 물어 보아라. 어떤 실업가가 생존경쟁에 파멸 했다고 하지만 물질적 향락방면을 보면 파산할 만한 재산의 밑천도 가져 보지 못한 사람보다는 훨씬 잘 사는 게 사실이다. 그러므로 생존경쟁이란 말은 사실은 성공경쟁이다. 사람들이 경쟁할 때 두려워 하는 것은 내일 아침 끼니를 굶지 않을까 하는 문제가 아니고 이웃 사람보다 우세할 수 있느냐 없느냐 하는 문제다.

우리들은 피할 도리가 없는 한 개의 기구 속에 빠져 있는 것이 아니다. 높은 수준에 향상할 수 없다는 것을 자각하지 못하고 단조한 직업에 그대로 붙들려 있다. 이런 것을 모르는 사람이 많다. 내가 지금 생각하고 있는 사람들이란 수입이 넉넉해서 그걸로 얼마든지 살 수 있는 일류 실업가들 말이다. 진부한 입신출세담을 막 읽고난 실업가에게 당신의 활동이 어떤 사회적 의미와 가치가 있느냐고 물으면 대답할 말이 없어서 쩔쩔매고 마치 적을 만나서 탈영하여 도망치는 자처럼 부끄러운 생각이 들 것이다.

그러한 사람의 생활을 생각해 보자. 그에게는 좋은 집과 아름다운 아내와 귀여운 자녀들이 있다. 남들 다 자고 있는데 아침 일찍 일어나서 사무소로 달려간다. 거기서 그의 놀라운 수완을 발휘한다. 남에게 그럴듯한 인상을 주기 위해서 일부러 말을 무겁게 하고 점잔을 뺀다. 전화로 각계의 명사들과 얘기를 주고 받고 경기를 알아보고 크게 수지 맞는 사람과 점심을 먹고, 오후도 오전과 똑같은 일이 계속된다. 피곤한 몸으로 집에 돌아오기가 바쁘게 만찬회에 나갈 준비를 해야 한다. 만찬회에 가서는 여러 피곤한 남자들 틈에 섞여서 부인네 비위를 적당히 맞추어야 한다. 여러 시간 후에 겨우 빠져나와서 겨우 잠자리에 든다. 몇 시간 쉬면 긴장이 풀린다.

이 사람의 활동생활은 마치 백야드 경주의 심리와 마찬가지다 그러나 그가 뛰고 있는 경주는 도달점이 무덤이기 때문에 정력의 집중이 도를 지나친다. 그는 자기 아들딸에 관해서 아무것도 모르고 있다. 월요일에서 토요일까지 엿새 동안 사무실에서 보내고 일요일이면 골프장에 간다. 그는 자기 아내에 대해서도 모른다. 아침에 집을 나설 때 아내는 자고 있다. 밤에는 사교에 눈코 뜰 새 없이 바빠서 서로 정다운 얘기를 겨를이 없다. 웬만한 친구는 있어도 정말 자기에게 소중한 친구는 없다. 봄철이나 가을 추수 때 오직 거래 관계로 친구를 알게 된다. 유럽 여행도 하겠지만 후회스러운 뿐이다. 책은 그에게 무용지물이다. 음악도 마찬가지다. 해마나 고독이 심해지고 흥미의 세계가 점점 좁아지고 실업 외의 생활은 갈수록 메말라간다. 나는 유럽에서 이러한 부류의 인간이 중년의 아내와 딸을 동반하고 여행하는 광경을 본 일이 있다. 부인과 딸은 그더러 하루 휴일을 택하여 마음껏 즐기라고 주장한다. 부인과 딸은 희색이 만면하여 그를 둘러싸고 이것저것 재미있는 것을 들어서 그의 주의를 끌려고 한다. 가장은 말할 수 없이 성가시고 귀찮은 표정이다.

지금쯤 사무소에서는 뭘하고 있을까. 야구계의 형편은 어떻게 돌아갈까 이런 엉뚱한 생각이다. 부인과 딸은 마침내 단념하면서 남자들은 교양이 없는 속인이다고 결론을 맺는다. 그 실업가는 결국 탐욕의 희생이 된 것을 그들은 알지 못한다.

남편이 죽으면 아내는 남편의 시체와 같이 불에 타서 따라 죽어야 하는 인도의 습관이 유럽인에게는 옳아 보이지 않는 것과 마찬가지로 이 실업가의 태도도 어리석기 짝이 없는 것이다. 인도의 과부는 아마 십중팔구 영광을 위해서, 또 종교가 명하는 대로 스스로 타서 죽기를 원하는 의식적 희생자다. 그 실업가의 영광과 종교는 돈을 많이 모아야 한다고 주장한다. 그러므로 인도의 과부처럼 그는 고통의 멍에를 달갑게 받는 것이다.

미국의 실업가가 행복해지려면 먼저 종교를 고쳐야 한다. 성공을 원하고 성공을 추구하는 것이 인간의 의무요, 성공하지 못하는 자는 아주 보잘것 없는 자라고 믿어 버린다면 그 인생은 너무나 골몰하고 괴로워서 행복한 날이 영 없는 것이다. 간단한 통계를 하나 들어보자. 대다수의 미국인은 안전한 투자를 해서 4%의 이익을 얻는 것보다도 도전적 투자를 해서 단번에 8%의 이익을 얻으려고 한다. 그러다가 밑천까지 잃어 버리는 일이 부지기수요, 고민과 초조의 그림자가 늘 따라다닌다.

내 의견은 이러하다. 내가 돈에서 얻으려고 하는 것은 안정과 한가함이다. 전형적인 현대인이 돈으로 사려고 하는 것은 돈을 더욱 더욱 많이 모으는 것이요 돈을 많이 모으는 목적은 허영과 명성과 타인에 대한 우월감이다. 미국의 사회적 규모는 일정하지 않고 늘 변동한다. 그러므로 사회적 질서가 고정된 세계보다도 신사연하는 감정이 늘 강하게 움직인다. 돈 그 자체가 인간을 위대하게 만들 수 있는 것은 못되지만 그렇다고 돈 없이 위대해지기는 곤란하다. 그뿐만 아니라 치부의 다수가 두뇌의 일반적 척도다. 돈을 많이 모으는 자는 똑똑한 인간이요. 그렇지 못한 자는 똑똑하지 못한 인간이다. 누구나 남한테 바보라고 손가락질 받기를 원치 않는다. 그래서 경제가 불안정할 때에는 청년들이 시험때 느끼는 심리와 비슷한 감정을 느낀다.

파산의 결과에 관한 불합리한 공포심이 실업가의 불안에 더욱 박차를 가한다. 아놀드 베네트의 소설에 나오는 클레이행거는 신부가 되었건만 양로원에 가서 죽지 않을까 밤낮 두려워한다. 어려서 가난에 너무 시달린 사람은 이 다음에 내 자녀가 또 나처럼 빈한의 고통을 당하지 않을까 하는 공포에 사로 잡힌다. 또 이러한 불행에 대비할 방편으로 수백만금 모으려고 하지만 여의치 않다. 이러한 공포는 심각한 가난의 슬픔을 모르는 사람에게는 별로 문제가 안 된다.

경쟁적 성공이 행복의 근본적 요소라고 너무 강조하기 때문에 고통이 생기는 것이다. 성공의 감정이 인생을 즐겁게 하는데 도움이 된다는 것을 나는 부인하지 않는다. 예를 들면 청년시절에 존재가 희미하던 화가가 자기 재능이 남한테 인정되면 더욱 행복감을 느낀다. 돈의 힘으로 어느 정도 행복을 살수 있다는 사실을 나는 부인하지 않는다. 그러나 어느 한계를 넘으면 그렇지 않다. 나의 주장은 이러하다. 성공은 다만 행복의 한 요소가 될 수 있다. 그러나 성공하기 위해서 그 밖의 온갖 요소를 희생한다면 성공을 너무 비싼 값으로 사는 셈이다.

이러한 불행은 실업가들의 인생철학에서 온다. 유럽에서는 위신을 가진 계급들이 있다. 이러한 계급은 나라에 따라 다르다. 어떤 나라에서는 귀족계급 또 학식이 높은 직업인들, 또 소수의 소국을 제외한 강대국가에서는 군인계급들이 존경을 받고 있다. 어떤 직업이건 성공에는 경쟁적 요소가 있는 것이 사실이지만 그와 동시에 남보다 뛰어난 우수성이 필요하다. 이것이 성공의 근본이다. 과학자들은 돈을 모을 수도 있고 그렇지 않을 수도 있다.

돈을 모은다고 해서 그렇지 않은 사람보다 더 존경을 받는 것은 아니다. 유명한 장군이 가난한 것을 보고 아무도 놀랍게 생각하지 않는다. 참으로 이러한 환경에서는 가난하다는 것이 어떤 의미에서 있어서는 명예다.

이러한 이유 때문에 유럽에서는 돈을 모으기 위한 경쟁은 일부사회에만 제한되어 있다. 또 그러한 이득을 위한 경쟁의 사회가 가장 유력한 것도 아니요 제일 존경을 받는 것도 아니다. 그러나 미국에서는 이와 사정이 다르다. 종교계의 성직은 국민생활에 너무나 적은 역할을 하고 있으므로 아무런 힘이 없다. 유식한 직업에 관해서 말하면 이렇다. 어떤 의사가 의학에 조예가 깊은지 또 어떤 변호사가 법률을 잘 아는지 문외한으로서는 알 도리가 없다. 그러므로 수입과 생활정도를 보고서 재능의 유무를 판단하기 쉽다. 대학교수들은 이를테면 실업가의 유급 고용인인 셈이다. 역사가 오랜 나라에서는 모르되 미국에서는 유식한 직업인들이 실업가를 모방하고 있다. 유럽처럼 훌륭한 모범적 존재를 이루지 못하고 있는 실정이다. 그런고로 유복하게 하는 계급들이 경제적 성공을 위한 경쟁의 발걸음을 더디게 할 리가 없다.

미국 소년들은 어렸을 때부터 경제적 성공이 인생의 가장 중대한 일이라고 생각하게 된다. 경제적 수입이 적은 교육 같은 걸 가지고 마음을 괴롭히려고 하지 않는다. 교육은 인간의 향락 능력을 훈련시키는 것 이것이 미국인의 교육관이다. 아주 무교육한 인간에게는 열리지 않는 섬세한 향락 능력을 길러주는 것이 교육이라고 그들은 생각한다. 18세기만해도 문학, 회화, 음악을 특별히 즐길 줄 아는 것이 '신사'의 한 자격이었다. 오늘날 취미에 대한 의견이 달라졌지만 과거에는 취미는 대단히 중요한 것이었다.

현대의 부호들이 교육을 받지만 옛날과는 천양지차다. 우선 그들은 책을 읽지 않는다. 이름을 한번 떨치려고 미술 진열관 같은 것을 만드는 경우에도 그림의 선택은 전문가에 의뢰한다. 그들이 회화에서 느끼는 즐거움은 회화를 감상하는 즐거움이 아니고 다른 부호가 그림을 못가지게 하는 강점의 쾌락이다. 음악에 관해서도 혹시 그가 유태인이라면 모르되 그렇지 않다면 다른 예술부문과 마찬가지로 일자무식이다.

그러므로 한가한 시간을 어떻게 보낼지 모른다. 부자가 되면 될수록 돈 모으기는 더욱 쉬어진다. 나중에는 하루의 오분이란 시간도 어떻게 보낼지 모른다. 이 불쌍한 인간들은 성공의 결과 인생의 갈피를 모르는 지경에 빠지게 된다. 성공을 인생의 목적이라고 생각하는 인생관의 결론이 바로 이런 것이다. 성공한 후에 무엇을 어떻게 할까를 배우지 않는다면 성공이 실현된 뒤에 그는 인생의 권태의 노예가 된다. 경쟁적 심리는 잘못하면 자기에게 속하지 않는 다른 세계에도 굴러들어가기 쉽다. 독서문제를 예로 들어보자. 독서에 두가지 동기가 있다. 하나는 즐기기 위해서이고, 다른 하나는 자랑하기 위해서다. 미국에서는 부인들이 매달 어떤 책을 읽는 것이(사실은 읽는 것처럼 보이는 것이다) 한 습관이 되었다. 책을 다 읽는 이도 있고 한 장만 읽고 그만두는 이도 있고 또 책의 비평만 읽는 이도 있다. 그러나 그들은 고전의 걸작을 읽지 않는다. 독서 클럽에서 〈햄릿〉이나 〈리어왕〉을 선택한 달이 한번도 없었다.

단테를 알아야 한다고 한 적이 한 번도 없다. 그 결과 그들의 독서 범위는 완전히 현대에 국한되어 있다. 또 현대 작품도 걸작은 별로 읽지 않는다. 이것도 또한 경쟁의 결과다. 그것도 나쁘지는 않다. 이러한 부인들은 내버려두면 걸작은커녕 독서 클럽이 추천하는 책보다 더 너절한 것들이나 읽게 된다.

현대 생활에서 경쟁을 강조하는 이유는 문화 수준의 전반적 타락과 관계가 있다. 이런 일은 아우구스투스 치세 후 로마에 있었던 일이다. 남녀노소 할 것 없이 고고한 정신적 기쁨을 누릴 능력이 없어진 것 같다.

예를 들면 18세기 프랑스 살롱에서 일반적인 회화 예술이 최고봉에 달하였었거니와 40년 전만 해도 이것이 하나의 전통으로서 살아 있었다. 그야말로 하나의 아담한 예술의 극치를 이루었다. 그러나 오늘날 누가 한가롭게 그런 것을 즐길 수 있으랴? 중국에서는 이러한 예술이 십년전만 해도 꽃이 피었다. 그후 국가주의자의 열렬한 선전으로 이러한 취미는 싹 쓸어 버린 것 같다. 지금부터 50년 전이나 백년 전에 지식계급의 하나의 상식이었던 넓은 문학적 지식과 교양이 현대에 와서는 소수 대학 교수에 국한되었다. 청아한 기쁨은 모두 내버림을 당하고 만 셈이다. 미국 학생들이 봄이면 교정 한구석 나무 밑으로 나에게 산보를 청하였다. 아름다운 들꽃이 만발해 있었다. 그러나 꽃이름은 아는 학생은 하나도 없었다. 그런걸 알아 무엇합니까? 수입에 아무 도움도 안되는 걸. 이것이 그들의 태도다. 이것은 단순히 그 개인에게 잘못이 있는 게 아니다. 한개인으로서 이러한 기풍을 어떻게 할 도리가 없다. 이러한 폐단은 그 사회의 일반적인 인생철학의 죄다. 인생은 승부요 경쟁이다. 이 경쟁의 승리자가 존경할 만한 인간이다. 이것이 그들의 인생철학이다. 이러한 인생관은 지성과 양식을 무시하고 의지력만 턱없이 강조한다. 이렇게 되면 본말의 전도다. 근대의 청교도들은 의지를 강조했다.

그러나 본래 그들이 역설한 것은 신앙이었다. 청교도의 시대는 양식과 지성에 굶주리고 의지만 괜히 발전시키는 경쟁을 일으킨 것 같다. 이러한 경쟁은 경쟁의 철학을 받들게 되었고 경쟁의 철학이 그들의 본질에 가장 합당하다고 생각한 것이다. 그렇다 치더라도 옛날의 거룡처럼 지성보다 권력을 사랑하는 이 근대의 거룡을 세계가 모두 모방하게 되었다. 성공은 세계 도처에서 백인종의 목표가 되었다. 앞으로 수백년 동안 성공의 철학이 점점 득세 일로의 길을 걸을 것이다. 그렇지 못한 사람은 항룡유회라 그들이 최후에 가서는 실패한다고 생각하고 스스로 마음을 위로한다. 그들이 동족상잔하는 통에 지혜있는 방관자가 그들의 왕국을 물려 받았다. 근대의 거룡인 백인종들도 동족상잔의 길을 걷고 있다. 평균적으로 보아서 그들은 결혼하면 아이를 둘 이상 낳으려고 하지 않는다. 어린아이를 낳고 싶어하도록 인생을 즐기지도 못한다. 그들은 조상인 청교도에게서 분투와 활동만 지나치게 강조하는 철학을 물려 받았지만 이 철학은 이 세계에 적합하지 않다. 미국인의 인생관으로서는 인생이 그리 행복하다고 느껴지지 않으므로 어린아이를 낳고 싶어하지 않거니와 미국인들이 이러다가는 생물학적 멸망을 당한다. 머지않아 더 명랑하고 행복한 인간들이 그들을 계승해야 한다.

인생의 중요한 일이라고 생각하는 경쟁은 너무나 냉혹하고 완강하고 심신이 피곤한 일이므로 도저히 인간생활의 중심이 될 수 없다. 기껏해야 한 두 세대 후에는 반드시 신경의 피곤이 온다. 여러가지 도피의 현상이 생긴다. 쾌락의 도구는 노동만큼 긴장하고 힘이 든다. 왜냐하면 휴식할 수 없기 때문이다. 나중에는 내용 빈곤으로 말미암아 밑천이 다 드러나고 만다. 경쟁의 철학으로 피해를 당한 것은 사업뿐만이 아니고 한가한 시간이 또한 피해를 당했다. 신경의 피로를 회복해 주는 한가한 시간이 그들에게는 권태스럽게 느껴진다. 이러한 상태가 계속하면 결국 악과 쇠약밖에 남는 것이 없다. 이것을 고치는 인간의 조화적 이상 속에 건강하고 조용한 기쁨을 누리는 것이다.

질투와 선망

질투는 고민에 다음 가는 불행의 큰 원인이다. 질투는 인간의 감정 속에 널리 또 깊이 뿌리 박고 있다. 질투는 한 살도 되지 않는 어린아이에게서도 분명히 볼 수 있다. 그래서 모든 교육자들은 깊은 주의를 가지고 이 문제를 다루어야 한다. 두 아이 중에 한 아이는 내버려두고 다른 아이만 귀여워하는 빛만 보여도 질투가 곧 나타나는 것을 볼 수 있다. 어린아이를 다루어야 하는 사람이 반드시 지켜야 할 원리는 분배의 공평이다. 절대적으로 엄정하게 올바른 분배를 해야 한다. 그러나 어린아이들은 질투를 표현하는 방식이 어른들보다 개방적인 편이다.

질투의 감정은 어린아이들과 꼭 마찬가지로 어른들 사이에서도 널리 볼 수 있다. 식모를 하나의 예로 들어보자. 우리집에 한 식모가 있었는데 결혼한 여자라 질투하게 되었다. 무거운 물건을 들 수 없을 거라고 말했더니 그 순간 그 여자의 대답은 아무도 이런 무거운 물건을 들 수 없다고 하면서 그런 일은 당신네들이 해야 할 일이라고 내쏘았다. 질투는 민주주의의 기초다. 에페소스의 시민들은 "우리들 중에 아무도 제일 가는 자가 없을 게다"하고 말하였기 때문에 그만 목매어 죽어야 했다고 그리스 철인 헤라클레이토스는 말했다. 그리스 도시국가의 민주주의 운동은 아마 이러한 정열에서 일어난 모양이다. 민주주의를 최고의 정치형태라고 보는 사상이 있다. 그러나 한가지 결점이 있다. 즉, 큰 변혁을 일으킬 만한 강력한 이론을 가진 실제정치의 면이 없다. 큰 변혁이 일어날 때 그 변혁을 정당화시키는 이론은 언제나 감정에 대한 기만이다. 민주주의 이론의 추진력인 정열은 물론 질투와 선망의 감정이다. 롤랜드 부인의 회고록을 읽어 보라. 이 부인은 민중에 대한 사랑과 헌신의 정신으로 살던 훌륭한 부인이다. 롤랜드 부인이 그렇게 열렬한 민주주의자가 된 까닭은 어떤 귀족의 성을 방문했다가 그곳 하녀들의 비참한 거처를 본 것이 계기가 되었다. 보통 존경할 만한 부인들 간에 있어서 질투는 대단히 중요한 역할을 한다. 지하철에 앉아서 화려하게 치장한 부인이 차 옆을 지나갈 때 다른 여인네들의 눈동자를 주의해 보라. 그 여인보다 더 성장(盛裝)한 여자를 빼놓고는 저마다 악의에 찬 눈초리로 쏘아본다. 어떻게 해서든지 그 부인의 품위를 깎아 내리는 결론을 끌어내려고 애쓴다. 남의 나쁜 소문을 좋아하는 심리는 곧 이러한 일반적 악의를 표현이다. 다른 여자를 깎아내리는 이야기는 근거가 박약한 이야기라도 곧 그대로 믿어 버린다. 고고한 도덕이 이와 같은 목적에 이용된다. 죄지은 사람들을 질투하지만 죄에 대해서 처벌하는 것이 선이라고 생각한다. 이런 특별한 덕은 분명히 덕 그 자체의 보수다.

그러나 남자들 사회에서도 똑같은 현상을 볼 수 있다. 다른 점이 있다면 여자들은 서로 경쟁자라고 생각하는데 비해서 남자들은 대개 같은 직업에 있는 사람에 대해서 질투의 감정을 느낀다. 독자 여러분께서는 어리석게도 갑이라는 예술가를 을이라는 예술가 앞에서 칭찬한 일이 없는가? A라는 정치가를 B라는 같은 당의 정치가 앞에서 칭찬한 일이 없는가? X라는 이집트학자를 Y라는 이집트학자 앞에서 칭찬한 적이 없는가? 만일 있다면 질투의 불길을 일으켰을 것이다. 라이프니츠와 호이겐스 사이의 왕복서간에는 뉴턴이 미쳐버렸다고 생각하고 슬퍼하는 편지가 많다. 뉴턴 같은 불세출의 천재가 이성을 잃고 의식이 흐려졌다고 하면 얼마나 슬픈 일이 아니겠습니까? 이러한 말을 서로 편지에 썼다. 이두 명사는 분명히 재미로 빈말을 쓴 것이다. 그들은 겉으로 슬퍼하는 척했지만 사실은 슬퍼하지 않았다. 물론 훌륭한 행동으로 소문이 자자했던 일도 없지 않았지만.

보통 인간의 온갖 성질 중에서 가장 불행한 것이 질투이다. 질투심이 강한 사람은 남에게 불행을 가하려고 하고 또 실제로 남몰래 불행을 가할 뿐만 아니라 질투로 인해서 자기 자신이 불행에 빠진다. 자기가 가지고 있는 것에서 기쁨을 찾지 못하고 남이 가지고 있는 것에서 괴로움을 찾아 낸다. 될 수만 있다면 남에게서 좋은 점을 빼앗는다. 자기 자신이 그러한 이익을 얻고 싶어 하는만큼 남의 이득을 빼앗고 싶어한다. 질투심을 마음대로 내버려 두면 모든 덕을 망치고 만다. 덕뿐만 아니라 뛰어난 재능의 발휘도 망치고 만다. 노동자들은 걸어서 공장에 가는데 의사들은 왜 차 타고 환자를 보러 가야 하는가? 남들은 추운 날씨를 당해서 애쓰는데 왜 과학자들은 따뜻한 방에서 시간을 보내도 좋은가? 중대한 사회적 의의를 가진 재능의 소유자는 왜 자기 가사의 노동을 안해도 좋은가? 이러한 의문에 대해서 질투는 대답할 수 없다. 그러나 다행히도 인간성에는 보상의 감정 즉 칭찬의 감정이 있다. 인간의 행복을 증가시키고 싶은 자는 누구든지 칭찬을 많이 받고 질투를 없이 해야 한다.

질투에 대해서 어떠한 해결책이 있는가? 성자에게는 공평무사라는 방법이 있다. 물론 성자의 경우에도 다른 성자에 대한 질투의 그림자가 전혀 없는 것은 아니다. 성 시메온이 자기보다 더 위대한 성자가 계셨다는 것을 알았을 때 심중이 완전히 평화로웠을까? 성자는 그만두고 우리 평범한 인간들에게 있어서 질투를 없게 하는 유일한 방법은 행복이다.

질투가 곧 행복에 대한 무서운 장벽이라는 것 이것이 곤란한 문제다. 어려서 불행하면 질투의 싹이 많이 자라는 것이라고 나는 생각한다. 어린아이들이 자기의 오빠나 누이가 자기보다 나은 것을 보면 질투의 습관을 갖게 된다. 그가 사회에 나가면 자기가 당하는 억울한 부정만 찾아내려 하고 부정이 있으면 곧 알아내고 부정이 아닌데도 불정이라고 생각한다. 이런 사람은 불행할 수 밖에 없고 동료에게도 불쾌한 존재가 된다. 왜냐하면 경멸의 불쾌감을 늘 가지고 있을는지 모르기 때문이다. 아무도 나를 좋아하지 않는다는 생각에서 출발하여 마침내 행동으로써 자기를 그렇게 만든다. 사랑이 없는 부모를 가지는 것은 어렸을 때의 한 불행이거니와 이러한 불행도 질투심을 일으킨다. 지나치게 사랑을 받는 형제자매가 없으면 다른 집 어린아이들은 자기보다 부모님의 사랑을 더 받고 있다고 어린아이들은 생각할는지 모른다. 이러한 생각을 품을 때 그는 자기 부모님을 미워하게 된다. 그가 자라면 자기를 의붓자식이라고 느낀다. 어떤 종류의 행복은 인간의 자연적 권리이기 때문에 이 행복이 박탈될 때 마음이 비뚤어지고 비참해지지 않을 수 없다.

　질투심이 강한 사람은 아마 이렇게 말할 것이다. 질투의 해결책이 행복이라고 말해도 무슨 소용이 있단 말인가? 질투를 느끼는 동안 행복을 발견할 수 없다. 또 행복을 찾을 때까지 질투를 중지할 수 없다고 당신은 말한다. 그러나 현실의 인생이란 그렇게 논리적인 것이 아니다. 자기 감정의 원인을 인식하는 것은 질투를 없게 하기 위해서 한 수단을 취하는 것이다. 무엇이나 비교해서 생각하는 습관은 잘못이다. 즐거운 일이 있으면 마음껏 즐겨한다. 이것은 다른 사람 것보다 재미있다느니 없다느니 이리 저리 생각하지 말라. 질투가 많은 사람은 또 이렇게 말할게다. 그래 오늘은 화창한 봄 날 새가 노래하고 꽃이 만발했다. 그러나 시실리 섬의 양춘가절은 이곳보다 한없이 아름답다. 헬리콘 숲에서는 그윽한 새소리가 끊이질 않고 샤론의 장미꽃은 나의 집 정원보다 말할 수 없이 아름답다. 그러나 그가 이런 생각을 하고 있을 때 햇빛은 흐려지고 새소리는 무의미한 지저귐으로 변하고 꽃이 시들어서 볼 품 없이 된다. 그는 인생의 온갖 기쁨을 이런 식으로 다룬다.

　그는 혼자 중얼거릴 게다. "내 가슴속의 그 여인은 아름답다. 나는 그 여자를 사랑하고 그 여자도 나를 사랑한다. 그러나 시바의 여왕은 절세의 미인이었다. 아아 솔로몬과 같은 기회를 가졌더라면!" 그러나 이러한 비교는 그야말로 어리석은 자의 장탄식이다.

네 불만의 원인이 시바의 여왕이건 이웃 사람이건 다 같이 무의미한 것이다. 지혜있는 자처럼 너는 너대로 나는 나대로 자기가 가지고 있는 것으로 한결 같이 즐겨야 한다. 사실, 질투는 일종의 악덕이지만 덕의 일면과 지의 일면을 가졌다. 왜냐하면 질투는 그 사물 하나만 보는 것이 아니고 다른 것과 관계시켜 보는데서 생기기 때문이다.

예를 들면 나는 내 요구를 만족시킬 만한 월급을 받고 있다. 나는 응당 만족해야 한다. 그러나 어느 모로 보든지 나보다 못한 사람이 내 두배의 월급을 받는다는 이야기를 듣는다. 그 순간 나는 질투심이 강한 인간이 아니건만 내가 받고 있는 것에서 느끼는 만족이 흐려지고 이것은 억울한 부정이라는 생각에 사로 잡힌다. 이런 경우에 옳은 해결법은 정신수양 즉 쓸데없는 생각을 하지 않는 습관밖에 없다. 결국 행복보다 더 귀한 것이 어디있으랴?

그러므로 나에게서 질투의 가시를 뽑아 버릴 수 있다면 나는 행복을 얻을 수 있고 남이 부러워하는 사람이 될 수 있다. 나의 월급보다 배 받는 사람은 또 자기보다 배 받는 사람을 생각하고 마음이 불안하지 않을게다. 이와 같이 욕심은 끝이 없다. 당신이 영광을 탐낸다면 나폴레옹을 부러워 할 것이다. 그러나 나폴레옹은 시저를 부러워할 것이고, 시저는 알렉산더를 부러워할 것이다. 알렉산더는 실존적 인물이 아니었던 헤라클레스를 아마 부러워할 것이다. 그러므로 성공으로만으로는 질투에서 벗어날 수 없다. 왜냐하면 역사나 전설 속에는 자기보다 더 위대한 성공자가 언제나 있기 때문이다. 질투에서 해방될 수 있는 길은 당신 앞에 놓여 있는 기쁨의 잔을 드는 것이요, 당신이 맡은 직분을 다하고 나보다 더 행복해 보이는 사람과 나를 밤낮 비교하지 않는 것이다.

겸손할 필요도 없는데 괜히 겸손하는 태도는 질투와 깊은 관계가 있다. 겸손은 하나의 덕이라고 생각된다. 그러나 지나친 겸손은 덕이 될 수 없다. 겸손한 인간이 되려면 자신만만 해야 한다. 그래서 능히 할 수 있는 일도 가끔 해보려고 하지 않는다. 겸손한 인간은 자기가 늘 접촉하는 인간들이 자기보다 낫다고 생각한다. 그러므로 특히 부러워하는 마음이 많다.

또 부러워하는 마음 때문에 불행과 악의에 빠지기 쉽다. 자신만만한 소년을 만들려면 여러가지 유의할 점이 많다고 생각된다. 공작은 자기꼬리가 이 세상에서 제일 아름답다고 믿기 때문에 남의 꼬리를 부러워하지 않는다고 나는 생각한다. 그래서 공작은 평화스러운 새다. 자신을 가지는 것은 나쁜 일이라고 공작이 교육받았다면 공작의 생활은 얼마나 불행할 것인가 생각해 보라. 다른 공작이 날개를 펴는 것을 볼 때마다 이렇게 말할 게다. 나의 날개가 저 날개보다 더 아름답다고 생각해서는 안된다. 그렇게 생각하는 것은 자만심이다. 그러나 원하건대 나도 저렇게 아름답다면 얼마나 좋을까, 저 되지 못한 공작은 자기가 잘났다고 확신하는 모양이다. 저 날개를 좀 뽑아 버릴까 날개를 뽑아 버린 뒤에는 저 놈과 비교하는 것을 두려워할 필요가 없다. 아마 그는 술책과 모함을 쓰려고 할 것이요 또 저 놈은 공작답지 않은 행동을 한 못된 공작이라고 여럿이 모인 앞에서 선전하고 비난 공격을 퍼부을 것이다. 유달리 아름다운 꼬리를 가진 공작은 언제나 부정하게 몰린다.

그러므로 공작의 나라를 다스리는 자는 더러운 꼬리를 가진 초라한 새를 찾아내야 한다는 원칙을 세울 것이다. 이 원칙을 승인시킨 후에 아름다운 새를 모조리 잡아 죽일 게다. 나중에는 정말 아름다운 꼬리는 한낱 희미한 과거의 기억이 되고 말 것이다. 이것이 도덕을 가장한 질투의 승리다. 그러나 공작이 저마다 자기는 누구보다도 아름답다고 자신할 때 이러한 억압의 필요가 없다. 공작들이 저마다 첫째를 차지하려고 신이나서 경쟁할 것이다. 또 자기 배우자인 암컷을 소중히 대하므로 제가 제일 낫다고 믿는다.

 질투는 물론 경쟁과 밀접한 관계가 있다. 우리들은 자기에게 어림도 없는 행운을 부러워하지 않는다. 사회의 계급질서가 고정된 시대에는 최하층계급이 빈부의 차별은 하느님께서 명하신 바라고 생각하므로 상류계층을 질투하지 않았다. 거지는 물론 자기보다 상거지를 부러워하지만 백만장자는 부러워하지는 않았다. 현대사회의 불안정한 사회적 정세 또는 민주주의와 사회주의 평등의 이론은 질투와 선망의 세계를 크게 확대시켰다. 이것은 당장 하나의 악이지만 더 의로운 사회제도에 도달하기 위해서 참아야 하는 악이다. 여러 가지 불평등을 냉정히 이성적으로 생각해 볼 때, 어떤 위대한 가치 위에 기초를 두지 않은 것은 모두 불합리한 것이다. 그것이 불합리하다는 것을 알게 되면 그 불합리와 부정을 없애버리지 않는 한 질투를 막을 방도가 없다. 이 시대는 질투가 특히 중요한 역할을 하는 시대이다. 가난한 자는 부자를 질투하고, 빈곤한 민족은 부강한 민족을 부러워하고, 여자는 남자를, 덕있는 여자는 악덕하면서 처벌받지 않는 여자를 질투한다. 서로 질투하는 심리는 계급과 계급, 민족과 민족, 남자와 여자 사이에 정의를 세우려는 원동력이 되는 것이 사실이지만 또 그와 동시에 질투의 결과 생기는 정의는 최악의 정의가 될 위험성이 있는 것이 사실이다. 다시 말하면 불행한 인간의 기쁨을 증가시키는 것보다도 행복한 인간의 기쁨을 깎아 내리는 것이 되기 쉽다. 개인생활에서 파괴력이 되는 정욕은 사회생활에서도 파괴력이 된다. 질투와 같은 악에서 선이 낫다고 생각할 수 없다. 그렇기에 현상적 견지에서 사회제도의 근본적 개조와 사회정의의 실현을 원하는 사람이라면 사회변혁을 촉진시키는 원동력을 질투에 두지 말고 다른 어떤 힘에 두어야 한다.

무릇 모든 악은 서로 연관성을 가지고 있기 때문에 갑이라는 악은 반드시 을이라는 악의 원인이 되기 쉽다. 특히 피곤은 번번이 질투의 원인이 되기 쉽다. 자기가 해야 할 일에 대해서 못마땅한 감을 느낄 때 일반적으로 불만을 느낀다. 이 불만은 힘들지 않은 일을 맡은 사람에 대해서 특히 질투의 형식으로 나타나기 쉽다. 그러므로 질투를 적게 하는 방법의 하나는 피곤을 덜게 하는 것이다. 그러나 무엇보다 중대한 것은 본능에 대해서 만족할 만한 생활을 하는 것이다. 순수한 직업적 질투 같이 보이는 것도 따지고 보면 성적 성질을 띠고 있는 것이다. 행복한 결혼생활과 좋은 자녀를 가진 사람은 여자를 똑똑히 기를 만한 경제적 여유만 있으면 남들이 돈 많고 성공한다고 해서 크게 질투를 느끼는 것이 아니다. 인간의 행복의 원리는 간단하다. 너무 간단하기 때문에 유식한 체하는 사람은 자기에게 무엇이 정말 부족한지 모르고 있다.

남의 화려한 의상을 질투하는 부인의 이야기를 하였지만 그들은 본능생활이 행복하지 못한다고 보아도 틀림없다. 본능적 행복은 영미인들 특히 부인네들 간에는 드물다. 이 방면에 관해서 문명은 타락한 것 같다. 질투를 적게 하려면 적게 할 수 있는 수단과 방법을 발견해야 한다. 그런 수단과 방법이 발견되지 않는다면 우리의 문명은 증오에 사로잡혀서 파멸 속으로 굴러 떨어질 위험성이 있다. 옛날에는 이웃 사람밖에 몰랐기 때문에 질투의 범위가 이웃에만 국한되어 있었다. 그러나 현대에 와서는 교육과 신문을 통해서 우리가 친구하나 갖지 못하는 여러 계층에 관해서도 추상적으로 아는 바가 많다. 영화를 통해서 부자들의 호화로운 생활을 알고 있다. 신문을 보고 외국인의 부정과 악을 얼마든지 알고 있다. 선전에 의해서 나와 피부의 색소가 다른 인간들의 악한 행동을 알고 있다. 황인종은 백인종을 보고 백인종은 황인종을 각각 미워하고 있다. 이러한 증오는 선전에 의해서 조장된다고 할는지 모르지만 그것은 어느 정도 피상적 설명이다.

　선전으로 우애감을 북돋아 주려고 하는 경우보다 증오감을 조장하려고 할 때 더 큰 성과를 거두는 것은 어떤 이유일까? 그 이유는 명백하다. 현대문명에 있어서 인간의 심정은 우애보다도 증오로 흐르기 쉽다. 불만이 가득해서 증오하기 쉽고 인생의 의의를 상실했다고 무의식적으로 깊이 느끼기 때문에 증오하고 인간의 향락을 위해서 자연이 제공해준 가치를 남들은 누리는데 나만 누리지 못한다고 생각하므로 증오심이 생기는 것이다.

　현대인의 생활은 원시인의 생활보다 쾌락의 절대량이 훨씬 많은 것이 사실이지만 재미없는 의식도 많아졌다. 어린아이를 데리고 동물원에 갈 때마다 늘 보는 광경이지만 원숭이들이 재간을 부리거나 호도 같은 것을 까지 않을 때에는 어딘지 부자연스런 슬픔의 빛이 원숭이 눈에 서리어 있다. 원숭이들은 인간이 되겠다고 느끼지만 인간이 되는 비결을 발견할 수 없는 것이다. 진화 도상에서 그들은 갈 길을 잃었다. 그들의 사촌 족속들은 진화일로를 밟는데 그들은 뒤떨어진 것이다.

이와 비슷한 긴장과 불안이 문화인의 정신 속에도 스며들어 온 것 같다. 인간은 자기 손이 미치는 곳에 자기보다 위대한 것이 있는 줄 알지만 어디가서 어떻게 찾을지를 모른다. 자기와 마찬가지로 길을 잃어서 불행해진 타인에 대하여 절망 속에 화를 내게 된다. 우리들은 진화도상의 어떤 단계에 도달하였지만 이것이 최후단계는 아니다. 우리들은 곧 이 단계를 넘어서야 한다. 왜냐하면 그렇지 못하면 우리들은 대개는 도중에서 쓰러질 것이고 어떤 이는 의심과 공포의 숲 속에서 길을 잃을 것이다. 그러므로 질투는 하나의 악이요 그 영향은 무서운 것이지만 완전한 악마에 속하는 것은 아니다. 질투는 어느 모로 보면 용감한 고통의 표현이다.

이를테면 훌륭한 보금자리를 찾아서 또는 주검과 파멸을 찾아서 어두운 밤길을 걸어가는 자의 고통이다. 이 절망을 벗어나서 인생의 정도를 발견하려면 문명인은 그 전처럼 정신을 널리 개방해야 한다. 자기를 초월해야 한다. 자기를 초월하여 우주의 자유를 찾아내야 한다.

행복의 원인

인간은 행복할 수 있는가?

지금까지 우리들은 불행한 인간에 관해서 생각해 보았다. 이제부터는 행복한 인간을 생각해 보자. 내 친구들이 쓴 책을 읽고 또 주고 받은 대화를 듣고 내가 얻은 결론은, 현대 사회에서 행복은 하나의 불가능이라는 것이다. 그러나 나는 명상과 외국 여행과 나의 정원사와의 담화를 통해서 이러한 사상을 부인하게 되었다. 문인 친구들의 불행은 앞서 몇 장에서 말하였거니와 이 장에서는 내 인생 도상에서 만났던 행복한 인간들을 생각해 보고 싶다.

행복에는 두 종류가 있다. 물론 그 사이에 중간적 단계가 없는 것도 아니다. 내가 말하는 두 종류를 구별하면, 직접적인 것과 상상적인 것, 동물적인 것과 정신적인 것, 지적인 것과 영적인 것이라고 할 수 있다. 이 두 가지 중에서 어느 것을 하나 골라야 하느냐? 이것은 다음에 증명해야 할 문제이지만, 여기서는 다만 기술만 하겠다. 이 두 가지 행복의 차이점을 가장 간결하게 설명하는 방법은 이러하다. 하나는 모든 인간 앞에 개방되어 있는 행복이요 또 하나는 책을 읽고 글을 쓰는 인간에게만 개방되어 있는 행복이다. 나는 소년기에 행복에 취한 사람을 보았다. 그의 직업은 우물파는 일이었다. 키가 후리후리하게 크고 근육이 말할 수 없이 우락부락하게 발달해 있었다. 그는 책도 읽지 못하고 글도 쓸 줄 몰랐다. 1885년 국회의원 투표권을 받았을 때 그러한 제도가 있다는 걸 처음으로 알았다. 그의 행복은 지성의 산물은 아니었다. 자연법에 대한 신앙, 종의 완전성, 사회적 복리의 공동적 소유, 예수의 재림의 최후승리, 또 지식인들이 인생을 즐기는데 필요한 여러 가지 신념 이런 것들이 그의 행복의 원천이었다. 육체적 용기, 적당한 노동, 바위라는 커다란 장벽의 정복, 이것이 그의 행복의 원천이었다. 나의 정원사의 행복도 이와 같았다. 그는 토끼 사냥을 좋아했다. 그의 토끼 이야기가 벌어지면 굉장하다. 밤에 죽이면 아침에 살아나는 야생의 곰을 온종일 쓸데없이 따라다니는 발할라의 영웅들과 달라서 나의 정원사는 다시 살아날 길이 없는 토끼들을 신이 나서 죽였다. 칠십을 훨씬 넘은 늙은이었지만 온종일 걸어다니고 십육 마일 되는 산길을 자전거로 일터로 내왕하였다.

 그러나 기쁨의 샘이 마를 줄 몰랐다. 그에게 기쁨을 주는 것은 '이 토끼'들이다. 그러나 이러한 단순한 기쁨은 우리 같은 지성인에게는 개방되어 있지 않다. 토끼 같은 조그만 동물을 상대로 무슨 기쁨을 느낄 수 있단 말인가? 그런 이야기를 해 봐야 신통할 게 없다. 토끼는 황열병의 병균보다 훨씬 더 크다. 그러나 지식인은 토끼보다도 황열병균을 가지고 싸울 때 행복을 발견할 수 있다. 감정적 내용만 본다면 최고의 지식인들도 나의 정원사와 같은 기쁨을 누릴 수 있다. 이러한 기쁨을 누릴 수 있는 행동에 관해서 교육의 차이가 있다. 성공의 기쁨을 누리려면 응당 여러 가지 곤란이 따른다. 나중에는 결국 성공의 탑을 쌓아 놓지만 처음에는 성공할 것 같지 않은 여러 가지 곤란이 반드시 있는 것이다. 자기 능력의 적당한 평가가 행복의 원천이 되는 까닭은 주로 이 때문이다. 자기 자신을 낮춰 평가하는 사람은 늘 성공하고 자기 능력을 늘 과대평가하는 사람은 늘 실패하고 의아감을 느낀다. 성공한 자의 놀라움은 행복의 놀라움이요 실패자의 놀라움은 불행한 놀라움이다. 그러므로 교만하지 않은 것은 지혜로운 일이다.

현대 지식계급 사회에서 가장 행복한 인간은 과학자이다. 가장 탁월한 인간들은 대개 감정적으로 단순하다. 그래서 자기 연구나 사업에서 깊은 만족을 느끼기 때문에 식사를 해도 즐겁고 결혼 생활도 행복하다. 예술가와 문학가는 대개 결혼 생활이 불행한 것을 예사로 생각하지만 과학자들은 대개 옛날 가정의 행복을 그대로 즐길 수 있다. 그 이유는 과학자의 지성은 주로 자기 연구에 전심하고 자기가 모르는 방면에는 들어가지 않기 때문이다. 과학자들은 연구 생활에서 행복을 느낀다. 왜냐하면 현대 사회에서 과학은 진보적이고 위대하고 또 과학의 의의와 가치를 과학자는 물론 일반인들도 의심하지 않기 때문이다. 그러므로 과학자들은 복잡한 감정을 가질 필요가 없다. 단순한 감정은 곤란과 부딪히지 않는다. 복잡한 감정은 강물의 거품과 같다. 잔잔하게 흘러가는 강물이 장애물에 부딪힐 때 거품이 일어난다. 중심의 물 줄기가 방해 당하지 않는 한, 표면에 물결이 일어나지 않는다. 또 그 힘은 보지 않는 자에게는 똑똑히 보이지 않는다.

행복의 온갖 조건을 알려거든 과학자의 생활을 보라. 과학자는 자기 능력을 최대한도로 이용하고 활동한다. 자기뿐만 아니라 일반 사회 대중에게 중요한 성과를 이루어 놓는다. 사회 대중이 과학을 조금도 인식하지 못하는 때에도 그렇다. 이 점에 있어서 과학자는 예술가보다도 다행하다. 대중이 그림이나 시를 이해할 수 없을 때 저것은 나쁜 그림, 나쁜 시라고 결정해 버린다. 대중이 상대성 이론을 이해하지 못할 때 교육이 불충분하다고 말해 버린다. 그러므로 최대의 화가가 화실에서 굶어 죽더라도 아인슈타인은 세상에서 존경을 받는다. 화가는 불행해도 아인슈타인은 행복하다. 사회 대중의 회의에 대해서 밤낮 자기 주장만 내세우는 생활에는 진정한 행복이 있을 수 없다. 골방에 박혀서 냉정한 바깥 세상을 잊을 수 있으면 별문제이다. 그와 반대로 과학자는 동료를 제외하고는 모든 사람의 존경을 받기 때문에 골방에 틀어박힐 필요가 없다. 그러나 예술가는 이와 반대로 남에게 멸시를 당하느냐? 남을 멸시하느냐? 두 가지 중에 하나를 선택해야 하는 괴로운 자리에 서게 된다. 그의 재능이 일류에 속한다면 이러한 불행 중의 어느 하나를 당해야 한다. 자기의 재능을 부린다면 전자의 불행을 당하고, 부리지 않는다면 후자의 불행을 당하리라. 이것은 언제 어디서나 그랬던 것은 아니다. 훌륭한 예술가들도 젊었을 때에는 남에게 존중을 받던 때도 있었다. 율리우스 2세는 미켈란젤로를 학대했는지 모르지만 미켈란젤로를 그림 그릴 수 없는 인간이라고 생각하지는 않았다. 현대의 백만장자들은 늙은 예술가들이 몰락한 후에 그들에게 돈을 뿌리지만 예술가의 작품이 자기 사업만큼 위대하지 못하다고 생각한다. 아마 이런 사정은 예술가가 대체로 보아서 과학자보다 행복하지 못하다는 사실과 관계가 있을 성싶다.

생각건대 서구 사회의 가장 젊은 지식인들은 자기 최고의 재능을 적당히 발휘할 자리를 찾지 못하는데서 불행을 느끼는 것 같다. 그러나 동양 제국에 있어서는 그렇지 않다. 현대 동양의 청년들은 세계 어느 곳보다도 행복하다. 그들은 창조할 신세계를 가지고 있다. 창조와 발걸음이 맞는 열렬한 신념을 갖고 있다. 그들은 신세계를 새로 창조하는 도상에 있다. 신세계는 그들의 취미에 맞는다. 외부의 정치적 환경이 젊은 지식인의 행복을 방해하지만 서양에서 볼 수 있는 내부적 장해는 존재하지 않는다.

청년에게 중요해 보이는 여러 가지 활동이 있다. 이러한 활동이 성공하는 한 청년은 행복하다. 국가 생활에 중대한 책임을 다하고 있다는 자신이 생긴다. 물론 다난하지만 훌륭한 사업을 한다는 신념이 있다. 서양의 최고지식계급 청년 남녀들에서 가끔 보는 냉소적 태도는 쾌락과 무능이 서로 손을 맞잡는데서 오는 것이다. 인간은 무능하면 세상에 아무 일도 할 가치가 없다고 느끼는 것이요 또 쾌락은 이러한 감정의 고통을 잊어버리게 한다. 동양의 대학생들은 현대 서양의 대학생과는 달라서 사회적 여론을 많이 지배할 수 있을 것이다. 그러나 서양처럼 경제적 수입을 얻을 기회가 훨씬 적다. 동양 청년은 무능하지도 않고 또 향락적이지도 않기 때문에 인생의 냉소자가 되지 않고 개혁자가 되거나 혁명가가 된다. 개혁자나 혁명가의 행복은 사회적 사건의 전개에 의해서 결정된다. 그러나 설령 박해를 당하더라도 향락적인 냉소자보다는 진정한 행복을 경험한다.

나는 우리 학교를 방문한 중국 청년 한 명을 기억하고 있다. 그는 귀국 후 중국 반동지방에다 학교을 하나 세우겠다고 한다. 결국에 가서는 자가 목이 날아갈 것을 알고 있다. 그러나 그는 내가 몹시 부러워할만큼 조용한 행복을 즐기고 있었다. 이러한 깊은 행복만이 유일한 행복이라고 내가 말하려는 것은 아니다. 이러한 행복은 사실 소수인에게만 개방되어 있다. 왜냐하면 어떤 힘과 넓은 관심이 필요하기 때문이요 또 그것이 누구나 가질 수 있는 것이 아니다.

 탁월한 과학자만이 연구 생활의 행복을 누릴 수 있는 것은 아니다. 정치가들은 어떤 운동을 전개하는데서 행복을 느낄 수 있다. 사회적 칭찬이 없어도 좋으니 자기 능력의 발휘만으로 전개할 수 있다면 그런 사람 앞에는 연구의 행복의 문이 열려 있는 셈이다. 어려서 두 다리를 쓸 수 없이 되었지만 평생 진정한 행복의 길은 걸어간 인간을 나는 알고 있다. 그는 장미꽃의 해충에 관해서 자기 연구를 발표해서 다섯 권의 책을 내었다. 그것에 그의 행복이 있다. 내가 알기에 그는 이 방면의 권위자였다. 나는 패각학자들을 몇 명 알고 있다. 조가비의 연구가인 그들에게 만족을 준다는 사실을 나는 알았다. 이 세상에서 가장 우수한 식자공을 한 사람 알고 있다. 예술적 활자를 발명하는데 전공하는 행동적 기쁨이 더 컸다. 그 기쁨은 무용가가 무대에서 느끼는 기쁨과 다를 것이 없다. 수학적 활자, 필기체활자, 결형문자, 그밖에 특별히 어려운 활자를 조판하는데 뛰어난 전문가를 나는 알고 있다. 이런 사람들의 사적 생활이 행복한지 어떤지 알 수 없지만 활동 시간에는 창조적 본능에 완전히 만족되었다.

 옛날 수공업자들은 익숙한 기술발휘를 할 수 있었지만 기계 시대에는 이런 기쁨을 느낄 수 없다고 흔히 말한다. 나는 이 말이 옳다고 생각하지 않는다. 현대 기술자가 하는 일은 옛날 중세기의 길드 수공업자가 하던 일과는 종류가 아주 다를 뿐

아니라 기계 경제사회에서 기술자들의 존재는 대단히 중요하고 없어서는 아니 될 존재이다. 과학적 기구와 복잡한 기계를 제작하는 사람들은 오늘날 부지기수이다. 디자이너, 비행기 제작자, 운전수 또 어느 정도 기술을 발휘할 수 있는 여러 가지 직업인들. 농사꾼이나 비교적 원시사회의 국민들은 내가 관찰할 수 있는 한에서 운전수나 기관사만큼 행복하지 못하다. 자기 땅을 경작하는 농부의 일이 옛날과는 달라진 것이 사실이다. 또 자연에 지배받는 사실을 알고 있다. 그러나 오늘날 기계를 움직이는 사람들은 기계의 힘을 알고 있다. 인간은 자연의 노예가 아니고 자연의 주인인 의미를 알고 있다. 아무 변화도 없는 단조로운 기분으로 똑같은 기계적 작업을 되풀이하는 기계의 심부름꾼에게 아무 흥미도 솟아나지 않는 것은 사실이다. 그러나 그 일이 흥미가 적을수록 기계에게 일을 시킬 수 있다. 기계 생산의 최후 목표는 ─ 아직 전도 요원하지만 ─ 온갖 불쾌한 일은 기계가 하고 인간은 변화성과 창조성이 요구되는 일만 맡아보게 되는 제도를 확립하는 것이다. 농업시대부터 노동은 언제나 싫증나고 힘드는 것이었지만 이러한 세계가 온다면 노동은 별로 싫증나고 힘들지 않을 것이다. 농업을 시작할 때 농사는 기아를 면하기 위해서 단조롭고 권태스런 것을 감수하는 수밖에 없다고 인간은 생각했다. 인간이 사냥으로 식량을 획득하게 되었을 때 노동은 기쁨이었다. 부유층이 재미를 위해서 옛날의 직업이었던 사냥을 지금도 즐기는 것으로 보아 알 수 있다. 그러나 농업시대에 이르러서 인간은 평범, 비참, 권태의 긴 세월을 가지게 되었다.

하지만 인간은 오늘날 기계의 혜택으로 이 고통에서 자유로이 해방되고 있다. 감상주의자들은 흙과의 접촉을 말하고, 하디의 소설에 나오는 슬기로운 농부들의 깊은 지혜를 신이 나서 이야기한다. 그러나 시골 청년들의 요구는 누구나 도회지에 나가서 일자리를 하나 구해 가지고 바람과 기후의 노예에서, 겨울밤의 고독에서 해방되어, 공장과 영화관의 화락한 인간적 분위기에 들어가고자 한다. 우정과 협력은 보통 사람의 행복의 근본원리이다. 이 행복은 농업보다도 공업에서 더 완전하게 얻을 수 있다.

대다수의 인간의 행복의 원천은 어떤 목적과 주의를 신봉하는 것이다. 나는 피압박민족의 혁명가나 사회주의자나 민족주의자나 그런 사람들을 말하는 것이 아니고 여러 가지 겸손한 신앙을 의미한다. 그렇다고 허위적 신념 위에서는 행복은 도저히 찬성할 수 없다. 또 그렇다고 독자를 향하여 "인간은 오직 밤이나 도토리를 먹고 살 수 있다"는 신앙 내지 신념을 나는 권할 수 없다. 물론 이러한 신념은 완전한 행복은 보장할 수 있지만 나는 권할 수 없다. 황당무계하지 않은 뚜렷한 목표를 발견하는 것은 쉬운 일이다. 진정으로 그러한 목표에 대해서 관심과 흥미를 가지는 사람은 한가한 시간을 보내기 위해서 또 인생의 허무감을 완전히 몰아내기 위해서 어떤 직업을 가져야 한다.

도락에 열중하는 것은 애매한 목표에 헌신하는 것이나 다름없다. 내가 아는 현대의 저명한 수학자 한 분은 수학과 우표 수집에 시간을 꼭 반반씩 보낸다. 수학 연구가 신통치 않을 때에는 우표 수집에서 마음의 위안을 가지는 모양이다. 수학 이론 때문에 골머리 아플 때, 하필 우표 수집이라야만 지친 머리를 풀 수 있는 것은 아니다. 옛 도자기, 담배갑, 로마의 동전, 활촉, 부싯돌, 조각 등을 머릿속에 상상해 볼 때 한없는 황홀경에 얼마든지 빠질 수 있다. 그러나 이런 단순한 기쁨을 가지고 좋아하기에는 우리들의 두뇌는 너무나 지성적이다. 우리들은 어려서 그런 경험은 다 졸업했다. 또 그런 취미는 왜 그런지 어른들에게는 적당하지 않은 것 같다. 그러나 이것은 완전히 잘못된 생각이다. 타인에게 해를 끼치지 않는 쾌락이라면 무엇이나 존중해야 한다. 내 경험을 하나 말하자면 강(江)을 생각할 수 있다. 볼가 강이나 양자강을 오르내렸을 때 나는 기쁨을 느꼈다. 오리노코 강이나 아마존 강을 보지 못한 것이 매우 한이 된다. 이러한 기분은 단순한 것이지만 나는 그것을 부끄럽게 생각하지 않는다. 또 야구팬의 열광적 기쁨을 생각해 보라. 신문의 야구기사를 뚫어져라 읽는다. 라디오나 텔레비전의 야구 방송은 더할 수 없는 흥분을 자아낸다. 미국의 유명한 문인의 한 분을 처음으로 만났던 기억이 떠오른다. 내가 그 사람의 책을 읽고 아아 이 분은 대단히 우울한 인간일 것이다라고 생각했다. 우리가 만나서 같이 얘기할 때 나의 존재와 문학 이야기와 지상의 온갖 비애를 다 잊어버리고 기쁨을 억제하지 못하여 쾌재를 외쳤다. 그 사건이 있은 후부터 나는 그의 작품을 읽을 때 그의 문학 작품에 나오는 인물의 불행에 대해서 우울한 마음이 없어졌다.

유흥이나 도락은 대개 행복의 근본적 원천이 되지 못하고 현실 도피의 수단 즉 견디기 힘든 어려운 고통을 잠시동안 망각하는 방법에 불과하다. 진정한 행복은 무엇보다도 인간과 사물에 대해서 다정한 관심과 흥미를 가지는 것이다.

인간에 대한 다정한 관심과 흥미는 일종의 애정이다. 그러나 욕심이 많고 소유욕이 강하고 항상 강열한 반응를 요구하는 그런 애정은 아니다. 이런 애정은 오히려 불행의 씨가 되기 쉽다. 행복을 북돋우는 애정은 사람을 대하기 좋아하며 각 개인의 특징과 장점을 보고 기뻐하며 나와 접하는 사람의 이익과 기쁨에 자유를 주려고 할지언정 그 사람을 지배하고 굉장한 칭찬을 받으려는 욕심은 없는 것이다. 대인 관계에 있어서 진정으로 이런 태도를 가지는 자야말로 행복의 보금자리가 되고 서로 친절을 베푸는 그릇이 된다. 이런 사람은 대인관계에 있어서 큰일이건 적은 일이건 이익과 애정을 한결같이 얻을 수 있다. 남에게 배은망덕하는 일이 없으며 마음의 괴로움이 없다. 남에게 그런 일을 당하면 두고두고 마음에 새겨 두지 않는다. 남이 악적고투해도 안 되는 일을 그는 쉽게 이루어 놓는다. 스스로 행복하며 남의 좋은 친구가 될 수 있고 또 남의 좋은 친구가 될 수 있기 때문에 더욱 행복할 수 있다.

그러나 모든 것이 진실해야 한다. 의무감에서 우러나오는 자기 희생의 관념에서 행복의 꽃이 피는 게 아니다. 의무감은 일에 필요하다. 대인관계에서는 불쾌한 것이다. 사람은 누구나 남의 호감을 사고 싶어 한다. 사람들은 억지로 인종하는 것을 원치 않는다. 노력하지 않고 자연히 여러 사람을 좋아하는 것 이것이야말로 인간적 행복의 가장 큰 샘물 줄기이다.

'사물에 대한 다정한 관심과 흥미'란 말은 무리하게 들릴는지도 모른다. 사물에 대해서는 친애한 감정을 가질 수 없다고 말할 것이다. 그러나 지질학자가 바위를 대할 때나 고고학자가 유적을 접할 때, 느끼는 흥미는 우정과 흡사한 데가 있다. 우리의 개인에 대한 태도, 사회에 대한 태도의 윤리는 모름지기 이래야 한다. 사물에 대해서 우리는 다정한 관심보다는 적대적 감정을 가질 수도 있다. 거미떼가 사는 집을 생각해 보라. 인간은 거미를 싫어 하기 때문에 거미들이 적은 곳에서 살고 싶어 한다. 지질학자가 바위에서 느끼는 것과 같은 만족을 거미에게서는 느껴 볼 수 없다. 사물에 대한 관심은 인간에 대한 관심에 비할 때 일상생활의 행복이 요소로서는 가치가 적지만 그래도 여전히 중요하다.

세계는 넓고 인간의 능력에는 한계가 있다. 우리들의 온갖 행복이 오직 인간적 세계에만 한하는 것이라면 인생에 대해서 많은 기대를 가질 수 있다. 요구가 너무 크면 만족이 적은 법이다. 트렌트 공회니 천체의 역사니 하는 문제에 진정한 흥미를 느낌으로써 인생의 고민을 잊을 수 있는 사람이 그러한 세계에서 돌아올 마음의 평화와 휴식을 얻을 것이다. 이러한 경지에 이르면 자기의 고민을 마음대로 다룰 수 있고 일시적이나마 진정한 행복을 경험한다.

행복의 비결을 이러하다. 당신의 관심과 흥미의 세계를 될 수록 넓게 한다. 당신과 대하는 인간과 사물에 대해서 될 수록 적의를 갖지 말고 애정을 가져라. 불행의 골짜기를 피하고 행복에 이르는 여러 가지 방법을 다음에서 논하겠다.

애정

흥미와 열심이 메마르게 되는 주요 원인의 하나는 남에게 사랑을 받지 못한다는 감정이다. 이와 반대로 남에게 사랑을 받고 있다는 감정은 무엇보다도 흥미와 열심을 북돋운다. 남에게 사랑을 받지 못한다는 감정을 가지게 되는 데는 여러 가지 이유가 있는데, 나는 아무의 사랑도 받을 수 없는 무서운 인간이라고 스스로 생각하는 사람도 있을 것이다. 이러한 사람은 어려서 남의 사랑을 받아본 일이 별로 없거나 또 사실 아무의 애정도 받을 수 없는 인간인지도 모른다. 이러한 사람은 아마 초년 고생으로 자신을 잃은 것이 그렇게 된 원인일 것이다. 남의 사랑을 못 받는다고 느끼는 사람은 자연 여러 가지 태도를 취하게 된다. 남에게 유달리 친절한 행동을 베풀어서 애정을 얻어 보려는 결사적 노력을 하는 사람이 있다. 그러나 이런 사람은 십중팔구는 실패하기가 쉽다. 왜냐하면 친절의 동기가 상대편에 곧 알려지기 때문이요, 또 인간성의 구조가 애정을 별로 요구하는 것 같이 보이지 않는 사람에게는 곧잘 애정을 느낄 수 있도록 되어 있기 때문이다. 친절한 행동으로 애정을 사려고 애쓰는 사람은 인간의 배은망덕을 경험하고 실망하기가 쉽다. 그가 사려고 애쓰는 애정은 자기가 대가로 주는 물질적 이익보다도 훨씬 귀하다는 것을 그는 모른다. 또 이런 감정이 자기 행동의 밑바닥에 움직이고 있다는 것을 그는 알지 못한다. 또 어떤 이는 자기가 사랑을 받지 못한다는 것을 알면 세상에 대해서 복수하려고 한다. 전쟁과 혁명을 일으키거나 또는 영국의 문인 딘 스위프트처럼 독설의 붓을 휘두른다. 이것은 불행에 대한 용감한 도전이라고 하겠다. 이러한 도전에는 세상을 상대로 싸울 만한 강한 성격의 힘이 필요하다. 이런 경지에 이를 수 있는 사람은 별로 없다. 남자이건 여자이건 대다수의 인간은 자기가 남의 사랑을 받지 못한다는 것을 느낄 때 비겁한 절망에 빠진다. 이 절망은 질투와 악의의 불빛으로 간신히 위로를 받는다. 대개 이런 사람의 생활은 극단적 자기 중심주의가 되고 만다. 또 애정의 결핍은 불안감을 준다. 그래서 이러한 세계에서 벗어나려고 본능적으로 발버둥친다. 습관이 생활을 완전히 지배하는 생활을 하려고 한다. 왜냐하면 매일 똑같은 일과의 노예가 되는 사람은 대개 냉정한 사회에 대한 공포심에서 그러한 생활을 하는 것이다. 그 전에 걷던 똑같은 길을 걸으면 대체로 실수가 없으리라고 생각한다.

안심하고 인생을 대하는 사람은 불안 속에 인생을 대하는 사람보다 훨씬 행복하다. 안심이 불행으로 끝나지만 않는다면. 인생에 대해 안정감을 가지면 인간을 위기에서 안전하게 구해주는 수가 많다. 좁은 의자를 밟고 이쪽에서 저쪽으로 건너갈 때 자신을 가지면 무섭지 않지만 무섭다고 느끼면 정말 떨어지기 쉽다. 또 이 원리는 인간의 행동에 그대로 적용되는 진리이다. 물론 대담한 사람도 뜻밖의 불행을 당하는 수가 있지만 겁쟁이라면 반드시 실패할 어려운 고비를, 태연자약하고 자신있게 넘어버린다. 이러한 자신에는 여러 가지 종류가 있다. 산에 자신 있는 사람, 바다에서 자신 있는 사람, 또 공중에서 자신 있는 사람, 인생에 대한 전체적 자신은 어디서 오는가? 자기한테 필요한 올바른 애정의 빛을 충분히 받는 데서 온다. 이러한 정신적 습관은 흥미의 한 원천이다. 이 장에서는 그러한 애정의 문제를 생각해 보겠다.

정신적 평화와 안정은 애정을 서로 주고받는 데서 생기지만 남에게 주는 사랑보다도 남에게서 받는 사랑이 더욱 안정감을 일으킨다. 엄밀히 말하면 이런 힘을 가지고 있는 것은 애정뿐만이 아니다. 칭찬도 그렇다. 대중의 칭찬을 받는 직업의 인간들 배우나, 목사나, 연설가나 정치가는 이러한 칭찬이 대단히 중요하다. 응당 받아야 할 대중의 칭찬과 박수갈채를 받을 때 그들의 생활은 신이 나는 것이다. 그렇지 못할 때 불만이 생기고 이기적으로 된다. 보통 사람은 소수인의 깊은 애정을 원하지만 그들은 대중의 광범위한 호의면 그만이다. 어린 아이들은 부모의 사랑을 받을 때 자연의 법칙처럼 당연하게 받아들인다. 부모의 애정이 자기 행복에 대해서 생명과 같이 귀한 것이지만 이런 걸 별로 생각하지 않는다. 어린아이의 관심은 외부적 세계에 향한다. 여러 가지 재미있는 모험에 향한다. 그러나 외부로 향하는 어린아이의 관심의 밑바닥에는 부모의 애정이 나의 불행을 막아주리라는 신념이 맥맥히 움직이고 있다. 부모의 애정에 굶주린 어린이는 겁이 많고 진취적 용기가 부족하고 공포와 비애가 가득하므로 활동적이고 명랑한 기분으로 인생을 살 수 없다.

그러한 어린아이는 아주 어려서부터 생이니 죽음이니 인간의 운명이니 하는 문제를 생각하기 쉽다. 처음에는 우울한 내성적 인간이 되지만 나중에는 철학이니 신학이니 하는 비현실적인 위안을 구하게 된다. 이 세계는 좋은 일 궂은 일이 아무렇게나 얽히고 헝클어진 모순적 사회이다. 이 세계에 합리적 제도를 건설하려는 생각은 본래 공포심에서 나온 것이다. 심리학에서 말하는 일종의 광장공포증의 산물이다. 겁이 많은 학생도 도서관 속에 들어가 앉으면 안심을 한다. 우주는 질서 정연한 존재라고 확신할 수 있으면 낯선 거리에 나가야 할 때도 마음속에 안전감을 느낄 수 있다. 이러한 사람도 애정의 향기 속에 몸을 푹 담글 수 있었더라면 이 현실 사회를 두려워하지 않았을 것이요 이상적 세계를 만들어 가지고 신앙에 의지할 필요도 없었을 것이다.

그렇다고 애정만 있으면 누구나 진취적이 되는 것은 아니다. 남의 애정을 받으면 겁이 없어지고 씩씩해져야 한다. 사랑하는 자의 안전만 바라지 말고 오히려 위대해지기를 바라야 한다. 그렇다고 안전에 대해서 절대로 무관심한 것은 아니다. 겁이 많은 어머니나 간호원은 자식에게 불행이 닥쳐 오지나 않을까 밤낮으로 걱정한다. 개라는 개는 다 내 자식을 물 것만 같고 소라는 소는 다 황소 같아 보인다. 나중에는 자기 자신마저 겁이 나고 마음이 놓이지 않아서 가까운 이웃사람이 아니면 아무도 안심이 안 된다. 자식의 감정도 그러한 어머니를 닮게 될 것이다. 어머니는 자기 자식이 세상과 싸워 나갈 능력을 길러줄 생각보다도 자기에게 의존해서 살기만 바란다. 이렇게 되면 그런 애들은 결국 어머니의 사랑을 아니 받았던 편만도 못하다. 세 살 버릇 여든까지 간다는 우리의 옛말이 있듯이 어려서 받은 정신적 습관은 일생을 두고 계속하는 것 같다. 대다수의 인간은 사랑에 빠지면 사회에서 도피할 조그만 안식처를 찾는다. 그 안식처에서 칭찬을 받을 만한 존재도 못되면서 칭찬을 기대하고 잘나지도 못했으면서 잘난 척 생각한다. 보통 사람들의 진실에서의 도피처이다. 공포와 비겁의 감정은 자기가 편히 쉴 자리를 마련한다. 어렸을 때 어리석은 어머니에게서 얻었던 안식을 남자들은 아내에게서 구한다. 또 아내가 자기를 큰 어린애로 취급할 때 놀라움을 느낀다.

최고의 애정은 어떤 것이냐? 이것은 정의하기 힘든 문제이다. 왜냐하면 애정에는 분명히 어떤 보호적 요소가 있기 때문이다. 우리는 사랑하는 사람이 부상 당하는 것을 볼 때 무심할 수가 없다. 그러나 불행의 예상은 불행의 동정과는 달라서 애정에 있어서 될수록 적은 역할을 해야 한다. 타인에 대한 공포는 사실 자기 자신에 대한 공포의 그림자에 불과하다. 뿐만 아니라 공포는 소유욕의 한 가장된 변형인 경우가 많다. 상대방에게 무서움을 일으켜 가지고 완전히 지배하려고 한다.

남자가 겁많은 여성을 좋아하는 이유도 여기에 있지만 약한 여성의 보호는 드디어 여성의 소유로 전개하였다. 대담하고 굳센 사랑은 손해를 보지 않고 소득이 큰 것에 비하여 겁이 많은 사랑은 소득이 적다. — 이것은 인간의 성격 나름이다.

남에게 애정을 받으면 두 가지 힘과 기능을 발휘한다. 하나는 안전이다. 어른의 생활에서 애정은 중대한 생리적 목적이 있다. 즉 부모가 되는 것이다. 남자이건 여자이건 성애를 못 가지면 인생은 큰 불행이다. 왜냐하면 인생의 최대의 기쁨을 누리지 못하기 때문이다. 이 기쁨이 없어지면 조만간 흥미를 잃고 내성적으로 되기 쉽다. 그러나 초년 고생이 심하면 성격에 구김살이 잡혀서 남의 사랑을 얻지 못하게 되는 수가 왕왕 있다. 여자도 그렇지만 남자는 더욱 그렇다. 그 이유는 대체로 여자들은 성격을 보고 남자늘 사랑하지만 남자들은 얼굴을 보고 여자를 사랑하기 쉽다. 이 점에 관해서 남자는 여자만 못하다고 할 수 있다. 남자들이 좋아하는 여자의 성격은 대체로 여자들이 좋아하는 남자의 성격만 못하기 때문이다. 좋은 얼굴의 주인이 되는 것보다도 좋은 성격의 소유자가 되는 것이 쉽다고 나는 생각하지 않는다. 여자들이 얼굴 가꾸는 수고는 남자들이 인간 수양하는 수고보다 쉬운 일이기 때문이다.

지금까지 내가 남의 애정을 받는 경우만 생각해 왔다. 이제는 내가 남에게 주는 애정을 논하겠다. 이 애정에는 두 가지가 있다. 하나는 인생의 흥미의 가장 중요한 표현이요 또 하나는 공포의 표현이다. 전자는 참으로 기쁨의 빛이 되고 후자는 기껏해야 위로의 힘이 된다. 청명한 날 배를 타고 아름다운 해변가에 나가서 해안의 경치를 보고 즐긴다고 하자. 이 기쁨은 순전히 밖을 바라다보는 기쁨으로 우리 자신의 깊은 욕망과 아무 관계가 없다. 그러나 이와 반대로 배가 난파되어 해변가를 향하여 헤엄쳐 나간다면 해변에 대하여 새로운 사랑을 갖게 된다. 해변은 파도를 안정하게 막아 주는 것이 된다. 해변의 미추는 문제가 아니다. 안전한 배를 탄 사람이 느끼는 감정은 기쁜 감정이지만 난파해서 헤엄치는 자의 감정은 그렇지 못하다. 전자는 우리가 안전할 때 또는 위험이 없을 때 느낄 수 있는 감정이요 후자는 이와 반대로 불안할 때 느끼는 감정이나 불안의 감정은 안전의 감정보다 주관적이고 또 자기중심적이다. 왜냐하면 우리가 사랑하는 이를 소중히 여기는 것은 그 사람의 본래적 가치 때문이 아니고 그냥 사랑을 주는 것이다. 그렇다고 이러한 애정에는 인생의 정당한 의의가 없다는 뜻은 아니다. 무릇 진정한 애정은 두 가지 요소를 다 포함하고 있다. 애정은 불안의 감정을 깨끗이 씻어줄 수 있으므로 위험과 공포 속에 휩쓸린다면 쓰러지고 말 세상에 대한 흥미를 다시 소생시키고 자유로운 흥미를 갖게 한다. 그러나 이러한 애정이 인생에 대해서 가지는 의의를 우리는 충분히 인식하지만 그러나 아무튼 후자만 못하다. 왜냐하면 이 애정은 공포에 의존하고 공포는 하나의 악이요 또 이 애정은 이기적이기 때문이다. 가장 깊은 애정 속에 잠길 때 인간은 낡은 불행을 피하려고 하기보다는 새 행복을 원하는 것이다.

최고의 애정은 서로 생명을 북돋아 준다. 기쁨으로 애정을 자연스럽게 주고받을 때 온 세계가 행복의 빛으로 물들여 진다. 그러나 또 한 종류의 사람이 있다. 이 사랑도 특별한 것은 결코 아니다. 그것은 상대방의 생명을 빨아 먹고 상대방이 주는 것을 받되 아무것도 갚아줌이 없다. 생명력이 대단히 강한 사람은 이러한 흡혈귀적 형태에 속한다. 그들은 자기 희생자에게서 하나씩 하나씩 생명을 빼앗는다. 그들이 배부르고 재미있어 할 때 희생자는 마르고 창백해서 바보 같이 된다. 그들은 남을 목적 그 자체라고 보지 않고 내 목적의 수단으로, 이용하는 사람이다. 그들은 자기가 사랑한다고 생각하는 사람에 대해서 본래 관심을 가지지 않는다. 비인간적 행동에 대한 자극에만 흥미를 느낀다. 이것은 분명히 성격의 결함에서 생기는 것이다. 이것은 진찰하기도 힘들고 치료하기도 힘들다. 가끔 큰 야심과 결합되어 있어서 인간의 행복을 편협하게 일면만 생각하는 인간이다. 쌍방이 서로 진정한 관심을 가지는 애정, 상호간의 목적을 달성하는 수단으로 뿐만 아니라 공동의 이익을 가질 때에 진정한 행복의 근원이 된다.

자아가 강철의 장막 속에 갇혀서 도저히 벗어나올 수 없는 사람은 세상에서 아무리 성공하더라도 인생의 최고의 기쁨을 잃어 버리는 자다.

애정이 없는 애심은 대개 어려서 불행하였거나 자라서 억울한 일을 당하였기 때문에 또는 남에게 박해를 당했다는 생각 때문에 인간에 대해서 분노와 증오를 느낀 결과이다. 너무 자아가 강하면 마치 감옥과 같으니 인생을 마음껏 즐기려거든 이 감옥에서 모름지기 빠져 나와야 한다. 이러한 자아의 감옥에서 빠져 나온 사람만이 진정한 애정을 가질 수 있다. 주는 것만큼 받고 받는 것만큼 줄 때에 애정은 최고봉에 이른다.

서로 주고받는 애정의 빛을 막아버리는 사회적 심리적 장애물은 하나의 커다란 악이다. 세계가 늘 이것을 염려했고 또 현재도 괴로워하는 문제이다. 사람들이 남을 좀처럼 칭찬하지 않는 것은 칭찬을 잘못 할까 두려워함이다. 또 애정을 좀처럼 주려고 하지 않는 것은 애정을 준 사람이나 까다로운 세상 사람에게서 해를 당하지나 않을까 염려해서이다. 도덕과 처세의 지혜에는 주의와 조심이 필요하다. 왜냐하면 애정이 중심이 되면 관대성과 용기는 실망하는 경우가 있기 때문이다. 이것은 다 인간에 대해서 분노와 비겁을 일으키기 쉽다. 즉 대다수의 인간은 인생에서 가장 필요한 것과 세상에 대해서 행복하고 용감하게 살 수 있는 필요한 조건을 다 놓쳐 버렸기 때문이다. 소위 부도덕하다는 인간들은 이 점에 있어서 부도덕하지 않은 인간들보다 우수하다고 생각해서는 안 된다. 남녀의 성적 관계에도 선정한 애정은 별로 없고 심한 악의조차 발견할 수 있다. 남자는 여자를, 여자는 남자를 위해서 저마다 자기를 바치려고 힘쓰지 않고, 한없는 고독 속에 빠져서 매마른 생활을 하고 있다. 이러한 경험에 깊은 의미가 있는 것이 아니다. 진정한 가치를 가닌 성관계는 두 사람의 성격 전체가 융합되어 하나의 새로운 인격으로 화하는 생명력인 경지라는 것을 강조하고 싶다. 모든 지혜 가운데서 사랑의 지혜야말로 진정한 행복에 이르는 근본이다.

취미

여기에서 생각해 보고 싶은 문제는 인간 생활을 이루고 있는 중요한 문제가 아니고, 인생의 중요한 의무에서 벗어나서 한가한 시간을 편히 쉬게 하는 여러 가지 사소한 취미의 문제이다. 보통 인간 생활에 있어서 처자니 직장이니 경제 문제니 하는 것이 우리들의 중요한 관심사이다. 결혼을 떠난 연애 문제가 생기더라도 이 사건이 가정 생활에 어떤 영향을 끼칠까?

이런 관심이 더 큰 것이다. 사업에 대한 관심은 곧 생활에 대한 관심이라고 나는 생각한다. 예를 들면 과학자는 자기 전문 분야의 연구가 뒤떨어져서는 안된다. 과학 연구에 늘 열심을 가져야 하고 또 자기 직업과 밀접한 관계가 있는 것에 대해서 항상 관심이 필요하다. 그러나 자기가 깊은 관심을 갖지 않는 방면의 독서를 할 때 자기 전문을 대할 때와는 아주 다른 정신이 된다. 즉 전문적이 아닌 태도, 비판적이 아닌 태도로 무관심하게 독서한다. 물론 책의 내용을 이해하기 위해서 머리를 써야 하지만 이러한 독서는 자기 책임과 아무 관계가 없기 때문에 정신의 휴식이 된다. 그 책에 흥미를 느낀다면 그 흥미는 자기 전문분야의 책과 관계가 없기 때문에 취미에 족하다. 인간 생활의 중요한 활동과는 관계가 없는 여러 가지 취미 문제를 생각해 보기로 하겠다.

육체의 피곤과 신경의 피곤은 불행의 원인의 하나이다. 심신이 피곤하면 실생활에 의미없는 일에 대해서 도무지 흥미를 느낄 수가 없다. 그 결과 우리 마음은 무슨 일에 대해서나 편히 쉴 수가 없고 또 사사건건 불안의 재료가 되고 걱정의 대상이 된다. 잠재의식적 사고는 점점 무르익어서 지혜가 되지만 의식은 잠잘 때를 제외하고는 편히 쉴 수가 없다. 그 결과는 흥분, 지혜의 부족, 초조, 조화적 감정의 상실이다. 이상 논한 것이 피로의 원인이요 또 그 결과이다. 사람이 피곤해지면 외부로 향하는 흥미가 메마르고 만다. 흥미가 메마르면 위안이 없어지고 더욱 피곤해진다. 이러한 재미없는 인과의 순환은 정신의 파탄으로 끝나기 쉽다. 외부에 대한 흥미가 솟아나지 않는 것은 행동에 대한 의욕이 없기 때문이다. 잠재의식의 힘을 빌지 않고 조급히 결심하고 행동하면 피로가 심하다.

어떤 중대한 결심을 하기 전에 마음을 안정시켜야겠다고 느끼는 사람은 옳은 판단을 내린다. 우리들이 잠자고 있을 때만 잠재의식의 정신작용이 움직이는 것이 아니다. 우리의 의식적 정신이 어떤 대상에 집중될 때에도 잠재 의식이 움직일 수 있다. 하루의 일이 끝나면 깨끗이 그것을 잊어버릴 수 있는 사람은 그것을 두고두고 걱정하는 사람보다도 일의 능률이 좋다. 자기의 할 일 이외에 여러 가지 흥미가 많은 사람은 일을 잊어야 할 때 그렇지 못한 사람보다 쉽게 잊어 버릴 수 있다. 그날 그날의 사무로 피곤해진 몸을 이러한 흥미 때문에 사용해서는 안된다. 이것은 중대한 일이다. 이런 일로 마음을 써서는 안된다. 예를 들면 도박 같은 곳에 돈을 써서도 안된다. 자극이 강해서 감정이 피곤해지고 의식이 사로잡히기 때문이다.

대개 오락은 이러한 조건을 모두 만족시켜야 한다. 운동 시합을 보고 극장에 가고 골프를 하는 것은 이러한 견지에서 모두 환영해야 할 일이다. 학자들은 자기 전문 외의 독서를 하는 게 매우 좋을 것이다. 아무리 중대한 고민이라도 종일 골몰히 생각해서는 안된다.

이 점에 관해서 남녀간에 큰 차이가 없다. 남자들은 대체로 여자들보다도 자기 일을 쉬 잊어버릴 수 있다. 그러나 여자들은 가사를 돌보는 관계상 어쩔 수가 없다. 남자들은 직장을 나서면 새로운 기분이 되지만 여자들은 그렇지 못하다. 그러나 직업 부인들은 그렇지 않다. 여성들은 실제적 가치가 없는 일에 대해서 흥미를 느끼기 힘들다. 여자들은 목적관념이 사상과 행동을 지배한다. 여자들은 반응이 없는 흥미에 대해서 신이 나지 않는다. 물론 예외도 있지만 전술한 내용은 일반적이다. 일례를 들면 여자대학에서 교수님들은 남자들이 없으면 자기 전문 이야기를 한다. 그러나 남자대학에서는 그렇지 않다. 이러한 특색은 부인에게 높은 자각처럼 보일는지 모르지만 내가 보기에는 이러한 태도는 결국 그들의 세계에 진보를 가져오지 않는다. 이런 태도는 일종의 광신적인 편협한 이론을 낳기 쉽다.

 사물에 대한 관심과 취미는 휴양적 견지를 떠나서 생각하더라도 여러 가지 의의가 있다. 먼저 인간에게 조화적 감정을 일으켜 준다. 자기 목표, 자기 사업, 자기 세계에만 몰두한 나머지 그것이 인간의 전체적 활동에서 볼 때 실로 보잘것없는 일부분에 지나지 않는다는 사실을 망각하기 쉽다. 또 이 세상에는 자기가 하는 사업이 아무런 영향도 주지 못하는 세계가 얼마든지 있다는 것을 잊어버리기 쉽다. 그런 건 알아 무엇하느냐? 하겠지만 그렇지 않다. 우리의 생활 활동과 모순되지 않는 올바른 세계관을 가지는 것은 필요한 일이다. 우리가 이 세상에 머무는 시간은 그리 긴 것이 아니다. 또 신비한 이 지구와 이 지구가 우주에서 차지하는 위치에 관해서 우리들이 살아 있는 동안 알아야 할 것은 알아야 하는 것이다. 물론 불완전한 지식일망정 지식섭취의 기회를 포기해서는 안된다. 그것은 마치 극장에 가서 연극을 안보는 일과 똑같은 것이다. 이 세계의 천태만상에 대해서 흥미를 느낄 수 없는 인간은 인생의 귀한 특권을 하나 포기하는 자다.

 조화 감정을 대단히 귀중한 것이다. 또 위안의 힘이 되는 수가 있다. 우리들이 공연히 흥분하기 쉽고, 쓸데없이 긴장하기 쉽고, 우리가 살고 있는 이 세상의 보잘것없는 한구석과 생사에 이르는 짧은 시간을 가지고 크게 떠들기 쉽다. 자기의 가치를 과대평가하여 흥분 속에 휩쓸린다면 허망할 일이다. 그 결과 일은 열심히 하게 되는지 모르지만 잘하지도 못할 것이다. 높은 목적을 품는 작은 일은 악한 목적에 사로잡힌 큰 일보다 나은 것이다. 활동의 생활만 찬양하는 사람은 나와 달리 생각할 것이다. 사업밖에 모르는 인간은 언제나 광신에 빠질 위험성이 있다. 광신은 원래 인생의 여러 가지 목적을 다 잊어버리고 오직 하나 둘만 알고 그것을 이루기 위해서 인생의 여러 가지 귀한 목적을 짓밟아도 상관 없다고 생각하는 태도이다. 이러한 광신적 태도에 대해서 가장 좋은 방어약은 인간의 생명과 인간이 우주에서 차지하는 위치를 바로 아는 것밖에 없다. 이것은 이 문제를 떠나서도 원래 중대한 의의를 가진 문제이다.

교육이 한낱 기술공부로 굴러 떨어진 결과 공평한 눈으로 세계를 바라다보고 정신과 인격을 넓히려고 하지 않는 것 — 이것이 현대 고등 교육의 큰 결함이다. 예를 들면, 정당 싸움에 우리 당이 승리하기 위해서 머리싸매고 달려 든다. 세상에 증오와 폭력과 의심을 조장시키는 방법을 사용해 가지고 정당 싸움에 승리하는 예가 부지기수이다. 승리의 첩경은 외국 국민을 모욕하는 것, 이러한 경우까지도 볼 수 있다. 내다 보는 세계가 현재에만 제한되어 있거나 능률만 올리면 제일이라고 생각하는 이론을 찬성한다면 그런 방법도 괜찮을 것이다. 또 그런 방법으로 당장은 승리를 거두리라. 그러나 먼 장래에 가서 반드시 실패의 불행으로 끝난다.

그러나 인간의 과거와 역사를 내 마음의 거울로 삼고 광대무변한 우주의 역사와 비할 때 인간의 온 역사가 실로 순간적이라는 것을 생각해보라. 그러한 사상이 당신의 습관적 감정이 된다면 당신이 지금 가담하고 있는 한 때의 싸움은 별로 의미가 없는 것이기 때문에 뒤떨어진 암흑에로 반동해서는 안 된다는 것을 자각할 것이다. 아니 만일 당신이 당장 눈앞의 목적에 패배를 당한다면 그런 놀음이 실로 꿈과 같이 하염없는 일이었음을 느낄 것이다.

 목전의 이익만 내다보는 활동을 넘어서서 원대한 목표를 바라보아야 한다. 이러한 목표를 품을 때 당신은 고독한 일개의 개인이 아니고 인류를 문명생활로 이끌로 나가는 대행렬의 일원이 된다. 이러한 인생관 위에 설 때 어떠한 인생길을 걷든 깊은 행복감이 당신의 곁을 떠나지 않을 것이다. 위대한 역사와 운명을 같이 하는 것 이것이 인생이다. 그러므로 일개인의 죽음은 한낱 적은 사건에 지나지 않는다.

 고등 교육을 내 이상대로 조직하는 힘이 내게 있다면 나는 낡아빠진 정통적 종교를 다른 것과 바꾸고 싶다. 내가 말하는 다른 것이란 아마 종교라고는 할 수 없다. 왜냐하면 그것은 실증적 현실에다가 주의를 집중시키기 때문이다. 낡아빠진 정통적 종교는 아직도 소수인의 마음에 드는 모양이요 또 이 소수인은 대개 무지, 비천한 인간들이다. 나는 청년들에게 과거를 똑똑히 알리는 동시에 인간의 미래는 과거보다도 무한히 길다는 것을 분명히 인식시키고, 우리가 살 이 지구가 한없이 작다는 사실과 이 지구상의 생활은 한바탕 꿈이라는 것을 깊이 자각시키는 교육을 하겠다. 개인의 존재가 보잘것없는 것을 강조시키는 동시에 한편 개인의 위대한 가치를 청년의 가슴속에 인식시킬 수 있는 여러 가지 현실의 체계를 가르쳐 주고 또 일월성신의 대우주 안에는 똑같은 가치를 가진 존재는 하나도 없다는 사실을 가르치고 싶다. 옛날 철인 스피노자는 인간의 속박과 인간의 자유에 관해서 쓴 적이 있다. 그의 표현형식과 술어가 힘들어서 철학하는 이들이 그의 사상을 이해하기 곤란하지만 내가 말하려는 사상하고 스피노자의 철학과 근본에 있어서 대동소이하다.

정신의 위대성을 잠시라도 또 조금이라도 느낀 사람은 조그마한 불행에 괴로워하고 어떤 운명에 닥칠까 늘 두려워하는 보잘것없는 이기주의적 인간으로 자기 자신이 굴러 떨어질 때 행복할 수가 없는 것이다. 위대한 정신을 가진 사람은 마음의 창문을 활짝 열어젖히고 세계 도처를 바로 볼 것이다. 인간의 생명이 미미하고 또 순식간임을 아는 동시에 또한 개인의 정신 속에는 우주가 갖고 있는 온갖 가치가 집중되어 있다는 것을 인식할 것이다. 인간의 마음은 세계를 비칠 수 있으므로 인간은 어느 의미에 있어서 세계만큼 커질 수 있는 것이다. 환경의 노예를 만드는 공포에서 해방될 때 인간은 깊은 기쁨을 느낄 것이다. 또 외부 생활에는 온갖 부침과 성쇠가 있지만 깊은 정신 속에서는 언제나 행복한 인간일 것이다.

이러한 큰 문제에서 떠나서 가장 목전의 문제, 즉 사물에 대한 관심과 흥미의 가치 문제를 다시 생각해 보자. 취미가 행복의 큰 도움이 되는 점이 또 하나 있다. 아무리 행복한 생활이라도 여러 가지로 불여의한 때가 있다. 결혼한 남자치고 아내와 한번도 말다툼하지 않은 사람은 없다. 부모가 되면 자녀의 병 때문에 몹시 걱정하는 때가 있다. 또 실업가는 실업가로서 경제적으로 곤경에 빠지는 일이 있다. 또 변호사나 의사들도 실패할 때가 있다. 이런 때에 고민을 잊고 다른 일에 흥미를 느끼는 능력을 가졌다면 이보다 더한 고마운 일이 없다. 걱정해봐야 별 수가 없을 때에는 장기를 둔다든가 탐정소설이나 읽는다든가 통속 천문학에 재미를 붙인다든가 고대 문화

발굴에 관한 이야기나 읽어서 마음을 달래는 것이 상책이다. 이런 사람들은 정말 총명한 사람들이다. 그러나 마음이 어지러워져서 송두리째 고민 속에 빠져버리는 자는 어리석은 자이다. 또 이런 인간은 행동의 기회가 다시 눈앞에 전개될 때 자기 고민과 싸울 수 없는 사람이다. 지극히 사랑하던 사람이 세상을 떠나서 견딜 수 없는 슬픔에 빠지는 경우도 이와 같다. 그런 경우에 슬픔 속에 온 몸이 빠진다고 무슨 수가 있을리 없다. 그 슬픔을 피할 길은 없지만 슬픔을 덜기 위해서 온갖 애를 써야 한다. 인간은 불행으로 파멸하는 수가 있기 때문에 최선을 다해서 불행한 운명을 피해야 한다. 또 손해가 되지 않는다면 아무리 사소한 위안이라도 될수록 찾아야 한다. 해롭고 나쁜 위안이란 음주 마약 같은 것이다. 음주나 마약의 목적은 잠시동안 의식을 잊어버리는 것이다. 의식을 잊어버리는 것이 상책이 아니다. 의식을 새로운 방향으로 돌리는 것이 문제이다. 어쨌든 현재의 불행에서 멀리 방향전환시키는 것이다. 여태까지 생활이 한두 가지 관심에만 집중되어 있었고 그것조차 비애로 물들여 있는 경우라면 의식의 방향전환이 곤란하다. 불행이 닥쳐올 때 굳건히 견디려면 행복할 때에 흥미와 관심의 세계를 널리 길러두는 것이 총명하다. 그래야 우리의 정신은 태연자약한 자리에 서서 현재의 역경을 넘어서 새로운 감정과 새로운 세계를 찾을 수 있다. 생명력과 흥미가 왕성한 사람은 온갖 불행이 닥쳐와도 인생과 세계에 대한 넓고 굳센 흥미로 이것을 극복한다. 한두 번 실패로 주저앉는 것은 체념의 증거로서 칭찬할 일이 아니라 생명력의 파산으로서 슬퍼해야 할 일이다. 죽음은 우리들의 사랑하는 사람을 언제든지 죽일 수 있다. 우리들의 모든 애정도 죽음에

좌우된다. 우리 생활의 절대로 좁아서는 안 된다. 생활이 좁으면 인생의 전체의 의미와 목적이 우연에 의해 지배당하기 쉽다. 결론적으로 말하면 행복은 지혜롭게 추구하는 사람은 먼저 생활의 중심을 세우고 그 다음에 풍성한 흥미의 세계를 가지려고 노력해야 한다.

행복한 인간

  행복은 때로는 외부적 환경에 달렸고 때로는 자기 자신에 달린 문제이다. 나는 이 책에서 자기 자신에 달린 행복을 논했다. 이러한 견지에서만 본다면 행복의 비결은 아주 간단하다는 결론에 도달한다. 어느 정도 종교적 신념이 없다면 행복은 불가능하다고 생각하는 사람이 많다. 비애의 원인은 복잡하고 대단히 지성적인 것이라고 불행한 인간들은 생각한다. 그러나 이런 것이 행복과 불행의 진정한 원인이라고 나는 생각하지 않는다. 그것은 미미한 것에 불과하다. 불행한 인간은 대개 불행한 신념을 가질 것이요 행복한 인간은 행복한 신념을 가질 것이다. 저마다 행복과 불행을 자기 신념에 돌릴 것이다. 그러나 진정한 원인은 다른 곳에 있다. 무릇 인간의 행복에는 물질이 필요하다. 그러나 이것은 간단한 것이다. 먹을 것, 집, 건강, 사랑, 사업의 성공, 사회, 사람의 존경 등. 어떤 사람에게는 부성애가 필요하다. 이런 것들이 없는데도 행복한 사람은 예외적인 인간이다. 때에 따라서는 오직 예외적인 인간만이 행복할 수 있다. 그러나 이런 것을 다 가지고 또 정당한 노력으로 얻을 수 있는 경우에도 여전히 불행한 사람은 심리적 조정이 안되는 것이다. 심리적 조정이 도무지 안 되는 경우에는 정신병 의사에게 보여야 한다. 그러나 웬만한 경우에는 올바로 다루기만 하면 환자 자신이 고칠 수 있다. 외부적 환경이 아주 불행하지 않을 때 정열과 흥미가 내부로 향하지 않고 외부로 향한다면 행복할 수 있을 것이다. 그러므로 자기 중심적인 욕망을 버리고 자기 자신만 생각하려는 태도를 용감하게 물리칠 수 있는 여러 가지 애정과 관심을 가지려고 힘 쓰는 것, 이것이 교육의 노력목표요 또 사회적 조정의 노력목표이다. 감옥에서 행복을 누린다는 것은 보통 사람에게는 무리이다. 우리들은 자아 속에 몰아넣는 정념이야말로 인간의 가장 나쁜 감옥이다. 이러한 정념 중에서 가장 흔한 것은 공포, 시기, 죄악감, 자기 번민, 자기 찬미이다. 이런 정념 속에 빠질 때 우리들의 욕망은 언제나 자기 자신에만 집중된다. 여기서는 외부적 세계에 대한 진정한 관심이 없고 다만 외부적 세계가 나의 이기적 자아를 해치지나 않을까 또는 굶주리게 하지나 않을까 하는 관심이 있을 뿐이다. 인간이 여러 가지 사실을 승인하려고 하지 않고 자기 자신을 신비의 따뜻한 옷자락 속에 감싸려고 하는 중요한 이유는 공포 때문이다. 그러나 가시 때문에 따뜻한 옷자락이 찢기고 찬바람이 스며든다. 따뜻한 옷자락 속에서만 자란 사람은 처음부터 찬바람을 맞고 자란 사람보다 당하는 괴로움이 큰 것이다. 뿐만 아니라 늘 자기 자신을 속이는 사람은 자기의 더러운 꼴을 마음속으로는 느끼고 있다. 혹시 어떤 불운한 사정이 생겨서 자기의 허위가 세상에 들어나지 않을까 항상 전전긍긍하며 불안 속에 살고 있다.

인간이 자기 중심적 욕망에 빠지는 폐단의 하나는 구태의

연, 인생에 아무런 변화가 없기 때문이다. 자기 자신만 사랑하는 사람은 애정이 혼란되어 있다고 비난 받지는 않지만 자기 사랑의 대상이 밤낮 똑같기 때문에 결국 견딜 수 없는 권태를 느낄 수밖에 없을 것이다. 죄악감 때문에 괴로워하는 사람은 일종의 자애심 때문에 괴로워하는 것이다. 그에게는 이 광대 무변한 우주에서 자기의 덕만이 가장 중대한 일처럼 보인다. 자기 세계에만 전념하기를 권한 것은 전통적 종교의 큰 결점이다.

　행복한 사람은 객관적으로 사는 사람이요 자유로운 애정과 넓은 흥미의 세계를 가진 사람이요 이러한 애정과 흥미를 통해서 자기의 행복을 얻는 사람이요 자기가 남에게 흥미와 애정의 대상이 되는 사람이다. 남의 사랑을 받는 것은 행복의 큰 원인이 된다. 대개 애정을 요구하는 사람에게는 사랑이 주어지지 않는 법이다. 대체적으로 말한다면 남에게 사랑을 받는 사람은 남에게 사랑을 주는 사람이다. 이자를 받고 돈을 빌려주는 것처럼 계산적 심리에서 사랑을 베푸는 것은 무의미한 일이다. 왜냐하면 계산된 애정은 진정한 애정이 아닐뿐만 아니라 받는 사람에게 애정으로 느껴지지 않는다.

　이기심에 사로잡혀서 불행에 허덕이는 사람은 대체 어떻게 하면 좋은가? 자기 불행의 원인만 밤낮 생각해봐야 자기 중심적 태도를 면할 수 없고 자기의 부족한 세계에서 벗어나지 못한다. 이기적 세계에서 벗어나려거든 여기에 대해서 진정한 관심을 갖지 않는 것이다. 이것은 실로 어려운 일이지만 자기의 고민을 올바로 진단한다면 그렇게 할 수 있다. 예를 들면 자기 고민이 죄악감에서 올 때, 그것을 의식하건 의식하지 못하건 죄악감을 느낄 필요가 없다는 것을 먼저 자기 의식에게 인식시키고 그 다음에는 이 책 처음에서 말한 것처럼 합리적 신념을 무의식 속에 심어 놓고 죄악감과 아무 관계가 없는 활동 속에 자기를 잊어버리게 하는 것이다. 죄악감을 없게 하면 순수한 객관적 관심과 흥미가 자연히 솟아날 수 있다. 고민의 원인이 자기 비관에 있다면 전술한 것과 마찬가지로 해결할 수 있다. 즉 자기 환경에는 특별히 불행한 것이 없다고 자각을 먼저 가져야 한다. 공포심 때문에 고민한다면 용기를 일으키는 훈련이 필요하다. 전쟁의 용기는 옛날부터 중요한 덕이라고 생각해 왔다. 또 청소년 훈련의 목표도 주로 전쟁에서 무서워하지 않는 씩씩한 인간을 만드는데 있었다. 도덕적 용기와 지적 용기는 별로 가르치지 않았다. 그러나 청년들은 그러한 용기를 가지고 있다. 매일 적어도 한 가지씩 힘든 진리를 실천한다면, 소년단의 친절한 일상 행동처럼 많은 수양이 될 것이다. 당신이 덕성과 지성에 있어서 친구보다 뛰어나지 못하더라도 인생은 살 보람이 있는 곳이라고 스스로 생각해라. 이러한 훈련을 몇 해 동안 계속하면 나중에는 용감한 태도로 인생의 만사를 대할 수 있고 공포의 세계에서 자유롭게 해방될 수 있다.

 자기 세계에만 몰두하는 폐단을 극복하고 나면 객관적 세계에 대한 흥미가 마음속에 솟아난다. 또 자기 천성과 외부적 환경이 서로 조화하는 행동을 자유롭게 한다. '우표 수집 취미를 가질 수 있다면 행복할 수 있을텐데' 미리서 이런 말을 하는 것은 금물이다. 그런 사람일수록 당장 우표를 모아보기 시작한다면 아무런 흥미도 일어나지 않는다. 당신이 진정으로 흥미를 느끼는 일이라야 정말 도움이 되는 것이다. 또 이기적 자아 속에 빠지지 않을 때 비로소 진정하고 객관적인 흥미의 샘이 솟아난다는 진리를 분명히 알게 될 것이다.
  행복한 생활은 덕있는 생활과 흡사한 점이 많다. 고리타분한 도덕가들을 자기 희생의 윤리만 훌륭하다고 내세웠기 때문에 인생의 판도가 맞지 않았다. 의식적 자기 희생은 인간을 자아 전념의 세계로 몰아넣고 자기가 무엇을 희생했는지 일일이 기억하고 있다. 우리에게 필요한 것은 자기 희생이 아니다. 관심과 흥미의 올바른 지도가 문제이다. 깊은 덕과 수양을 쌓은 사람은 자각적 자기 희생의 정신을 가지고 훌륭한 행동을 하거니와 자연스럽게 자발적으로 그러한 행동을 향해서 나갈 수 있도록 우리의 흥미와 관심의 방향을 지도해 주는 것이 인간의 중대한 문제이다. 나는 한갓 쾌락주의자 다시 말해서 행복을 선이라고 생각하는 인간의 입장에서 이 책을 썼다. 그러나 쾌락주의자의 견지에서 훌륭하다고 본 행동은 진정한 도덕가가 훌륭하다고 보는 행동과 대체로 일치한다. 도덕가들은 물론 다 그런 것은 아니지만 정신 상태보다도 행동을 강조하는 경향이 있다. 행동이 인간에게 끼치는 영향은 그때 그때의 정신 상태에 따라서 많이 달라진다. 물에 빠진 어린아이를 보고 바로 구해내야겠다는 직접적 충동에서 아이를 구해 주어도 그대로 도덕적 행동이다.
  내가 내세우는 인생의 태도와 전통적 도덕가들이 받드는 인생의 태도 사이에는 또 하나의 미묘한 차이가 있다. 예를 들면 사랑은 이기적이 되어서는 안된다고 말한다. 어느 의미에서는 그들의 말이 옳다. 즉 어느 범위까지는 이기적이 되어서는 안된다는 것이다. 그러나 행복에는 자기 실현에 전심하는 노력이 있어야 한다. 만일 남자가 어떤 여자에게 결혼을 청할 때 그 여자의 행복을 열렬히 원하고 또 동시에 그 여자는 자기에게 자기 희생을 훌륭히 할 수 있다고 믿기 때문에 청혼한다면 여자로서는 어떠한 태도를 취할까? 물론 우리들은 사랑하는 이의 행복을 원해야 하지만, 내 사랑이냐 또는 네 사랑이냐 둘 중에서 하나를 택해야 하는 사랑이어서는 안된다. 사회와의 완전한 대립은 자기 희생의 윤리 속에도 포함되어 있거니와 우리가 남에게 대해서 진정한 관심을 가지는 순간 자기와 세계와의 대립은 없어지고 만다. 이러한 관심을 통해서 우리들은 자기 자신을 생명의 긴 물줄기의 한 부분으로 느낀다. 행복한 사람은 인격이 분열이 없고 사회와의 대립이 없는 사람이다. 행복한 사람은 자기를 우주의 일원이라고 느낀다. 우주의 미와 기쁨을 자유로 즐길 수 있는 인간이다. 내 생명이 내 뒤에 오는 생명과 분리된 것이 아니라고 느끼므로 죽음을 생각하여도 마음이 흔들이지 않는다. 이와 같이 커다란 생명의 물줄기와 깊이 본능적으로 조화할 때 최대의 행복을 발견할 수 있다.

에필로그

근계(謹啓). 페인버그씨와 카스릴스씨, 1950~68년 사이의 나의 편지를 수록하여 보내주신 데 대하여 감사를 드립니다.

나는 이보다 더 나를 기쁘게 해준 책을 본 적이 없습니다. 그리고 이것이 출판되기를 진심으로 바랍니다.

이것을 손에 쥐자마자 즉시 독파하였습니다.

편지 중에서 특별히 나를 기쁘게 해주는 것이 있습니다. 특히 6세 된 폴 알트만군으로부터 온 편지입니다.

또 교육에 대한 편지는 대단히 기쁘게 여깁니다. 그것은 이제까지 일반에게 발표된 것보다 더 간결하게 나의 견해를 표현하고 있습니다. 그 편지에 내가 말한 신념은 대부분의 교육자가 품고 있는 것과는 반대되는 것입니다. 교육이란 일반에게 용인된 것으로 생각하고 있는 사항에 대해서 많은 의문을 제기하도록 젊은이들에게 용기를 주는 일입니다.

당신들의 이 편지의 선택 방법은 참으로 찬탄을 받고도 남음이 있는 것이며, 갖가지 데이터에 대한 나의 의견을 그대로 재현해주신 것이라고 나는 생각합니다.

또 당신들의 편집 방법이나 주해, 그리고 장마다 달아놓은 해설은 참으로 잘되어 있다고 생각합니다.
그리고 나는 이 표제가 좋습니다!

버트란드 러셀

버트란드 러셀 약전(略傳)

  버트란드 러셀은 1872년 5월 15일에 태어났다. 빅토리아왕조 시대의 급진파로서 유명한 앰버레이경(卿)의 아들이며, 빅토리아왕조의 수상을 두 번씩이나 지냈고 1830~32년의 선거법 개정법안으로 명성을 떨친 존 러셀경의 손자로서 태어난 것이다.
  그의 가계(家系)는 스튜어트 왕가(王家)에 대해 반란을 일으켰다가 처형된 윌리엄 러셀경으로부터 시작하여 휘그당(黨)의 개혁주의에 깊이 뿌리박고 있었다. 그는 네 살 때 양친을 잃고 형인 프랭크와 더불어 조부모 슬하에서 자라게 되었다.
  이 새로운 집에서의 생활은 편안했지만 수도원에 갇힌 거나 다름없었다. 러셀은 청교도인 할머니로부터 스파르타식 교육을 강요당했고 내성적이고 고독한 소년으로 자랐다. 그의 내향적인 기질은 의심할 여지 없이 젊어서 일찍 이 세상을 떠난 그의 양친의 생애와 죽음의 비밀에 의해 한층 더 조장되었다. 그는 그 비밀을 후에 양친의 개인적인 서류를 편집하면서 풀려고 했다. 인생에 대한 진리를 발견하려는 관념이 항시 그에게 달라 붙혀 떠나지 않았는데, 그것은 그의 대부(代父)였던 존 스튜어트 밀과 '공리주의자'의 신조에 대한 청년다운 찬미에서도 엿볼 수 있지만 그것 못지않게 이와 같은 그의 어린

시절의 사건에도 절반 쯤은 그 원인이 있다. 러셀은 저술로써 그의 고독을 달래려 하였다. 그는 보통 정당하다고 인정되고 있는 사고방식과 보통 받아들여지고 있는 신앙에 대한 의문을 기록했다. 청춘기의 초기에 그는 이미 종교적인 도그마에 대해서 회의적이었고, 인간의 행복이야말로 인생의 궁극적인 목표라고 굳게 믿고 있었다.

케임브리지대학의 학생으로서의 수년 동안 그는 깊은 지식욕을 함께 불태우는 재기발랄한 벗들과 어울려 그의 천재적인 재질을 한층 더 굳히는 한편 말없고 비사교적인 생활을 타파했다. 그는 거기서 아주 딴 사람이 되었고, 아주 멋지고 뚜렷한 발언을 할 수 있게 되었으며, 발랄한 외교성(外交性)을 몸에 지니게 되었다.

그의 최초의 로맨스는 그의 가족 때문에 장애를 받았다. 그들은 그를 파리 주재 외교관으로 보내어 두 사람을 갈라놓으려고 했다. 그러나 1894년 마침내 그는 결혼하게 된다. 이렇게 하여 맺어진 앨리스 퍼설 스미스는 퀘이커 교도며 열렬한 부인 참정권 운동의 대표적인 인물이었다. 결혼은 17년 동안 계속되었다.

러셀은 첫 작업으로 수학의 과학적 기초 연구에 몰두했는데, 그 연구도 1901년 《수학원리》의 제1권이 출판됨과 거의 동시에 종지부를 찍었다.

러셀의 일의 성질은 몹시 집중을 필요로 했고 괴로운 것이었는데, 앨리스는 그것을 위해서 없어서는 안 되는 봉사에 철저한 파트너였다. 틀림없이 두 사람의 관계는 러셀이 신념과 일에 대해 열심히 헌신하는 데 향해져 있었다.

이러한 세월 동안 러셀은 수학에 골몰하고 있었다 그러나 역시 기분전환도 있었고, 막간이라는 것도 있었다. 그 중에서 가장 의의가 깊었던 것은 후일 러셀의 일이 되고 사상이 되기도 한 것에 손을 대고 있었던 점이었다. 첫째는, 1896년에 그의 최초의 저서가 되어 최고조에 달한 독일사회주의 연구의 한 시기였다. 그것은 인간의 문제에 관심을 돌릴 것을 서약한 시기였다. 둘째는, 1907년에 부인 참정권론자를 위해 투쟁한 선거전이었다. 셋째는, 1901년 초에 한 친구의 병이 그의 '신비적인 통찰력'을 갑자기 계발해준 저 주관적인 경험이었다고 생각된다. 그것은 타인의 고통을 바로 자기 몸의 고통으로서 맛볼 수 있는 경험이었다. 이 통찰력이 구체적인 형태를 취하고 나타난 것은 제1차 세계대전이 발발한 때였다. 유럽을 거대한 도살장으로 만들려는 데 항의하여 양심적인 참전 거부자의 권리를 지키기 위한 무사무욕(無私無欲)의 헌신으로서 나타났다.

어떤 사건을 러셀의 생애에 있어서의 극히 중요한 모멘트로서 특기하려고 하면 한편에서는 그것과는 전혀 취지를 달리하는 분야에 몸을 들여놓는다. 한편에서는 집필, 강연, 그리고 많고 중요한, 그래서 논쟁의 표적이 될 만한 시사문제와 씨름하고 있는가 하면, 동시에 다른 한편에서는 많은 저명한 인사들과 활기 있게, 그리고 때로는 의론의 불꽃을 튀기는 데 적절히 썼다. 그 저명한 인사들 중에는 길버트 마리, D.H. 로렌스, 루드비히 비트겐슈타인, 오도린 몰레르 부인, 그리고 블룸즈베리 사크르, T.S. 엘리엇, 조지프 콘래드 등이 포함되어 있었다.

콘래드는 러셀이 특히 친근감을 갖고 있던 극히 드문 사람 중 하나였다. 실제로 만난 것은 극히 드물었지만 후에 러셀이 자기 자식의 이름을 콘래드라고 지은 것은 이를테면 깊은 감정이입(感情移入)의 증표였다.

제1차 세계대전은 러셀의 사상에 깊은 사회의식을 심어놓았다. 즉 대전은 다른 사람의 고통에 대한 자기의 동정심을 증대 시켜주었을 뿐만 아니라, 또 6개월간의 투옥(投獄)을 포함한 몸소 겪은 고통을 통해서 개인의 자유를 제한하는 국가의 구속력을 그는 친히 알게 되었다. 그 국가권력에 대해서는 개개의 인간 따위는 참으로 무력해 보였다.

1920년 그는 러시아혁명의 ·이상(理想)에 대한 열의에 불타 노동당 대표단 일행과 더불어 러시아을 방문하였다. 새로운 소비에트 국가의 초기의 혼란 상태에 대한 그의 반발은 두 개의 상반하는 감정으로 표현되었다. 한편으로 그는 변혁을 환영하고 있었지만 ·자신이 실제로 목격한 뒤로는 생각을 바꾸고 말았다. 그 무렵 그는 자본주의를 이미 부정하고 있었으며, 그렇다고해서 그것에 대신하는 행복에의 길 또한 전혀 존재하지 않는다고 생각하고 있었다. 그러면서도 그는 건전한 사회를 위해 빼놓을 수 없는 요소인 공유의 원리와, 권력에 평등하게 관계한다는 원칙 양쪽을 갖추고 있는 길드사회주의야말로 사회문제에 대해서 최량의 해결을 주는 것으로 생각하고 있었다. 러시아혁명을 실제로 관찰한 뒤의 그의 의견은 같은 해 《볼셰비키주의의 실제와 이론》이라는 그의 저서 속에 기술되었다.

러시아에서 돌아오자, 그는 북경대학에 초빙되어 강의를 하였다. 그리고 1920~21년에 걸친 9개월 동안을 중국에서 지냈다. 그나마도 그 대부분은 병상에 누워 있었다. 그가 병에 걸려 있을 때 러셀이 죽었다는 소문이 퍼졌다. 그래서 러셀은 자기 자신의 사망기사를 읽는다는 기괴한 특권을 누렸다. 도라 블랙이 그와 동반했다. 그리고 영국에 들어오자 둘은 결혼했다. 러셀은 초기에는 합리주의의 세계를 믿고 있었고, 그것이 그의 도약대가 되었던 자신에 찬 빅토리아왕조 시대의 사회에 의해서 육성되어 있었다. 그런데 그것도 제1차 세계대전에 의해서 분쇄되고 말았다. 또 그는 혁명 러시아를 방문함으로써 완전한 환멸을 느꼈다. 그는 인간이란 합리적으로만 행동할 수 없다고 생각한 것은 아니지만 다음 10년 동안은 인간의 우행(愚行)의 원인이 되는 것을 없애려는 방법을 찾아내려고 한다.

그는 필연적으로 교육의 분야에 인도된다. 그래서 그는 그자신의 어린 자녀를 위해서도 1929년에 학교를 세웠다. 사회일반의 사고방식을 바꾸기 위해서는 교육의 방법과 목적의 광범한 수정이 필요하다고 그는 믿었다. 교육은 국가적인 목적보다 오히려 국제적인 목적을 위해 도움이 되어야 하며, 청년은 동포와 싸우느니보다는 오히려 자연과 경쟁할 것을 가르쳐야 된다고 그는 생각했다.

러셀의 가정생활과 실험학교의 수년 동안은 그의 저술을 위해서는 실로 유익한 세월이었다. 1921~31년에 이르는 10년 동안 사회사상의 전반에 걸친 15가지의 저서가 출판되었다. 그 중에는 《원자입문》, 《상대성이론 입문》, 《결혼과 도덕》, 《행복의 정복》과 같이 특히 일반인들을 대상으로 한 저서가 포함되어 있었다. 그것에 덧붙여 그는 1922년과 1923년 두 번에 걸쳐 독립 노동당 후보로서 첼시 선거구에서 국회 총선거에 출마 하였다(그는 두 번 다 낙선하였음). 또 그는 기회를 얻어 몇 번 미국 강연여행을 행했다. 1931년의 여행은 형 프랭크가 죽은지 얼마 안되어 러셀 백작 3세로서 도미했다. 그러나 그는 자신이 계승한 작위를 그렇게 중요한 것으로 보지 않았다. 그가 국회의 상원에서 최초로 연설한 것은 1937년이 되어서였다. 1935년에 그는 4년 동안의 별거 끝에 도라 블랙과 이혼하였다. 1930년에 시작된 실의와 비관의 시대가 계속되었다. 그 후 그는 다시 철학상의 명성을 되찾기로 결심하고 철학연구로 되돌아왔다.

독일에 있어서의 국가사회주의의 출현은 러셀의 강한 반발을 받기에 이르렀다. 그는 그것에 대한 통렬한 비판서를 썼다. 그는 제2차 세계대전을 예상했다. 그러나 1936년의 단계에서는 독일의 문제를 평화적으로 처리할 것을 주장하였다. 그는 그 1938년 제2차 세 주장을 영국 정부의 굴욕적 양보 정책인 뮌헨정책(1938년 제2차 세계대전 직전, 영국은 프랑스, 독일, 이탈리아, 영국 4개국의 수뇌회담을 제창하여, 그 회의를 남일독의 뮌헨에서 개최하였고, 소위 뮌헨협정에 조인했다. 이것은 체코슬로바키아의 해체를 둘러싸고 영·불이 독일에게 대폭 양보한 굴욕적 정책이었음)에 바탕을 두고 더 추진시켰다. 그는 어떤 일이든 전쟁보다는 낫다고 생각하였고, 독일은 자기에게 저항하는 것이 모두 없어지면 결국 그 군국주의의 어리석음을 알게 될 것이라고 생각했다. 그런데 대전이 시작된 지 1년 후에는 그는 이 견해를 바꾸게 된다. 그리고 보다 큰 악에 이기기 위해 불가피한 경우에는 전쟁도 정당하다고 생각했다.

그럴 즈음 그의 연구비서직을 맡아보던 패트리샤 스펜스와 결혼했다. 그리고 둘이서 《앰버레이 서류집》을 편집했다. 그것이 1937년에 출판되었다. 같은 해에 차남 콘래드가 태어났다.

그와 패트리샤는 콘래드를 데리고 미국으로 건너갔다. 1년

후 영국에 남아 있던 아이들도 모두 건너왔다.

 미국에서 그는 계속해서 대학 교수의 지위를 얻었다. 1940년에 그는 뉴욕시립대학의 교수로 임명되었다. 그런데 그 임명은 그가 주장하는 모럴이 미국 교육방침과 맞지 않는다는 이유로 취소되었다. 그 문제는 지금도 논쟁거리가 되고 있는 유명한 사건이다. 그 후 러셀은 모든 곳에서 보이코트당했다. 그리고 생계를 유지할 길마저 끊겼다. 마지막으로 반즈재단에서 5년간 취직을 보장받고 철학사를 강의했다. 이 취직 뒤에도 논쟁이 일어나 결국 그는 2년 후에 해고되었다. 그 결과 재판 소동이 일어났다. 그 법정에서 재단 이사장인 반즈 박사는 러셀이 천박한 강의를 했다고 비난했다. 그 강의 내용은 후에 1945년에 출판한 《서양철학사》의 최초의 3분의 2를 구성하고 있다. 러셀은 재판에서 이겼다. 1944년에 그는 영국으로 돌아왔다. 영국에서 그는 케임브리지대학의 트리니티칼리지에서 5년 동안의 강사로 임명되었고, 또 종신 평의원으로도 임명되었다.

 그의 상원에서의 연설은 극히 드물었지만, 일본에 원자폭탄이 떨어진 직후에 상원에서 연설했다. 그 연설에서 원자폭탄이 다시 수소폭탄으로 발전하리라고 했으며, 그 위험성에 대해 경고했다.

 그는 이미 1923년에 그의 저서 《원자입문》에서 원자폭탄을 예상하여 논하고 있었다. 제2차 세계대전의 종전과 더불어 그는 세계정부에의 운동을 적극적으로 전개했다. 그는 새로운 전쟁을 방지하기 위한 유일한 방법은 모든 권력을 초국가적인 권위에 부여해야 한다고 주장하였다. 그것에 동의하지 않는 나라들이라 할지라도 이 권위에 찬동할 것을 강조해야 한다고 그는 주장하였다. 이것과 같은 생각이 미국 정부가 수락한 바루크안(案)에도 나타나 있다고 그는 생각했다. 러시아가 그 제안을 거부했을 때, 러셀은 강제로라도 러시아가 그것을 수락하도록 원자전쟁을 가지고 위협해야 한다고 시사했다. 그는 스탈린의 전제정치와 러시아 제국주의자들이 노리고 있는 것이 불원간 자기 의견의 정당함을 증명하게 되리라고 생각하고 있었다. 당시 이러한 견해가 문제되어 러셀은 이제까지 없었던 사회적 지위에 오르게 되는 시대를 맞이하게 된다. 최대의 영광은 1949년에 받은 메리트 훈장이었다. 그는 BBC에서 방송하였다. 군대에서 강연을 하였다. 그리고 반소동맹에 가담하도록 노르웨이인을 설득하기 위해 정부 대표로서 노르웨이에 파견되었다. 그러나 이 시대는 단시간으로 끝났다. 왜냐하면 러시아가 얼마 후에 스스로 원자폭탄을 개발했기 때문이다. 러셀은 공동의 핵무기 철폐에 의하지 않으면 세계평화는 달성할 수 없다고 확신하게 되었다.

1950년에 러셀은 먼저 오스트레일리아에, 그리고 미국에 초빙 강사로서 여행하였다. 그가 노벨문학상을 받게 되었다는 것을 안 것은 미국에 가 있을 때였다.

1952년 패트리샤와의 이혼, 그리고 미국인 저술가 에디스 핀치와의 결혼과 더불어 러셀의 생애에 있어서의 새로운 시대가 시작되었다. 이 시대의 특징은 그의 정치적으로 건설적인 활동이 격심해진 데 있다. 1930년대와 제2차 세계대전의 소란의 수년 동안에 품고 있던 그의 견해는 비관적이었다. 그러나 1950년대에는 그의 태어나면서부터의 낙관적인 면과 인간성에의 신뢰가 급속히 재생했다.

그리고 핵전쟁을 막기 위해서 일하는 것이 그의 주된 관심사였다. 러셀은 항시 개연적 지상권(至上權)을 신봉하여 박해 받는 사람들의 편이 되어 싸웠다.

　1916년에 여섯 사람의 양심적인 참전 거부자들이 평화주의의 전단을 유포했다는 죄로 투옥되었을 때 러셀은 그것은 자기가 썼다고 스스로 나아가 선언하고 당국으로 하여금 그 여섯 사람을 대신하여 자기를 처벌해달라고 요청했다. 그 결과 러셀이 행한 변론으로 유명해진 재판이 되었다. 그는 100파운드의 벌금형을 선고받았다. 그리고 즉석에서 트리니티 칼리지의 교직을 박탈당했다. 그때의 그의 변론 사본이 후에 출판되었는데, 즉각 정부에서 발매를 금지했다. 그가 정치범을 구제하기 위해 개입하여 성공을 거둔 기록은 꽤 인상적이다.

　러셀은 전쟁반대를 위해 과감한 행동을 추진해 나갔기 때문에 그의 이름이 평화 운동과 같은 의미로 받아들여지게 되었다. 그의 집은 전세계에서 오는 편지의 홍수였다. 이러한 편지에 답장을 쓰는 일이 이미 완전히 예정되어 있는 일과에 다시 더 부가되었다.

　1954년에 비키니의 수소폭탄실험이 행해졌고, 그것이 러셀의 일의 중요성을 한층 증대시켰다. 그가 '인류의 위기'라는 표제로 행한 방송은, 핵전쟁의 결과가 어떠할 것인가를 완전히 각 가정에 보도함으로써 무관심한 일반 대중을 각성시켰다. 그는 핵무기 철폐를 위한 효과적인 강령을 만드는 데 노력했으나, 이를 위해 그의 목적에 찬동하는 전세계의 주요한 과학자를 모으는데 3년을 허비했다. 성명서가 준비되었는데, 그것에 최초로 서명한 사람은 아인슈타인이었다. 아인슈타인은 죽기 직전에 서명했다. 이 성명서의 서명자들이 중핵(中核)이 되어 1957년 노바 스코티아에서 제1회 퍼그워시 과학자 회의가 열렸다. 이 회의에 동서 양측의 과학자가 참가하였다. 러셀은 이 회의와 그것에 이어지는 퍼그워시 회의의 의장으로 선출되었다. 퍼그워시운동의 목적과 그 업적은 핵무기의 발달과 더불어 증대되는 인류의 생명의 위험에 대해서 정부 및 일반의 주의를 환기시켰다. 그 특기할 만한 최대의 업적은 1963년에 체결된 부분적 핵실험 금지조약에 영향을 준 것이었다. 그러나 러셀은 이것으로 만족하지 않았다. 거기서 그는 다른 방법을 취하기로 했다. 그는 1916년 제1차 세계대전을 종식시키도록 진력해줄 것을 윌슨 미국 대통령에게 공개장을 써 탄원하여 어필한 것과 같은 정신으로 이번에는 아이젠하워와 흐루시초프에게 서한을 보내어 양국 정부간의 화해를 권고하였다. 아이젠하워를 대신하여 델레스가 답신을 보내왔다. 이것에 이어지는 서신이 1958년에 《러셀·델레스·흐루시초프의 주요 서간집》이라는 이름으로 출판되었다. 그러나 그것은 다만 미·소 양국 정부의 입장을 강조한 데 불과했다. 그리고 핵무기 철폐에 대한 대국(大國)의 태도를 전보다도 명료하게 일반에게 알리는 결과가 되었다.

그는 이것으로도 만족하지 않고 그칠 줄 모르는 정력을 가지고 대중의 항의로써 전쟁을 억제하는 방향으로 행동을 일으켰다. 1958년 러셀을 총재로 하는 CND(핵무기 철폐운동)가 발족되었다. 이 후 4년간 맹렬한 활동이 계속되었다. 이제 평화의 사도로서 확호(確乎)한 지보(地步)를 마련한 러셀은 먼저 정부에 항의하는 대중의 평화행진을 지도하였고, 그 후 증대하고 있는 핵전쟁의 위협에 효과적으로 대처하기 위해 100인 위원회를 이끌고 대중의 불복종 운동을 지도했다. 1961년 국방성의 현관 앞에 앉아 데모를 지도하였고, 그 후 부인과 더불어 체포·투옥되었다.

　이 기간의 그의 활동은 서방 강국의 정책에 반한 것이기는 했지만, 인류의 장래에 대한 그의 위대한 공헌과 업적은 수많은 사회단체로부터 공식적으로 승인되었다. 1957년에 과학의 보급을 위해 그가 한 두드러진 역할 때문에 유네스코에서 칼링거상(賞)을 보내왔다. 1960년에는 유럽 문화의 진보에 대한 공헌이 크다고 해서 덴마크로부터 조닝상을 보내왔다. 그가 투옥된 1961년에는 런던대학 경제학부의 명예 평의원에 선출되었고, 1962년 5월에는 그의 90세 탄생일을 축하하여 국회 하원에서 오찬회가 베풀어졌다.

　그 노령에도 불구하고, 또 지금까지 이미 이루어놓은 엄청난 업적에도 불구하고 그는 잠시도 쉬지 않고 저술활동을 계속했다. 1952년, 즉 80세 이후의 적잖은 업적으로 그는 20종의 저서를 출판하였고 수백에 달하는 논문을 발표했다. 이것은 그가 일생 동안 쓴 전 저작의 약 3분의 1에 해당하는 것이었다.

　거기에는 그의 최초의 단편집《교회의 사탄》,《저명인의 악몽》,《윤리와 정치에 있어서의 인간사회》,《나의 철학적발전》,《나는 왜 크리스천이 아닌가》와 같은 몇몇 중요한 철학 및 윤리상의 저술이 포함되어 있다.

　1962년에 러셀은 쿠바 위기 때 서로 접근하도록 흐루시초프와 케네디에게 어필하였고, 중국과 인도의 국경분쟁 때는 네루와 저우언라이(周恩來)에게 어필하였다. 그때 세계의 지도자와 직접 접촉한다는 그가 취한 방법이 완전히 정당했음이 입증되었다. 특히 네루 및 흐루시초프에게는 이 시기에 와서 비로소 활동한 것이 아니라 그 이전부터 오랫동안 통신으로 쌓아 올린 상호의 존경이 사건의 경과에 좋은 영향을 준 것임에 틀림없다. 이 사건에 대한 설명이 상호의 교환서간과 더불어 이듬해 출판된 《비무장의 승리(*Unarmed Victory*)》속에 발표되어 있다.

1963년에 그는 마침내 '버트란드 러셀 재단'을 결성했다. 이 조직은 그가 그때까지 얻은 광범한 지지를 굳힐 뿐만 아니라 평화를 위한 국제적인 일의 무거운 짐을 어느 정도 러셀의 어깨에서 내리려는 의도에서 기도된 것이다. 이 재단이 관계한 것은 주로 국제문제였다. 특히 '제3세계'에 속하는 나라들의 국민의 열의가 수행되도록 지원해주는 일이었다. 러셀은 일관하여 식민주의를 혐오하고, 민족해방운동의 권리를 옹호하였다.

1967~69년 사이에 그의 자서전 전3권이 세상에 나왔다. 그리고 널리 갈채를 받았다. 그는 1970년 2월 2일 98세를 일기로 세상을 떠났다.

연 보

1872년	5월 18일 영국 웨일스의 명문가에서 출생.
1874년	모친 사망.
1875년	부친 사망.
1883년	가정교사로부터 철학과 수학을 배움.
1890년	케임브리지대학의 트리니티 칼리지에서 입학하여 수학과 철학을 공부. 졸업 후 모교의 특별연구원(fellow)이 됨.
1894년	파리 주재 영국 대사관에 근무, 귀국 후 앨리스 P. 스미스와 결혼
1895년	독일을 여행함. 베를린대학에서 연구 활동을 함. 귀국 후 런던대학 강사로 임명됨.
1896년	《독일의 사회민주주의(German Social Democracy)》 발간. 기하학의 근본 문제에 관한 논문 발표. 부인과 함께 미국을 방문, 존스 홉킨스 대학과 브린 모어 대학에서 수학을 강의함.
1898년	트리니티 칼리지에서 라이프니츠에 대해 강의함. 칸트와 헤겔의 부정에 G.E.무어와 의견이 일치함.
1900년	파리에서 열린 국제철학대회에 참석. 《라이프니츠 철학(The Philosophy of Leibniz)》 발간.
1903년	《수학의 원리(The Principle of Mathenatics)》 발간.
1907년	정치에 뛰어들어 보궐선거에 나섰으나 낙선.

1910년	트리니티 칼리지에서 수리논리학을 강의함. 화이트헤드와 공저로 《수학원리(Principia Mathematica)》 제1권 발간.
1911년	부인과 결별. 베르그송 철학을 비판함.
1912년	《수학원리》 제2권 발간.
1913년	《수학원리》 제3권 발간.
1914년	'외부 세계에 관한 우리의 인식'을 주제로 보스턴에서 강연함. 제1차 세계대전 발발 후 반전(反戰)을 강연함.
1916년	에베르트 징병거부사건에 관련되어 트리니티 칼리지 사임. 《사회 개조의 제원리(Principles of Social Reconstruction)》 발간.
1918년	주간지 《트리뷰널》에 발표한 기사로 6개월 금고처분을 받음. 《신비주의와 논리(Mysticism and Logic, and Other Essays)》 발간.
1920년	노동사절단과 함께 소련을 방문함. 중국 북경대학에서 철학을 논의함.
1921년	중국 및 일본을 방문함. 도라 블랙과 결혼, 장남 존 출생.
1922년	노동당 후보로 국회의원 선거에 나섰으나 또다시 실패. 《자유인의 신앙(A Free Man's Worship)》 발간.
1924년	강연을 위해 미국을 여행함.
1927년	부인과 함께 어린이를 위한 사립학교를 세움. 《물질의 분석(The Analysis of Matter)》 발간.
1931년	형 사망. 백작의 작위를 승계받아 러셀경(卿)이 됨.
1935년	두번째 부인과 이혼. 《무위(無爲) 예찬론(In Praise

	of Idleness, and Other Essays》,《종교와 과학 (*Religion and Science*)》 발간.
1936년	패트리샤 헬렌 스펜스와 결혼.
1397년	차남 콘래드 출생.
1938년	시카고대학에서 철학을 강의함.
1939년	캘리포니아대학(UCLA) 전임강사(수학 및 철학)로 임명됨.
1940년	하버드대학과 뉴욕시립대학 강사로 임명되었으나, 반대파에 의해 해임됨.《의미와 진실의 탐구》 발간.
1941년	펜실베니아주 반즈 재단에서 철학사를 강의함.
1943년	반즈 재단에서 해임됨.
1944년	영국으로 귀국하여 트리니티 칼리지에 복직함.
1945년	《서양철학사(*A History of Western Philsophies and Its Connection with Political and Social Circumstances from Earliest Times to the Present Day*)》 발간.
1949년	메리트 훈장(문화훈장)을 받음
1950년	트리니티 칼리지 특별연구원으로 임명됨. 노벨문학상 수상.
1951년	컬럼비아대학 초청 강연.
1952년	세번째 이혼함. 에디스 핀치와 결혼.
1954년	핵무기 반대 서명운동을 벌임.
1959년	《추억의 초상(*Portraits of Memory and Other Essays*)》 발간.
1957년	유네스코로부터 칼링거상(賞) 수상.《나는 왜 크리스천이 아닌가(*Why I Am Not a Christian*)》 발간.
1959년	《나의 철학적 발전(*My Philosophical Development*)》,

	《서양의 지혜(Wisdom of the West)》발간.
1960년	덴마크의 조닝상 수상.
1961년	부인과 함께 핵무기 반대 연좌 데모를 벌이다 2개월 금고 처분을 받음. 《인류에게 미래는 있는가(Has Man a Future)》
1963년	《비무장의 승리(Unarmed Victory)》발간
1967년	《자서전(The Autobiography of Bertrand Russell, 1872~1914)》발간. 스톡홀름에서 러셀 재판을 함.
1970년	2월 2일 사망

□ 옮긴이 소개

고려대 철학과 졸업, 독일 뮌헨대학에서 수학.
한국번역가협회 회원.
역서로는《쇼펜하우어 수상록》,《고독이 그림자를 드리울 때》,
《그리스 로마신화》,《오, 고독이여》,《토인비와의 대화》,《의
혹과 행동》,《소유냐 존재냐》,《너희도 신처럼 되리라》 등이
있음.

러셀의 철학노트   값 9,000원

1974년   8월   25일   초판   1쇄   발행
1981년   6월   23일   2판   1쇄   발행
1990년   4월   20일   3판   1쇄   발행
1999년   10월 15일   4판   1쇄   발행

엮은이   페인버그·카스릴스
옮긴이   최   혁   순
펴낸이   윤   형   두
펴낸데   범   우   사

등 록   1966. 8. 3. 제 10-39호
121-130 서울시 마포구 구수동 21-1호
전 화 717-2121 · 2122 /FAX 717-0429

＊파본은 교환해 드립니다.   교정·편집/마희식·왕지현

ISBN 89-08-02015-2 04160   (인터넷)http://www.bumwoosa.co.kr
      89-08-02000-4 (세트)   (E-mail)bumwoosa@chollian.net

작가별 작품론을 함께 실어 만든

범우비평판 세계문학선

❶ 토마스 불핀치   1-1 그리스·로마 신화 최혁순 값10,000원
　　　　　　　　1-2 원탁의 기사 한영환 값 10,000원
　　　　　　　　1-3 샤를마뉴 황제의 전설 이성규 값 8,000원
❷ 도스토예프스키 2-1.2 죄와 벌(상)(하) 이철(외대 교수) 각권 8,000원
　　　　　　　　2-3.4.5 카라마조프의 형제(상)(중)(하)
　　　　　　　　　　　김학수(전 고려대 교수) 각권 9,000원
　　　　　　　　2-6.7.8 백치(상)(중)(하) 박형규 각권 7,000원
　　　　　　　　2-9.10 ,11 악령(상)(중)(하) 이철 각권 9,000원
❸ W. 셰익스피어 3-1 셰익스피어 4대 비극 이태주(단국대 교수) 값 10,000원
　　　　　　　　3-2 셰익스피어 4대 희극 이태주 값 10,000원
　　　　　　　　3-3 셰익스피어 4대 사극 이태주 값 12,000원
　　　　　　　　3-4 셰익스피어 명언집 이태주 값 10,000원
❹ 토마스 하디   4-1 테스 김회진(서울시립대 교수) 값 10,000원
❺ 호메로스   5-1 일리아스 유영(연세대 명예교수) 값 9,000원
　　　　　　　　5-2 오디세이아 유영 값 8,000원
❻ 밀턴   6-1 실낙원 이창배(동국대 교수) 값 9,000원
❼ L. 톨스토이   7-1.2 부활(상)(하) 이철(외대 교수) 값 7,000원
　　　　　　　　7-3.4 안나 카레니나(상)(하) 이철 각권 12,000원
　　　　　　　　7-5.6.7.8 전쟁과 평화 1.2.3.4 박형규 각권 10,000원
❽ 토마스 만   8-1 마의 산(상) 홍경호(한양대 교수) 값 9,000원
　　　　　　　　8-2 마의 산(하) 홍경호 값 10,000원
❾ 제임스 조이스 9-1 더블린 사람들 김종건(고려대 교수) 값 10,000원
　　　　　　　　9-2.3.4.5 율리시즈 1.2.3.4 김종건 각권 10,000원
　　　　　　　　9-6 젊은 예술가의 초상 김종건 값 10,000원
　　　　　　　　9-7 피네간의 경야(抄)·詩·에피파니 김종건 값 10,000원
❿ 생 텍쥐페리   10-1 전시 조종사(외) 조규철 값 8,000원
　　　　　　　　10-2 젊은이의 편지(외) 조규철·이정림 값 7,000원
　　　　　　　　10-3 인생의 의미(외) 조규철(외대 교수) 값 7,000원
　　　　　　　　10-4.5 성채(상)(하) 염기용 값 8,000원
　　　　　　　　10-6 야간비행(외) 전채린·신경자 값 8,000원
⓫ 단테   11-1.2 신곡(상)(하) 최현 값 9,000원
⓬ J. W. 괴테   12-1.2 파우스트(상)(하) 박환덕 값 7,000원
⓭ J. 오스틴   13-1 오만과 편견 오화섭(전 연세대 교수) 값 9,000원
⓮ V. 위고   14-1.2.3.4.5 레 미제라블 1.2.3.4.5 방곤 각권 8,000원
⓯ 임어당   15-1 생활의 발견 김병철 값 12,000원
⓰ 루이제 린저 16-1 생의 한가운데 강두식(전 서울대 교수) 값 7,000원
⓱ 게르만 서사시 17 니벨룽겐의 노래 허창운(서울대 교수) 값 13,000원

출판 36년이 일궈낸 세계문학의 보고

대학입시생에게 논리적 사고를 길러주고 대학생에게는 사회진출의 길을 열어주며,
일반 독자에게는 생활의 지혜를 듬뿍 심어주는 문학시리즈로서
범우비평판은 이제 독자여러분의 서가에서 오랜 친구로 늘 함께 할 것입니다.

(全冊 새로운 편집·장정 / 크라운변형판)

⑱ E. 헤밍웨이	18-1 누구를 위하여 종은 울리나 김병철(중앙대 교수) 값 10,000원		㊲ 나쓰메 소세키	37-1 마음·그 후 서석연 값 12,000원
	18-2 무기여 잘 있거라(외) 김병철 값 12,000원		㊳ 플루타르코스	38-1~8 플루타르크 영웅전 1~8 김병철 각권 8,000원
⑲ F. 카프카	19-1 성(城) 박환덕(서울대 교수) 값 10,000원		㊴ 안네 프랑크	39-1 안네의 일기(외) 김남석·서석연(전 동국대 교수) 값 9,000원
	19-2 변신 박환덕 값 10,000원			
	19-3 심판 박환덕 값 8,000원		㊵ 강용흘	40-1 초당 장문평(문학평론가) 값 9,000원
	19-4 실종자 박환덕 값 9,000원			40-2 동양선비 서양에 가시다 유영(연세대 교수) 값 10,000원
⑳ 에밀리 브론테	20-1 폭풍의 언덕 안동민 값 8,000원			
㉑ 마가렛 미첼	21-1.2.3 바람과 함께 사라지다(상)(중)(하) 송관식·이병규 각권 10,000원		㊶ 나관중	41-1~5 원본 三國志 1~5 황병국(중국문학가) 값 10,000원
㉒ 스탕달	22-1 적과 흑 김봉구 값 10,000원		㊷ 귄터 그라스	42-1 양철북 박환덕(서울대 교수) 값 10,000원
㉓ B. 파스테르나크	23-1 닥터 지바고 오재국(전 육사교수) 값 10,000원		㊸ 아쿠타가와 류노스케	43-1 아쿠타가와 작품선 진웅기·김진욱(번역문학가) 값 8,000원
㉔ 마크 트웨인	24-1 톰 소여의 모험 김병철 값 7,000원		㊹ F. 모리악	44-1 떼레즈 데께루·밤의 종말(외) 전채린(충북대 교수) 값 8,000원
	24-2 허클베리 핀의 모험 김병철 값 9,000원			
	24-3.4 마크 트웨인 여행기(상)(하) 박미선 각권 10,000원		㊺ 에리히 M. 레마르크	45-1 개선문 홍경호(한양대 교수·문학박사) 값 12,000원
㉕ 조지 오웰	25-1 동물농장·1984년 김회진 값 10,000원			45-2 그늘진 낙원 홍경호·박상배(한양대 교수) 값 8,000원
㉖ 존 스타인벡	26-1.2 분노의 포도(상)(하) 전형기 값 7,000원			
	26-3.4 에덴의 동쪽(상)(하) 이성호(한양대 교수) 각권 9,000~10,000원			45-3 서부전선 이상없다(외) 박환덕(서울대 교수) 값 12,000원
㉗ 우나무노	27-1 안개 김현창(서울대 교수) 값 6,000원		㊻ 앙드레 말로	46-1 희망 이가형(국민대 대우교수) 값 9,000원
㉘ C. 브론테	28-1.2 제인 에어(상)(하) 배영원 각권 8,000원		㊼ A. J. 크로닌	47-1 성채 공문혜(번역문학가) 값 9,000원
㉙ 헤르만 헤세	29-1 知와 사랑·싯다르타 홍경호 값 9,000원		㊽ 하인리히 뵐	48-1 아담 너는 어디 있었느냐(외) 홍경호(한양대 교수) 값 8,000원
	29-2 데미안·크눌프·로스할데 홍경호 값 9,000원			
	29-3 페터 카멘친트·게르트루트 박환덕(서울대 교수) 값 9,000원		㊾ 시몬느 드 보봐르	49-1 타인의 피 전채린(충북대 교수) 값 8,000원
			㊿ 보카치오	50-1,2 데카메론(상)(하) 한형곤(외국어대 교수) 각권 11,000원
	29-4 유리알 유희 박환덕 값 12,000원			
㉚ 알베르 카뮈	30-1 페스트·이방인 방 곤(경희수) 값 9,000원		51 R. 타고르	51-1, 고라 유영(연세대 명예교수) 값 13,000원
㉛ 올더스 헉슬리	31-1 멋진 신세계(외) 이성규·허정애 값 10,000원			
㉜ 기 드 모파상	32-1 여자의 일생·단편선 이정림 값 9,000원			
㉝ 투르게네프	33-1 아버지와 아들 이정림 값 9,000원			
	33-2 처녀지·루딘 김학수 값 10,000원			
㉞ 이미륵	34-1 압록강은 흐른다(외) 정규화(성신여대 교수) 값 10,000원			 범우사
㉟ T. 드라이저	35-1 시스터 캐리 전형기(한양대 교수) 값 12,000원			서울시 마포구 구수동 21-1호 TEL 717-2121, FAX 717-0347 http://www.bumwoosa.co.kr (E-mail) bumwoosa@chollian.net
	35-2.3 미국의 비극(상)(하) 김병철 값 9,000원			
㊱ 세르반떼스	36-1 돈 끼호떼 김현창(서울대 교수) 값 12,000원			
	36-2 (속)돈 끼호떼 김현창(서울대 교수) 값 13,000원			

온고지신(溫故知新)으로 21세기를!

범우고전선

시대를 초월해 인간성 구현의 모범으로 삼을 만한 책을 엄선

1	유토피아 토마스 모어/황문수	28	육도·삼략 하재철 옮김
2	오이디푸스王 소포클레스/황문수	29	국부론(상) A. 스미스/최호진·정해동
3	명상록·행복론 M.아우렐리우스·L.세네카/황문수·최현	30	국부론(하) A. 스미스/최호진·정해동
4	깡디드 볼떼르/염기용	31	펠로폰네소스 전쟁사(상) 투키디데스/박광순
5	군주론·전술론(외) 마키아벨리/이상두	32	펠로폰네소스 전쟁사(하) 투키디데스/박광순
6	사회계약론(외) J. 루소/이태일·최현	33	孟子 차주환 옮김
7	죽음에 이르는 병 키에르케고르/박환덕	34	아방강역고 정약용/이민수
8	천로역정 존 버니연/이현주	35	서구의 몰락 ① 슈펭글러/박광순
9	소크라테스 회상 크세노폰/최혁순	36	서구의 몰락 ② 슈펭글러/박광순
10	길가메시 서사시 N.K. 샌다즈/이현주	37	서구의 몰락 ③ 슈펭글러/박광순
11	독일 국민에게 고함 J.G. 피히테/황문수	38	명심보감 장기근
12	히페리온 F. 횔덜린/홍경호	39	월든 H.D. 소로/양병석
13	수타니파타 김운학 옮김	40	한서열전 반고/홍대표
14	쇼펜하우어 인생론 A. 쇼펜하우어/최현	41	참다운 사랑의 기술과 허튼 사랑의 질책 안드레아스/김영락
15	톨스토이 참회록 L.N. 톨스토이/박형규	42	종합 탈무드 마빈 토케이어(외)/전풍자
16	존 스튜어트 밀 자서전 J.S. 밀/배영원	43	백운화상어록 백운화상/석찬선사
17	비극의 탄생 F.W. 니체/곽복록	44	조선복식고 이여성
18-1	에 밀(상) J.J. 루소/정봉구	45	불조직지심체요절 백운선사/박문열
18-2	에 밀(하) J.J. 루소/정봉구	46	마가렛 미드 자서전 M.미드/최혁순·최인옥
19	팡 세 B. 파스칼/최현·이정림	47	조선사회경제사 백남운/박광순
20-1	헤로도토스 歷史(상) 헤로도토스/박광순	48	고전을 보고 세상을 읽는다 모라야 히로시/김승일
20-2	헤로도토스 歷史(하) 헤로도토스/박광순	49	한국통사 박은식/김승일
21	성 아우구스티누스 고백록 A. 아우구스티누/김평옥	50	콜럼버스 항해록 라스 카사스 신부 엮음/박광순
22	예술이란 무엇인가 L.N. 톨스토이/이철	51	삼민주의 쑨원/김승일(외) 옮김
23	나의 투쟁 A. 히틀러/서석연	52-1	나의 생애(상) L. 트로츠키/박광순
24	論語 황병국 옮김	52-2	나의 생애(하) L. 트로츠키/박광순
25	그리스·로마 희곡선 아리스토파네스(외)/최현	53	북한산 역사지리 김윤우
26	갈리아 戰記 G.J. 카이사르/박광순		
27	善의 연구 니시다 기타로/서석연		▶ 계속 펴냅니다

범우사 서울시 마포구 구수동 21-1호 TEL 717-2121, FAX 717-0429
http://www.bumwoosa.co.kr (천리안·하이텔 ID) BUMWOOSA